Scène 24

Neue französischsprachige Theaterstücke

Scène 24

Herausgegeben von
Leyla-Claire Rabih und Frank Weigand

Impressum

Scène 24. Neue französischsprachige Theaterstücke
Herausgegeben von Leyla-Claire Rabih und Frank Weigand

Copyrights der einzelnen Stücke am Ende des Bandes
Scène 24 © 2024
Alle Rechte vorbehalten

Redaktion: Sarah Becher, Alessa Haug, Zélie Waxin und Frank Weigand
Lektorat: Sarah Becher, Leyla-Claire Rabih, Bastian Häffner (»Immer Frühlings
Erwachen«), Anette Kührmeyer (»Immer Frühlings Erwachen«) und Frank Weigand
Gestaltung und Satz: mischen, Henning Reinke, www.mischen-berlin.de
Vertrieb: Verlag Theater der Zeit, Berlin
www.theaterderzeit.de

Printed in Germany

ISBN 978-3-95749-526-6
ISBN ePDF 978-3-95749-540-2

Scène ist ein Projekt des Institut français Deutschland /
Bureau du Théâtre et de la Danse

Inhalt

Jayrôme Robinet
Vorwort
→ S. 7

Antoinette Rychner
Arlette
→ S. 13

Marie Henry
Norman ist (fast) normal
→ S. 53

Marie-Ève Milot und Marie-Claude St-Laurent
Illegal
→ S. 69

Marina Skalova
Erinnerst du die Sätze
→ S. 147

Marcos Caramés-Blanco
Gloria Gloria
→ S. 183

Marthe Degaille
Beteigeuze
→ S. 241

David Paquet
Immer Frühlings Erwachen
→ S. 281

MarDi
Penthesile:a:s (Amazonenkampf)
→ S. 323

Biographien und Bibliographien
→ S. 355

Rechtenachweise
→ S. 363

Vorwort

Achtung, das Buch, das Sie in Händen halten, wird Sie verändern. Es wird neue Bereiche Ihres Gehirns aktivieren und Ihnen radikale und umfassende Einsichten ermöglichen. Peter Brook hat auf die Bedeutung der Spiegelneuronen im Theater hingewiesen, jener Neuronen, die sowohl aktiviert werden, wenn man eine Handlung ausführt, als auch, wenn man dieselbe Handlung von jemand anderem ausgeführt beobachtet. Wie wir wissen, ist das Theater eine Emotionsmaschine. Die Bühne ist ein Ort der Begegnung, der Konfrontation und der Komplementarität. Das Theater ist außerdem ein Spiegel, so groß wie eine Epoche. Was also verrät uns diese Anthologie über die Zeit, in der wir leben? Und inwiefern wird sie Sie verändern?

Queere Figuren tauchen in der deutschen Theaterlandschaft selten auf, »und wenn doch, nur extrem stereotypisiert und auf ihre Identität fixiert, die als Problem erscheint oder mit Leiden verbunden ist«, schreiben Jenny Schrödl und Elke Wittrock[1]. Diese Anthologie beweist das Gegenteil.

Achtung, dies ist keine Anthologie queerer Texte, hätte Marcel Duchamp gesagt. Wirklich nicht? Die von Leyla-Claire Rabih und Frank Weigand ausgewählten Texte öffnen sprachliche und physische Räume, sie inszenieren nicht identifizierte oder nicht kategorisierbare Körper, erforschen Weiblichkeiten und Männlichkeiten in ihrer ganzen Komplexität und Ambivalenz.

José Esteban Muñoz hätte vielleicht gesagt, Sie werden hier Bestrebungen der Desidentifikation finden, eine Möglichkeit, sich mit der herrschenden Ideologie zu konfrontieren, ohne sich in ihr wiederzuerkennen oder sich dagegen aufzulehnen. Ein dritter Weg, eine Utopie, die in der queeren Ästhetik von wesentlicher Bedeutung ist und der Fantasie, dem Spekulativen und den Darstellungen möglicher Zukünfte einen zentralen Platz einräumt. In diesen Texten sind einige Identitäten hybrid, beweglich. Und außerdem – ein Zeichen unserer Zeit? – ist der Sex allgegenwärtig, ebenso wie seine Verflechtungen mit geschlechtsspezifischer Gewalt. Neben toxischen Männlichkeiten sparen einige Autorinnen wie Marina Skalova und Marthe Degaille auch die toxischen Weiblichkeiten nicht aus, was so selten vorkommt, dass es zu begrüßen ist.

---

[1] Jenny Schrödl / Eike Wittrock (Hrsg.): *Theater* in queerem Alltag und Aktivismus der 1970er und 1980er Jahre.* Neofelis, 2022

Arlette von Antoinette Rychner taucht tief in intime Familiengeheimnisse ein. Arlette Biscuit (ja, Biscuit, den man wie die Proustsche Madeleine in den Tee tunkt) holt ihre Schwester ab, um ihren Vater am Sterbebett zu besuchen. Die Schwester jedoch sucht nach dem passenden Outfit für dessen erneute Hochzeit … Es folgt ein Labyrinth von Situationen, in denen die Figuren Metamorphosen durchlaufen und Arlette die Erinnerung an Menschen, an Orte, an ihre eigene Nacktheit und ihren kahlen Schädel (ist sie wieder zum Säugling geworden?) verliert. Dieser Gedächtnisverlust könnte auch als Verdrängung bezeichnet werden. »In Arlettes Innerem steht VERLUST in Großbuchstaben«. Auch viel Sex, roher und angedeuteter, und ein Inzest, den man erahnen kann. Schließlich begegnet Arlette Biscuit ihrem Vater und erlangt ihr Gedächtnis zurück. *Arlette* ist ein traumartiges Stück, dessen Sprache den Akzent von Neuchâtel frei nachzeichnet. Eine Sprache, so kraftvoll wie Jehan Rictus' *Les Soliloques du Pauvre*, auch wenn Antoinette Rychner keineswegs beabsichtigt, mit dem Finger auf irgendeine soziale Schicht zu zeigen. Aber der sprachliche Augenschmaus bleibt.

Norman ist (fast) normal von Marie Henry ist eine Neubearbeitung ihres Textes *Pink Boys and Old Ladies*[2]. Erzählt wird die Geschichte von einem kleinen Jungen, der die Farbe Rosa liebt und alles, was glitzert. Einem Jungen, der wahnsinnig gern Kleider trägt und von seinem Vater, der beschließt, ebenfalls eines zu tragen, um ihn zur Schule zu begleiten und den Spötter*innen das Maul zu stopfen. Inspiriert von einer wahren Begebenheit, hinterfragt der Text den Umgang mit Normen und vor allem mit dem Geschlechtsausdruck. Denn das Tragen eines Rocks wäre für den kleinen Norman kein Problem, würde die Gesellschaft dem Kleid nicht die performative Macht zuschreiben, Weiblichkeit zu erzeugen. »Rock: Kleidungsstück für Frauen und Mädchen«, so definiert es der Duden. Bereits als Kind feiert Norman instinktiv die semantische Erweiterung des Rocks. Darüber hinaus befreit Normans Emanzipation sein Umfeld, so auch seine Schwester, »die es tatsächlich bis ganz nach unten in ihr tiefstes Inneres geschafft hat«. Bis es in jener kleinen, fernen, aber nicht allzu fernen Gegend ganz »banal banal« geworden ist, »einen Vater und seinen Sohn im Kleid zu sehen«. Der besagte Vater, der in der Realität Nils Pickert heißt, ist selbst Autor und kann stolz auf die schönen Dinge sein, die er in Gang gebracht hat.

Illegal von Marie-Ève Milot und Marie-Claude St-Laurent ist ein echter Pageturner. Stellen Sie sich eine nahe Zukunft vor, in der ein Gesetz vorgibt, Schwangerschaftsabbrüche sicherer zu machen, in Wirklichkeit

---

2 Auf Deutsch erschienen in der von Charlotte Bomy und Lisa Wegener herausgegebenen Anthologie *Surf durch undefiniertes Gelände. Internationale queere Dramatik.* Neofelis, 2022

jedoch nur die Anzahl der illegalen Abtreibungen ansteigen lässt. Mit überraschenden, einer hervorragenden Netflix-Serie würdigen Wendungen führt uns das Stück mitten hinein in den Kampf um körperliche Selbstbestimmung. »Die Leute dürfen frei entscheiden, ob sie nach dem Tod ihre Organe spenden. Jede Leiche hat mehr Rechte als ich«, sagt Louise, nachdem ihr das Komitee das Recht auf Abtreibung verweigert hat. Dabei scheuen sich Milot und St-Laurent nicht, mit brutaler Ehrlichkeit und Empathie auch die Argumente der Abtreibungsgegner*innen darzulegen. Das Thema ist hochaktuell. Im Jahr 2022 hob der Oberste Gerichtshof der Vereinigten Staaten das Urteil »Roe v. Wade« auf, so dass die Gesetzgebung über das Recht auf Abtreibung wieder in die Zuständigkeit der Bundesstaaten fällt – und ebnete damit den Weg für ihr Verbot. In Deutschland ist ein Schwangerschaftsabbruch nach §218 des Strafgesetzbuchs strafbar. Und in rund 20 Ländern ist Abtreibung nach wie vor verboten.

In *Erinnerst du die Sätze* stellt Marina Skalova ein Kaleidoskop aus beweglichen Fragmenten zusammen, die von der Gewalt des Frau-Seins erzählen, einer strukturellen Gewalt, die in sexuellem Missbrauch und in der symbolischen Gewalt der Sprache verankert ist. Ein Kind, das dem ihm zugewiesenen Geschlecht entkommen will. Eine Jugendliche, deren erste sexuelle Erfahrungen Übergriffe sind. Eine Frau, die während der Entbindung zum Opfer gynäkologischer Gewalt wird. *Erinnerst du die Sätze* skizziert eine Genealogie der Gewalt und der unheimlichen Grauzonen, die den Lebensweg von Menschen begleiten, denen Weiblichkeit zugewiesen wird. Wie bereits erwähnt, spart Marina Skalova auch die von Frauen begangene Gewalt nicht aus, »Frauen so gründlich kaputtgemacht/dass sie der Gewalt gegen Kinder zustimmten / häufig gegen ihre eigenen Kinder«. In einer Mischung aus Französisch und Russisch verfasst, ist dieses Stück – vielleicht mehr noch als ein Kaleidoskop – ein mehrschichtiges Palimpsest. Die Stimme der Erzählerin wird von den Sätzen überdeckt, die sie gehört hat, welche wiederum von Presseartikeln und Zitaten aus Archivmaterial, von Erfahrungsberichten, die die Autorin gesammelt hat und von theoretischen oder juristischen Texten überdeckt werden.

Gloria Gloria von Marcos Caramés-Blanco stellt vierundzwanzig Stunden im Leben einer trans Frau dar. Gloria unterwirft sich ihrem Freund José, für den sie kocht, für den sie das Geld nach Hause bringt, den sie aber dennoch ausgiebig beschimpft. Gloria raucht viel, hört alte Hits im Radio und arbeitet ansonsten als Haushaltshilfe für eine ältere Dame, der sie den Hintern abwischen muss. Und eines Tages läuft alles aus dem Ruder. Gloria geht auf die Barrikaden und erinnert dabei an den rebellischen Geist von *Thelma und Louise*. »(...) während du wie sonst (...) den

Tisch abräumst, den Abwasch machst, lächelst, zu José ins Bett gehst, lächelst, Geschlechtsverkehr mit ihm hast, wenn er will, lächelst, schläfst, um 5 Uhr 30 aufstehst, weiterlächelst, während du die Scheiße wegwischst. Dafür ist es jetzt nämlich zu spät.« Glorias Geschichte wird aus der Perspektive ihrer besten Freundin Rita erzählt. Obwohl der Text Gloria niemals explizit als trans Frau bezeichnet, lässt sich das geübte Auge nicht täuschen. Es ist erfreulich, dass Glorias Transidentität weder benannt noch problematisiert wird – auch wenn das Leben, das Gloria führt, offensichtlich darauf zurückzuführen ist, ebenso wie die Gewalt, die ihr angetan wird und die sie erduldet. Gloria fällt nicht aus den vier Archetypen weiblicher trans Figuren heraus, die im Kino bis vor Kurzem noch gang und gäbe waren: entweder Mörderin oder Ermordete, entweder extravagant oder einsam und unglücklich. Das Kino ist in dieser Hinsicht inzwischen diverser geworden, und auch im Theater ist dies nur eine Frage der Zeit. Dennoch hat der Text von Marcos Caramés-Blanco eine große Kraft.

In Marthe Degailles *Beteigeuze* wird eine andere Rita inszeniert, eine »postverbale« Rita. Es handelt sich um eine riesige Quantencomputerin. In dieser »nicht gemischtgeschlechtlichen philosophischen Science-Fiction-Komödie«[3] befinden sich vier Wissenschaftlerinnen, Zelda, Céleste, Molly und Claude, im Herzen von Rita in einem Labor für multidisziplinäre In-vitro-Experimente der Revolte. Und dann ist da noch der rote Riesenstern Beteigeuze, der im Sterben liegt und jeden Moment explodieren kann. Hier werden Humor und Science-Fiction eingesetzt, um menschliche Gewalt zu thematisieren. Auch Degaille spart die in den Beziehungen zwischen Frauen präsente Gewalt nicht aus, »diese dumpfe, koloniale, rassistische, heteropatriarchale und sonstige Gewalt, die durch uns spricht und uns dazu bringt, ständig das Gleiche zu reproduzieren«[4].

Immer Frühlings Erwachen von David Paquet unterzieht Frank Wedekinds Klassiker einer Neubetrachtung, um die modernen Herausforderungen von Identität und Sexualität zu erforschen. Moritz, Wendla, Melchior, Martha, Ilse und Otto stoßen sich an dem Schweigen, das ihre sexuelle Erziehung umgibt. Melchior masturbiert leidenschaftlich seit ihrem elften Lebensjahr, Otto geilt sich an Jeff Bezos auf, Wendla bekommt zu ihrem vierzehnten Geburtstag ein abgrundtief hässliches Kleid, das sie vor Vergewaltigungen schützen soll ... Mit präzisem Wortwitz fängt dieser Text

---

[3] https://www.habemuspapam.be/wp-content/uploads/2022/10/BETELGEUSE-Marthe-Degaille-Dossier-_compressed-4-2.pdf
[4] https://www.habemuspapam.be/wp-content/uploads/2022/10/BETELGEUSE-Marthe-Degaille-Dossier-_compressed-4-2.pdf

treffend, humorvoll und einfühlsam die Leiden und emotionalen Achterbahnfahrten der Jugend ein. Ohne zu vergessen, wie Ilse sagt: »Es gibt nur erste Male«.

Penthesile:a:s (Amazonenkampf) von MarDi (Marie Dilasser) schließlich schreibt den Mythos der Amazonen für die feministischen Bewegungen des 21. Jahrhunderts um. Penthesile:a:s und Achill:e:s stehen einander auf dem Schlachtfeld gegenüber und weben und entwirren traditionelle Geschlechterrollen. Wir erleben ein Zerbröckeln der Sprache, das sich auch in der willkürlichen Verwendung bestimmter Satzzeichen wie dem Punkt äußert. *Penthesile:a:s* ist ein Manifest an der Schnittstelle von Heinrich von Kleist, Monique Wittig und Adrienne Mayor. Es ist eine Hommage – oder »Femmage« – an die *Guerrières*.

Dieses Vorwort wäre unvollständig ohne eine Würdigung der deutschen Übersetzer*innen dieser Werke. Geschlechternormen in Frage zu stellen impliziert, die traditionellen, häufig binären Geschlechtskonzepte herauszufordern, was tiefgreifende Auswirkungen auf die Sprache als Spiegel gesellschaftlicher Strukturen und kultureller Normen hat. Im Französischen werden die grammatikalischen Formen massiv gegendert, und die inklusive Sprache steckt noch in den Kinderschuhen. Die Übersetzer*innen haben alle Möglichkeiten der deutschen Sprache genutzt, die flexibler und somit auch kreativer ist als das Französische. Ihre Übersetzungen sind ein wahrer Leckerbissen.

Jayrôme Robinet, Juli 2024
(aus dem Französischen von Frank Weigand)

Antoinette Rychner

Arlette

(Originaltitel: Arlette)
aus dem Französischen von Franziska Baur

Für Nanette

Für all diejenigen, die mich heute noch bei diesem Spitznamen-Überbleibsel meiner Zeit als kleines Mädchen nennen

Deutsche Übersetzung mit freundlicher Unterstützung von Pro Helvetia – Schweizer Kulturstiftung

schweizer kulturstiftung
prohelvetia

Figuren
Arlette Biscuit.
Die Erzählung.

Mit:

TEIL I
Szene 0: **Jemand, Etwas**, vor dem Gebäude, den oder das Arlette für ihre Mutter halten könnte, oder für die Stimme ihrer Mutter.

TEIL II
Szene 1: **Die Frau vom Erdgeschoss**.
Szene 2: **Ginesse**, Jugendfreundin.
Szene 3: **Josette**, Arlettes Schwester.

TEIL III
Szene 4: **Dan**, ein Liebhaber.
Szene 5: **Der Freund** und **Seine Lebensgefährtin**.

TEIL IV
Szene 6: **Die Braut**.
Szene 7: **Die Braut** – **Josette** – **Der Freund** und **Seine Lebensgefährtin**.

TEIL V
Szene 8: **Die Braut** – **Arlettes Vater**.
Szene 9: **Greise Arlette** – **Ein Straßenmusiker** (letzterer kann gespielt werden oder lediglich durch die Erzählung existieren).

Anmerkung der Übersetzerin: Im Originaltext sprechen die Figuren ein Französisch mit dem Akzent des Schweizer Kantons Neuchâtel. In der deutschen Übersetzung haben wir uns daher für eine ausdrückliche Betonung der Mündlichkeit entschieden.

I

0
Vor dem Gebäude

Die Erzählung Das Gebäude ist ein Hochhaus. Es ist Nacht. In ein paar Fenstern brennt Licht.
Jemand, Etwas Geh hoch und hol sie. Sag ihr, dass euer Vater stirbt.
Arlette Geht es wirklich zu Ende?
Jemand, Etwas Stell dir vor, ihr kommt zu spät.
Arlette Ich hab noch nie jemanden gesehen, der im Sterben liegt.
Jemand, Etwas Niemand erwartet von euch, dass ihr bleibt, bis es vorbei ist. Aber ihr solltet da gewesen sein. Alle beide. Geh hoch und hol sie, auf dich hört sie.
Arlette Ich geh schon.
Jemand, Etwas Trödel nicht.
Arlette Ich geh schon.

```
Körperlich trifft Arlette einen Entschluss, sie wird sich überwinden
müssen. Doch bevor sie sich überwindet, dreht sie sich um, als hole
sie eine letzte Ermutigung ein, die Bestätigung, dass das, was sie im
Begriff ist zu tun, auch wirklich dem entspricht, was von ihr erwartet
wird. Doch egal, ob es sich um einen Körper gehandelt hat oder nicht,
die andere Erscheinung ist verschwunden.
```

Arlette Bist du da?
Die Erzählung Verschwunden das, was eben noch die Stimme erhob, und jene, die zurückbleibt, nimmt sich nun übel, aus lauter Konzentration auf das, was von ihr verlangt wurde, unterlassen zu haben, nachzusehen, wer da eigentlich genau mit ihr sprach.
Arlette Mama?
Die Erzählung Einmal ausgesprochen, bringen die beiden Silben sie wegen ihres kindlichen Klangs in Verlegenheit.
Die Einsamkeit schlägt zu.
Was bleibt, ist das Gebäude, seine Türen, die, wie sich herausstellt, fest verschlossen sind.

II

1
Die Frau vom Erdgeschoss

Die Erzählung Ein Wurfgeschoss fliegt durch den Raum. Einschlagsgeräusch, Glasbruch. Kurze Stille.
Es erscheint in der großen, geborstenen Glasscheibe eine Bewohnerin vom Erdgeschoss:
Die Frau vom Erdgeschoss Wer ist da? Was woll'n Sie?
Die Erzählung Es bliebe noch Zeit, unauffällig mit der Dunkelheit zu verschmelzen, doch drängende Pflicht und Versprechen gehen vor, so auch die Höflichkeit.
Arlette Tut mir leid.
Die Frau vom Erdgeschoss Waren Sie das?
Arlette Können Sie aufmachen, bitte?
Die Frau vom Erdgeschoss Können Sie nicht klopfen? Rufen? Stattdessen, ein Stein! Da, schauen Sie mal. Haben Sie gesehen, was Sie …
Arlette Doch, ich war das, ich hab den Stein geworfen, tschuldigung! Tut mir total leid. Es gibt aber keine Klingel.
Die Frau vom Erdgeschoss Nee, 's gibt keine Klingel. 'S gibt hier keine Klingel.
Arlette Es ist dringend, ich muss rein. Bitte.
Die Erzählung Die Frau vom Erdgeschoss mustert die Unbekannte, wahrscheinlich sagt sie sich, das Mädchen sieht nicht gefährlich aus, und außerdem:
Die Frau vom Erdgeschoss Jetzt, wo die Glasscheibe kaputt ist, müssen wir sowieso reden.
(Sie lässt Arlette herein.)
Wissen Sie eigentlich, was für 'ne Angst Sie mir eingejagt haben? Ich hab 'ne Sendung im Fernsehen angeschaut und auf einmal hör ich 'nen Aufprall! Ich hab's nicht verstanden. Erst die Sendung, dann zerbricht die Glasscheibe. Ich dachte, keine Ahnung, das wär ein Übeltäter, ein Einbrecher. Die Terroristen! Direkt danach ging mir alles durch den Kopf.
Arlette Ich wollt Ihre Scheibe nicht kaputt machen.
Die Frau vom Erdgeschoss Wenn mein Mann das sieht.
Arlette Ich lass Ihnen meine Nummer da. (Diesen hinhaltend) Mein Ausweis. Wir regeln das dann mit der Versicherung, aber ich muss jetzt wirklich nach oben.
Die Frau vom Erdgeschoss nimmt und sieht sich das Dokument genau an. Sie heißen Arlette.
Arlette Arlette Biscuit. Meine Schwester auch: Biscuit Josette. Sie wohnt hier im Haus, kennen Sie sie?

Die Frau vom Erdgeschoss Ich hatte 'ne Tante, die Arlette hieß.
Arlette Ja, Leute mit meinem Vornamen sind meistens nicht mehr die Jüngsten.
Die Frau vom Erdgeschoss Wissen Sie, die hat 'nen Ausländer geheiratet. Ist mit ihm in seine Heimat gegangen und als der Sohn so zwanzig war, gab es da Unruhen. Der Junge hat an Demonstrationen teilgenommen, er wurde umgebracht.
Arlette Tut mir leid.
Die Frau vom Erdgeschoss Ich kann Ihnen sagen: Meine Tante hat den Mörder gekannt. Ja, ja, die wusste ganz genau, wer das war. Und dann, ein paar Jahre später, als wieder Frieden eingekehrt war, hat sie da die Leitung eines Zentrums übernommen und der Typ, also der, der ihren Sohn umgebracht hat, der hat sich dort beworben! Da war 'ne Stelle frei und der hat sich darauf beworben! Der wusste nicht, mit wem er es zu tun hatte, der hatte keinen Schimmer, aber meine Tante Arlette, die schon. Ich kann Ihnen sagen, die hat den sofort erkannt.
Arlette Was hat sie dann gemacht?
Die Erzählung Leider verliert die Frau vom Erdgeschoss ohne jede Vorwarnung Konsistenz und Realität. Zur gleichen Zeit übrigens wie ihre Wohnung. Ein Gedanke schießt Arlette durch den Kopf: bloß nicht ihren Ausweis vergessen! Ihn bloß nicht in die Hände des Verschwindens geben. Puh, als sie ihre Faust löst, kommt das Plastikkärtchen zum Vorschein, das den vorschriftsmäßigen Namen trägt, und das Foto.
Nun geht Arlette den Flur entlang. Es gibt keinen Fahrstuhl, jedenfalls sieht sie keinen. Ihr Plan ist einfach: Sie nimmt die Treppe.

2
Ginesse

Oberhalb des ersten Treppenabsatzes steht plötzlich eine Gestalt, die gerade nach Hause kommt und alles von der Freundin von früher hat:
Ginesse Arlette!
Arlette Ginesse?
Ginesse Ich wollt mich schon so oft bei dir melden, aber jedes Mal kommt mir was dazwischen – es ist einfach so viel los.
Arlette Geht mir auch so, so viel blödes Zeug im Terminkalender. Die Zeit verfliegt.
Ginesse Was machst du denn hier, auf meinem Stock? So ein Glück, dass wir uns hier treffen! (Bittet Arlette hereinzukommen.) Komm rein, bleib doch nicht hier stehen.
Arlette Das is total nett von dir, ich würd wirklich gern. Ich hätt total gern mit dir gequatscht, 'n bisschen Zeit mit dir verbracht, aber ich muss eigentlich los.

Ginesse Ok. Was führt dich hier her?
Arlette Jemand.
Ginesse Du hast 'nen Termin?
Arlette Wenn man so will. Ich erklär's dir irgendwann mal.
Ginesse Willst du nicht wenigstens auf ein Bierchen reinkommen?
Arlette Ok.
Ginesse Ich hab dunkles Craft Beer da, mit Dinkel gebraut …
Arlette Gut. Aber nur eins, ja?
Ginesse Das freut mich, Arlette. Du hast dich nicht verändert.
Die Erzählung Und Ginesse zieht Arlette mit sich, über die Türschwelle hinweg in ihre Wohnung, die Freundin von früher hätte dieses Wiedersehen bestimmt sehr genossen, wären die Umstände andere gewesen.
Arlette Seit wann wohnst du nochmal hier?
Ginesse Stimmt, du warst ja noch nie hier. Soll ich dich rumführen? Das ist mein Zimmer, das ist das Wohnzimmer, da das Klo, das Bad, ich mag das Bad.
Arlette Da sind ja vier Zahnbürsten.
Ginesse Ja, aber ich leb allein.
Arlette Bist du nicht mehr mit … – wie hieß der nochmal? Der mit dem Camper.
Ginesse Ah nee, schon länger nicht mehr.
Die Erzählung Arlette hat nach einer dieser speziellen Zahnbürsten gegriffen:
Arlette Ist das eine für Kinder, die da?
Ginesse `reicht ihr eine Flasche, die Arlette nimmt.` Nee, das ist 'ne Monobürste. Für die hinteren Zahnräume. Willst du 'n paar Erdnüsse?
Arlette Nee, passt.
Ginesse Und was treibst du so?
Arlette Ich hab grad irgendwie so ein … Also, kein Tief im Sinne von »Tief«, ja. Aber heut Abend steh ich plötzlich vor so … so 'ner Art Belastungsprobe, ja, aber sonst alles gut und bei dir?
Ginesse Du musst es mir nicht erzählen.
Arlette Mein Vater liegt im Sterben.
Ginesse Okay.
Ohhhh. Arlette, das tut mir so leid. Von ganzem Herzen. Wenn ich irgendwas tun kann …
Arlette Das Ding ist, ich muss meiner Schwester Bescheid geben.
Ginesse Was?
Arlette Ich soll es ihr sagen. Kannst du dir das vorstellen! Erst kam mir das richtig vor. Das sollte so sein, verstehst du? Aber je länger ich darüber nachdenk, desto weniger versteh ich, warum ich das akzeptiert hab. Ich hab mich gefügt, Punkt.
Die Erzählung Ginesse überlegt: Wie soll sie das verstehen?
Ginesse Deine Schwester.

Arlette Was?

Ginesse Hast du gesagt. Also, du hast doch grade gesagt, dass du mit deiner Schwester sprechen wolltest, oder?

Arlette Sie erwartet mich nicht.

Ginesse Aber Arlette ... Was sagst du denn da?

Arlette Was?

Ginesse Alles ok?

Arlette Ja. (Sie lacht.) Ja ja, alles ok. Alles ok alles ok alles ok.

Ginesse Alles ok.

Pause. Sie lacht.

Die Erzählung Ginesse lacht ebenfalls, zunächst ein verlegenes, blökendes Lachen, beide schauen sich an und blöken ein wenig gemeinsam ...

Die eine lacht immer dann weiter, wenn die andere außer Atem ist. Dann:

Arlette Wie stark is das Bier eigentlich?

Ginesse Haut ganz schön rein, oder?

Die Erzählung Eine Stille tritt ein, die Ginesse mit kleinen Gesten füllt. Sie rollt sich einen Joint. Zündet ihn mitten im Zimmer an, wie jemand, der bei sich zu Hause ist, der alleine lebt und den nichts dazu zwingt, sich beim Rauchen in ein offenes Fenster zu zwängen.

Ginesse Magst du auch?

Arlette Ich hab dir grad irgend 'nen Blödsinn erzählt, oder?

Ginesse hält ihr hartnäckig weiter den Joint hin. Hast du Lust? Hast du aufgehört?

Arlette Keine Ahnung.

Ginesse Wenn dir klar wird, die Zeit, weiß nich, unsere Schulzeit zum Beispiel, das ist jetzt locker ... Sagst du dir dann, wie soll ich sagen ...

Arlette Dir scheint's ganz gut zu gehen.

Ginesse Ich leb gern allein.
Magst du echt nich?

Arlette Nee, danke.

Pause.

Ginesse Hast du schon mal überlegt, dass du vielleicht seit dem Tod deiner Schwester eine Depression hast?

Pause.

Die Erzählung Und da hat Arlette die Frage ernst genommen und begonnen zu suchen, sich bemüht, Zustände ausfindig zu machen, Phasen, Ursachen.

Auf Folgendes ist sie gestoßen:
Arlette Eines schönen Spätnachmittags, es war Sonntag, ich war, sagen wir, zwischen fünf und neun Jahre alt, auf einer Schaukel. In einem Garten, den schräg einfallende Sonnenstrahlen in goldenes Licht tauchten. Alles wie immer, in meinem Umfeld gab es anscheinend nichts, was sich verändert hatte und trotzdem hab ich's gespürt, die Veränderung, in meinem Inneren ist etwas umgekippt und dadurch hat sich die Landschaft gewendet, durch meinen neuen Blick erschien der Garten in einem vollkommen anderen Licht.
Das war der Blick der Melancholie, die in mich eingedrungen war.
Nein! Was sag ich da. Ich sag dir doch, ich red Blödsinn. Die Melancholie ist nicht eingedrungen, nicht von außen. Sie ist ausgebrochen, das ist alles. Sie hat sich entfaltet, ausgebreitet, als würde sie von den Haarwurzeln bis zu den Zehenspitzen einsickern.
Ich sagte immer wieder »es ist Sonntag«, ich war trübsinnig, weil am nächsten Tag Montag war, aber nicht nur.
(Pause.)
Bodenlose Melancholie, die erst am Anfang stand, metaphysisch und physisch, sinnlich eben, ich hab's sofort gewusst. Das Bewusstsein, dass es dir widerfährt, das Bewusstsein, dass du von innen heraus von einem neuen Gefühl überschwemmt wirst und dass es sich dabei sehr wahrscheinlich um was Intrinsisches handelt, das von deinen Sinnen ausgeht und ständig an allem kleben wird, außer es lässt dir hin und wieder eine Verschnaufpause, wenn du Glück hast.

Kurze Pause.

Ginesse Willst du noch 'n Bier?

Sie geht eins holen.

Die Erzählung Doch, sagt sich Arlette, doch, soweit sie sich erinnern kann, hat sie davon in den ersten vier oder fünf Jahren ihres Lebens nichts gespürt! Ist das vielleicht das große Glück der Allerkleinsten? Die Unkenntnis der Melancholie?
Arlette Vielleicht hat die Melancholie, vielleicht hat ihr Gen nicht das Recht, sich so zu äußern.
Ginesse zurück mit dem zweiten Bier Was zu äußern?
Arlette Keine Ahnung. Aber vielleicht fällt's mir gleich ein. Kann sein, dass ich's dir in ein paar Minuten sagen kann.

Kurze Pause.

Ginesse Hör mal, Arlette.
Arlette Ja.
Ginesse Du hast doch gesagt, dass du zu ihr willst. Vorhin.
Arlette stößt nochmals ein kurzes Lachen aus. Ja! Das hab ich gesagt.
Die Erzählung Aus Solidarität blökt Ginesse ein wenig mit.

Ginesse lacht.

Arlette das neue Bier nehmend, das Ginesse für sie geholt hat Das soll ja nicht heißen, dass ich keinen Spaß mehr haben kann, weißt du.

Sie trinkt.

Die Erzählung Arlette lässt sich in den Sessel sinken und denkt an Ginesse als Jugendliche, sie und Ginesse mit dem Rucksack unterwegs durch Europa oder: sie und Ginesse, die ausnahmslos jede Erfahrung mitnehmen, die ihnen über den Weg läuft, alles, was Teil des Spiels der Exzesse werden kann. Da wird in rauen Mengen gekotzt, da sind Flaschen zum Mischen von Orangensaft und Zwetschgenschnaps, da wird hinter der Jahrmarktsbude gefummelt und Finger werden in die Muschi geschoben, da sind Hustensäfte mit Codein. Da sind Halluzinationen auf Bexin-Pillen und Autos, aus denen man schnell raus muss, um nicht vergewaltigt zu werden. Es gibt ein »Wir sind zusammen«, den offiziellen Freund, der ständig gewechselt wird, doch im Großen und Ganzen bleibt man monogam, es gibt die One-Night-Stands, wo man Ja sagt, und die, wo man Nein sagt und darauf hofft, dass der andere sich damit abfindet – sie erinnert sich an die Abkürzung »PSA«, was für »Potentieller Sex-Angreifer« stand.[1]

---

[1] Im Originaltext wird an dieser Stelle das Akronym »TSA« verwendet, das »Turc suisse allemand«, wörtlich »Schweizerdeutscher Türke« bedeutet. Im realen schweizerischen Kontext existiert dieser Begriff nicht. Es handelt sich hier um eine Erfindung der Autorin. Arlette und ihre Freundinnen hätten diesen Begriff während ihrer Pubertät erfunden, um eine besonders gefährliche Kategorie von Männern zu bezeichnen. Wenn sich die Figur in der Szene daran erinnert, wird dies zum Anlass, sich zum einen im Nachhinein über den xenophoben Charakter dieser Bezeichnung bewusst zu werden – von der französischsprachigen Schweiz aus wird der »Schweizerdeutsche Türke« hier in doppelter Hinsicht als fremd wahrgenommen –, und sich zum anderen an die Umstände der Entstehung zu erinnern. Nämlich der soziale Umstand, der möchte, dass junge Frauen im öffentlichen Raum als sexuelle Beute wahrgenommen werden und eine Verteidigungsstrategie entwickeln müssen, sich von der Welt bei Nacht eine Karte zu erstellen und auf die Geschlechterdominanz mit einem Gegenangriff zu reagieren, mittels der Sprache. Für die Übersetzung haben wir uns gegen eine Neuerfindung oder Anpassung dieses Begriffs an die deutsche Realität entschieden, um auf keine falsche Fährte zu führen. Aus diesem Grund steht hier »PSA – Potentieller Sex-Angreifer« (Anmerkung der Übersetzerin).

Arlette Wir haben Punk Rock gehört!
Ginesse Die Dead Kennedys.
Arlette Was hörst du jetzt so?
Ginesse Wenn ich heimkomm, hab ich kein Bock, iTunes zu öffnen und den Verstärker anzumachen, keine Ahnung, einfach kein Bock.

`Arlette mustert Ginesse.`

Die Erzählung Noch immer man selbst sein, ohne noch im Geringsten die beiden Mädchen zu sein, die so lebenshungrig waren, die so viel wollten.
Arlette Können wir sie hören?
Ginesse Die Dead Kennedys?
Ich hab sie nicht auf iTunes, aber wenn ich suche, müsst ich noch 'ne CD in 'nem Karton irgendwo haben.
Arlette Du hast die CDs behalten.
Ginesse Du nicht?
Arlette `das Bier hinstellend` Ich glaub, ich geh jetzt.
Die Erzählung Arlette hat es plötzlich wieder eilig, sie fürchtet, Zeit verschwendet zu haben. Sie ist auf dem Sprung, doch sie rührt sich nicht von der Stelle.
Ginesse Warte! Du wolltest doch Punk Rock.

`Ginesse findet eine CD der Band, legt sie in den Player, macht sie an.`
`Ein Song läuft. Sie hören ihn an.`
`Dann steht Arlette auf.`

Arlette Ich hab irgendeinen Blödsinn gelabert. Tut mir leid. Ich bin müde, ich geh heim.
Ginesse Also zu dir?
Arlette Ja klar, zu mir.
Ginesse Wo wohnst du?
Arlette Hier. In der Stadt.
Ginesse Willst du mir nicht sagen, was du hier im Haus gemacht hast?
`(Kurze Stille, Ginesse nimmt wahr, wie unruhig Arlette wird.)`
Sorry, das geht mich nix an.
Jedenfalls, wenn du nochmal kommen magst.
Arlette Bis bald! In Ordnung. Danke für das Bier … Voll lecker. Tschau Ginesse.
Ginesse Tschau.
Arlette Tschau.

`Sie gehen auseinander.`

3
Josette

Die Erzählung Ginesse hat ihre Türe wieder zugemacht. Finsteres Treppenhaus. Ganz nah an Arlette, ein flackerndes orangefarbenes Quadrat. Was Tante Arlette wohl gemacht hat, als der Mörder ihres Sohnes aufgetaucht ist? Man müsste die Frau fragen, falls man sie wiedersieht.
Auf den Lichtschalter drücken und es würde Licht.
Doch Arlette unterlässt es und bleibt im Dunkeln. Etage für Etage steigt sie weiter nach oben. Auf den Treppenabsätzen richtet sie den Lichtstrahl ihres Smartphones auf die Namensschilder an den Türen, für alle Fälle. Auf einem ist »Josette Biscuit« zu lesen. Ein schmaler Lichtschein unter der Türe.
Ding-Dong.

```
Josette erscheint.
```

Josette Du bist zu spät.
Arlette Schwesterherz!
Die Erzählung Die beiden identifizieren einander, die gemeinsame Kindheit spielt sich in einem einzigen Augenblick ab, es ist tröstlich und peinlich zugleich.
Josette So nervig, dass du immer zu spät kommst. Machst du das nur bei mir?
Arlette Wusste ja nicht, dass du auf mich gewartet hast.
(Sie geht zu Josette hinein.)
Schön, dich wiederzusehen.
Josette Musst du aufs Klo?
Arlette Ne, warum?
Josette Fühl dich wie zu Hause.
Die Erzählung Genau das ist das Problem, Arlette steht da und fragt sich, ob sie sich setzen soll, ohne dass Josette es ihr angeboten hat. Früher waren ihre Schwester und sie nur selten übertrieben höflich zueinander, doch welche Codes gelten nun?
Josette Ich weiß einfach nicht, was ich anziehen soll.

```
Wo wir schon beim Thema sind: auf dem Boden, eine Menge Kleidungs-
stücke, in kunterbuntem Durcheinander.
```

Arlette Du kommst also mit?
Josette Ich sag doch, ich weiß nicht, was ich anziehen soll.
Arlette Ich hab versprochen, dass ich dich mitbring.
Josette Ich probier noch diese Bluse, aber wenn die nicht passt, komm ich nicht mit.

Sie zieht sich um.

Arlette Vielleicht müssten wir uns schon 'n bisschen beeilen. Wir müssen los.
Josette Für dich ist das einfach. Du bist ja nicht hässlich. Wenn du was anziehst, dann steht's dir.
Erst kommst du zu spät, mit einem Outfit, das dir steht, und dann sagst du mir, dass wir los müssen. Du bist sowas von dreist. Und warst es schon immer. Und du hast es immer ausgenützt, um mich schlecht zu machen. Diese Bluse geht gar nicht.
Arlette Ganz ehrlich, ich find, die geht.
Josette Du willst nur nicht zu spät kommen und dass man dir dann Vorwürfe macht. Dir ist es scheißegal, wenn sich alle denken: »Josette wird immer hässlicher.«
Im Leben gibt es Wölfe und es gibt Schafe. Die Wölfe, die ...
Arlette Hör auf damit! Ich kann's nicht mehr hören, deine Geschichte mit den Wölfen und den Schafen. Ganz ehrlich, bist du kein Stück weiter? Die Schafe und die Wölfe!

Josette ist völlig verunsichert von der Reaktion ihrer Schwester. Sie sammelt die Kleider auf, die auf dem Boden verstreut sind, hält sie an ihren Körper und betrachtet sich prüfend im Spiegel. Arlette wiederum stochert mit dem Fuß ein bisschen in dem Kleiderhaufen herum.

Arlette Du hast immer mehr Geld gekriegt als ich, zum Klamottenkaufen. Nur weil du Akne hattest, bloß deshalb hast du zum Ausgleich noch zusätzlich Klamotten gekriegt, das widert mich an.
(Pause. Josette steckt schweigend ein, Arlette geht weiter in ihren Erinnerungen zurück.)
Was ich nie verstanden hab, warum haben unsere Eltern uns beiden Namen gegeben haben, die auf »ette« enden.
Josette Na bei deinem liegt das daran, dass sie mir die unterschiedlichen Vornamen auf ihrer Liste vorgeschlagen haben. Ich war vier. Und als ich gehört hab, dass »Arlette« genauso wie »Josette« endet, hab ich Ja gesagt.
Jedenfalls heißt es so. Ich kann mich nicht erinnern.
(Josette hat ein neues Kleidungsstück gefunden, das sie sich überzieht.)
Wie findest du?
Arlette Nicht schlecht. Ganz ehrlich. Aber vielleicht, also in Anbetracht der Umstände ...
Josette Was?

Arlette Keine Ahnung. Also man hat mir gesagt, dass es Papa echt nicht mehr lange macht.
Josette Hä?
Arlette Na, du weißt doch hoffentlich, wo wir hingehen, oder? Du hast doch auf mich gewartet.

Josette sieht Arlette mit einem überraschten, leicht verärgerten, vorwurfsvollen Blick an:

Josette Was sagst du da, Arlette? Was redest du da?
Arlette beunruhigt, in die Defensive gehend Gehen wir nicht zu Papa? Ins Krankenhaus?
Die Erzählung Doch ihr wurde klar, dass in dieser Realität sie diejenige ist, die sich irrt, und, verwirrt und gedemütigt von dem, was zwangsläufig den Eindruck offenkundiger geistiger Verwirrung erwecken würde, geht sie nicht das Risiko ein, mehr zu sagen.
Josette Das ist total daneben, Arlette. Wie kommst du denn darauf? Wir müssen doch nicht los, weil er stirbt! Sondern weil er wieder heiratet.
Arlette noch immer defensiv, versucht unbeholfen die Kurve zu bekommen Ja, ich weiß.
Josette In weniger als einer Stunde. Deshalb bist du hier, um mich zu holen, für die Feier! Ich hab' nur nichts zum Anziehen.
Arlette auf das zeigend, was Josette trägt Das da passt sehr gut.
Josette Damit wirkt mein Teint doch furchtbar.

Josette läuft über die Kleiderhaufen, die auf dem Boden verstreut sind, sie ist eingeschnappt.
Stille, Arlette, vielleicht etwas entmutigt, lässt ihren Gedanken erneut freien Lauf und fragt plötzlich:

Arlette Kennst du die eigentlich, deine Nachbarin im Erdgeschoss? Die hat mir vielleicht 'ne Geschichte erzählt! Stell dir vor, ihre Tante, also ihre Großtante, hieß Arlette!
Josette Aha.
Arlette Die hat 'nen Ausländer geheiratet. Ich weiß jetzt nicht mehr genau, wohin die gezogen sind, anscheinend in ein Land mit 'ner krass angespannten politischen Lage. Jedenfalls ihr Sohn – der von der Tante – wurde umgebracht.
Josette Also der Teint ist das Schlimmste, oder? Meine Haut! Mann, meine Haut!
Die Erzählung Arlette fasst ins Auge, die Geschichte weiterzuerzählen und verzichtet darauf.

Pause.

Josette Weißt du die Frau, die Papa heiratet … Die wird dich sowas von deprimieren.
Arlette Deprimieren, mich?
Josette Zum einen ist sie deutlich jünger als du. Und ich kann dir sagen, ihre Brüste hängen nicht. Und ihre Haut! Keine Mitesser. Ihre Nase glänzt nie. Kupferrose hat sie auch nicht.
Und außerdem spricht Papas Verlobte sehr sehr gut Englisch. Überhaupt kein Akzent. Egal wo auf der Welt die hingeht, dank ihrem Englisch ist sie immer super entspannt. Aufgeweckt und so was von schlagfertig. Und ich sag dir, die spricht nicht nur perfekt Englisch, sondern auch sehr gut Spanisch. Und Russisch. Ich glaub: Japanisch, Italienisch, Englisch, Spanisch und Russisch.
Ihr Bauch ist sowas von flach und die Haut unter ihren Armen baumelt gar nicht. Was für eine Frau! Meine Güte. Die fühlt sich so gut in ihrer reinen und klaren Haut, dass sofort alle um sie herum vor ihrem Aussehen und ihrem Erfolg auf die Knie fallen, so ist das halt. So ist die, Papas Verlobte. Also amüsier dich schön auf der Hochzeit. Ja? Genieß es.
Arlette überlegt eine Sekunde und fragt dann fast schüchtern Und Mama? Wie ist das eigentlich für sie?
Josette Für Mama? Total schlimm natürlich. Was die an Antidepressiva schlucken muss! Die hat 'nen halben Vogel deswegen. Keine Ahnung, wie diese Dinger funktionieren, aber immer wieder hat sie auf einen Schlag überhaupt keine Hemmungen mehr und redet irgendeinen Schwachsinn, ganz schlimm.
Arlette Ganz schlimm?
Josette Ist dir nichts aufgefallen?
(Angesichts von Arlettes leichtem Zögern.) Besuchst du sie so selten?
Arlette erneut beunruhigt, defensiv Doch, klar besuch ich sie! Natürlich ist mir aufgefallen, dass da was nicht stimmt.
Josette Wer's glaubt. Du alte Egoistin. Die Liebe, die du Mama und Papa verweigerst, nur für deine …
Arlette Was hast du eigentlich gemacht, außer uns fallen zu lassen und dich zu verpissen?

Stille, Josette mustert Arlette.

Josette Dreh du die Dinge nur so hin, wie sie dir passen, ich hab zumindest noch nie so getan, als würde es euch nicht geben.
Arlette Das ist nicht meine Schuld! Ich kann nichts dafür, dass du in deinem Leben nichts gebacken kriegst! Dass du niemanden findest, dass dir nichts steht!

Josette Ganz genau, du entschuldigst mich, ja, ich kann so nicht gehen. Ich komm nicht mit. Ich komm doch nicht mit.
Arlette Hör mal, wenn sich hier jemand entschuldigt, dann ich.
Josette Ich komm nicht mit, sag ich doch.
Arlette Und du sprichst hier von Liebe? Glaubst du nicht, dass es Papa verletzt, wenn du nicht mitkommst?
Josette Ich kann so nicht gehen.

Vielleicht wartet Arlette darauf, dass Josette noch etwas hinzufügt, doch es kommt nichts.

Arlette Na vielen Dank. Mich so hängen zu lassen. Keine Ahnung, wie ich erklären soll, dass du nicht gekommen bist.
Josette Ich bin sowieso tot.
Arlette Nicht toter als ich!
Josette Doch, ich bin tot. Das hast du doch gedacht, bevor du durch die Tür gekommen bist, oder?
(Dann, da Arlette ein wenig verlegen ist oder sich sogar ertappt fühlt, zögert sie erneut.)
Siehst du.
Grüß sie lieb. Ja? Grüß alle lieb von mir. Liebe Grüße.
Ach, und pass mit einer Sache auf: Schau Papas Verlobte nicht die ganze Zeit an. Wenn die Leute schön sind, wenn sie schön und charmant sind, dann starrt man sie an, ohne es zu merken. Man verschlingt sie mit den Augen und macht sich dadurch lächerlich, ohne es zu merken. Pass auf damit, ja?
Arlette Du lässt mich sowas von im Stich.
Josette Obwohl, heutzutage ... hat man das Recht, die Braut anzuschauen. Das kann man machen.
Arlette Leck mich.
Josette Schön, dich wiedergesehen zu haben.

Beide zögern und nehmen sich dann in den Arm, drücken sich, einen Moment lang, der nur kurz anhält.
Dann macht sich Arlette los.

Arlette Tschau.
Josette Tschau!
Arlette Tschau.
(Dennoch tut sich Arlette schwer, zu gehen.)
Weißt du, Josette, ich muss oft daran denken. Wir sind auf einem Feld, auf einer Wiese, in meiner Erinnerung steht die Sonne tief und die Halme sind lang. Mama ist da, aber da ist was zwischen uns beiden. Du bist acht. Und du hast mir gesagt: »Stell dir mal vor, heute ist der letzte Tag, an dem du

vier bist.« Es war der Tag vor meinem Geburtstag. »Stell dir mal vor, der letzte Tag, an dem du vier bist.« Ich wär nie selbst auf so eine Idee gekommen. Das musstest du mir einflüstern.
Ein Jahr davor, mit drei Jahren, hätte das für mich keine Bedeutung gehabt, aber in dem Augenblick, ich weiß noch, wie da das Prinzip der Endgültigkeit durch deine Worte zu existieren begann, du hast es ausgelöst. Vielleicht war es als Samen schon da, der früher oder später aufgekeimt wäre, aber wahrscheinlich erst später, wenn du nichts gesagt hättest.
Du hast mit deiner Frage alles zu früh zum Keimen gebracht. Zu wissen, dass man schon am nächsten Tag seine vier Jahre verliert und sie nie wieder zurückbekommen kann. Und auf einmal sind die letzten Stunden, in denen man sie erlebt, so viel wert. Aber was soll man damit anfangen? In der Gegenwart, die einem durch die Finger rinnt?
Josette, wenn ich an diesen Nachmittag im Oktober zurückdenke, dann weiß ich nicht, ob ich dir das überstürzte Ende der Unbekümmertheit übelnehme, oder ob ich dir dankbar bin, dass du deine scheiß Reife und dein total übersteigertes Bewusstsein mit mir teilen wolltest. Du wolltest, dass ich so fühle wie du, so verstehe wie du, so realisiere wie du. Das wolltest du. Du wolltest mir nichts Böses, oder doch?

III

4
Dan

Die Erzählung Es klingelt an der Tür und Arlette wird bewusst, dass Josette verschwunden ist und sie selbst in einer Wohnung steht, die sie bewohnte, als sie 23 Jahre alt war.
»Die Jahre«, sagt sie sich.
Arlette Verrückt, wie man zum Beispiel seine neue Kreditkarte kriegen kann, mit diesem Zahlenrelief darauf: zwei für den Monat, zwei fürs Jahr, Gültigkeit irrelevant, jenseits der Realität, so weit weg ist sie gepflanzt, meine unwahrscheinliche Zukunft.
Die Erzählung Und da sind wir, ganz ohne Aufruhr. Wir überdauern selbst diese Zahlen. Wir werden, w ...
Arlette Das bin trotzdem immer noch ich! Ich, die ich kannte, die diese Karte besaß, die per Post kam, in Zeiten eines »Ichs«, zu dem ich weiterhin Zugang habe, als würde es in einem Einband aus vergangenen Zeiten stecken.
Die Erzählung Es klingelt nochmals. Nicht nötig zu fragen, wer da ist. Sie macht auf. Dan macht einen Schritt, legt die Arme um Arlette, er gibt ihr äußerst nasse, verschlingende Küsse.

(Der Neuankömmling macht einen Schritt, legt die Arme um Arlette, küsst sie so, wie es die Erzählung beschreibt.)
Sie macht sich nach ein paar Zungenumdrehungen los und bleibt dann bei einem:

Arlette Hey.
Die Erzählung Dan drückt sie wieder an sich, küsst sie. Einige Minuten Küsse gehen ineinander über. Sobald es ihr möglich ist, schließt Arlette die Tür hinter sich.
Vielleicht befürchtet sie, gesehen zu werden.
Er zieht sie erneut an sich, küsst, küsst. Arlette weicht bis zu einem Sofa zurück. Beide lassen sich darauf fallen.

Die Handlung folgt der Erzählung.

Arlette Warte.

Arlette steht auf.

Die Erzählung Sie macht Musik an. Vielleicht Manu Chao? Oder Tryo, so etwas in der Art. Oder Prince vielleicht? Das wäre gut zum Rummachen. Jedenfalls gibt es eine Stereoanlange im Raum, und einen CD-Ständer. Dan kichert.
Arlette Was?
Dan Du brauchst Musik dafür.
Arlette Das mag ich, ja.

Sie geht wieder zu ihm, sie küssen sich.

Die Erzählung Sie küssen sich. Und küssen sich. Er begrabscht sie und streichelt sie von oben nach unten, von unten nach oben. Dann schubst er sie weg:
Dan Du machst ja die Augen zu. Warum machst du die Augen zu? So als ob's dir peinlich wäre. Willst du mich nicht sehen? Schämst du dich?
Arlette Nein! Das hat damit nichts zu tun.
Dan Du denkst an jemand anderen.
Arlette Überhaupt nicht.
Dan Warum machst du dann die Augen zu?
Arlette Keine Ahnung.

Sie streckt ihm ihren Mund entgegen und gibt sich hin, sie küssen sich.

Die Erzählung Sie küssen sich und je mehr sie sich von Dan erregen lässt und sie spürt, wie das instabile Sofa wackelt, stellt sie fest, dass sie mehr Platz bräuchten, Komfort, sie sehnt sich nach einem richtigen Bett:
Arlette Komm, wir gehn in mein Zimmer.
Die Erzählung Sie geht rückwärts, Schritt für Schritt und zieht ihn mit sich, verschiebt die Anordnung ihrer Körper bis ins Schlafzimmer, bis aufs Bett – um sich auszuziehen, und bemüht sich dabei, den komplizierten technischen Aspekt des Vorgangs zu meistern, ohne dass man es ihr ansieht, und ohne den Kuss zu unterbrechen.
Arlette Hast du Kondome?
Dan Mag ich nicht, das drückt so.
Arlette Das ist nicht gegen dich, a ...
Dan Mach dir keine Sorgen.
Arlette Aber weißt du, *ich* hab was. So 'ne voll nervige STI. Vor allem für Girls. Außerdem nehm ich nicht die Pille oder sowas.
Dan Ich pass auf.
Arlette Du musst eins draufmachen.
Die Erzählung Arlette ist bereit, sie zieht ihr Kondom hervor, packt es aus, gibt es ihm, da sie es nicht selbst überziehen möchte. Während Dan es widerwillig überzieht, möchte sie ihn zur Überbrückung küssen, doch er nörgelt:
Dan Das drückt so ...
Die Erzählung So zieht ihn Arlette an sich, hilft ihm, das Accessoire ganz überzuziehen und nimmt ihn schnell auf eine erste Runde mit. Es läuft ganz gut, für alle beide, außer dass das Kondom Dan so drückt und sich Arlette nicht mehr erinnern kann, ob die Größe viel zu klein war oder ob es Dans Organ war, das ... – wie dem auch sei, ihr scheint, das Problem liegt eher in dem, was Dan sucht, durchsetzt, anbietet, dem rohen Akt und sonst nichts. Im Übrigen hatte Dan bereits bei seiner Ankunft einen Ständer gehabt und seine Handgriffe zeugten von keinerlei Zugeständnis.
Später sieht sie sich mit ihm über Serbien sprechen:
Dan Du müsstest die Partys dort sehen! Die Leute essen und tanzen und essen und tanzen, die hüpfen hoch und ihr Bauchfett wackelt hin und her, die essen und tanzen und machen nur das, die ganze Nacht, das erste Mal, als ich meine Frau dahin mitgenommen hab, wusste die gar nicht mehr, wohin mit sich, die dachte, sie spinnt – die Leute rülpsen, das müsstest du mal sehen!
Die Erzählung Und später bringt er ihr ein Sprichwort bei:
Dan »Bolje biti pijan nego star.«
Arlette Und was heißt das –
Dan »Besser besoffen als alt.«
Die Erzählung Sie sitzt auf ihm, er hat wieder angefangen, sie zu streicheln und dann packt er sie mit beiden Händen bei der Taille, sie hat

das Gefühl, eine Vase zu sein, oder das Wasser im Innern dieser Vase, ein genau bemessener Takt, seine Handflächen sind ineinander verschränkt – Dans Hände umschließen ihre Taille, ihr Becken, dessen sie sich voll und ganz bewusst ist, ein zwischen zwei Henkeln zusammengehaltenes Volumen und sie hat genau die richtige Größe für Dan, ist für ihn gebaut, in diesem Augenblick gibt es überhaupt nichts anderes zu empfinden als ihre genaue Übereinstimmung, die der Arlette-Vase, der Arlette-Flasche, der Arlette-Vulva um seine kräftige Eichel, Dan ist stark, heiß und düster, Arlette gefallen seine so düsteren Augen, haben ihr schon von Anfang an gefallen ...

Arlette   Von Anfang an.

Dan   Mir auch, aber ich dachte nicht, dass ich 'ne Chance hab. Weil du ja mit Simon und vielleicht auch mit Heiko gevögelt hast ...

Arlette   Komm schon, wir müssen jetzt nicht darüber reden.

Die Erzählung   Dan, der sie hält, lockert den Griff ein wenig und Arlettes Eingang sinkt ganz natürlich nach unten und empfängt den sturen Willen Dans, der sich hin- und herbewegt, Arlette verflüssigt sich, genau das ist vor allem die Erinnerung an diese Zeit: feucht werden mit einem Lidschlag, ein Finger musste sie nur da berühren und vorausgesetzt, sie fand die mit dem Finger verknüpfte Person anziehend, vorausgesetzt, sie fand das eigene Spiegelbild im Blick des Anderen anziehend und vorausgesetzt, man brachte der Klitoris ein minimales, aber wirklich nur minimales Feingefühl entgegen, wurde sie feucht, unverzüglich und reichlich, bereit, es anzunehmen und es wieder und wieder zu fordern.
Arlette, auf Dan verharrend, murmelt trotzdem:

Arlette   Du solltest schon ein Kondom ...

Die Erzählung   Doch Dan weiß, wie mit dem Hintern dieses Mädchens umzugehen ist, die seine Begierde umschließt wie eine Schraubenmutter, seine Arme sind schwere Lasten gewöhnt und er kann sie hoch- und runterheben, er bestimmt den Rhythmus, es ist so gut, dass jeder Einwand erstickt wird, die Erregung noch größer wegen der Fahrlässigkeit, wegen ihres vollsten, vom Latex befreiten Einverständnisses, los, jetzt ist es auch egal, nagel mich gründlich durch ...

Arlette   Aber du passt auf, ja? Du machst mir kein Kind, Dan.

Dan   Pssst ...

Die Erzählung   Und das erzwingt Lust, die Existenz liegt in ihren Unterleibern und sie verstehen sich, man könnte glauben, sie wären dazu geboren, sich gegenseitig im perfekten Moment zum Orgasmus zu bringen und Dan gehorcht Arlettes Aufforderung, außerhalb von ihr abzuspritzen, doch erst nachdem er gewartet hat, bis sie zuerst gekommen ist.
Es bleibt der Moment, in dem sie alle beide, jeder für sich, zu den Teilen des Bewusstseins zurückkehren müssen, von denen sie sich gelöst hatten.

Arlette   »Bolje biti pijan nego star.«

Dan lacht, korrigiert ihre Aussprache. »Bolje biti pijan nego star.«

Stille.

Arlette Danke, Dan. Dass du mich so kommen lässt.
Dan Sag dafür doch nicht danke.
Arlette Die müssten gleich da sein und mich abholen.
Dan Hm?
Arlette Ich müsste schon lang unten sein. Die warten ganz sicher unten auf mich. Für die Hochzeit von meinem Vater. Ich hab keine Zeit, dir das jetzt zu erzählen, ich müsste schon längst angezogen sein.
(Arlette versucht sich loszumachen, sich anzuziehen, während Dan sie wieder in die Mitte des Bettes ziehen will.)
Das geht jetzt nicht. Du musst jetzt gehn.
Dan Du machst mich geil.
Arlette Wenn ich nicht nach unten geh, kommen die hoch und holen mich. Glaubst du, ich hab Lust, dass die mich mit einem Typen sehen?
Dan Du wirfst mich also raus.
Ok.
Arlette Tut mir leid.
(Arlette wirft Dan seine Kleider entgegen, der gezwungen ist, sich anzuziehen.)
Komm schon, bitte.
Dan Schon steh ich auf der Treppe, sie hat mich rausgeschmissen, sogar ohne Kuss.
Die Erzählung Er hatte keine Zeit, seine Jacke mitzunehmen; Arlette wirft sie ihm an den Kopf (Arlette wirft das Kleidungsstück, Dan bekommt es direkt ins Gesicht, er wirft ihr im Gegenzug ein ersticktes Adieu entgegen.), dann schließt sie ihre Tür. Hastig macht sie ihre Haare zurecht. Plötzlich überkommt sie die Idee, sich zu schminken. (Falls sie das tut, schminkt sie sich danach sogleich wieder ab.)
Dan Danach hab ich mich echt schwer getan mit meiner Frau. Die Gefühle waren abrufbar, noch Wochen später. Ich dachte daran, ich spürte alles noch einmal. Ein blitzartiges Aufflammen zwischen meinen Hüften. Danach haben Arlette und ich uns nur noch einmal angerufen. Keine Ahnung, ob sie sich daran erinnert. Nur einmal, wo wir uns gesagt haben, dass es ganz besonders war, so gut, echt gut, dass es für beide von uns echt schmerzhaft war, darüber hinwegzukommen.
Arlette Ich hab deine Frau nur einmal gesehen. Du bist vorneweg gelaufen, mit dem Kleinen auf der Schulter.

Sie zieht ein Kleidungsstück über, nimmt ihre Tasche.

Dan Was bringt es, über all das zu sprechen? Weil heute ist das zwischen ihr und mir doch schon lange ...
Die Erzählung Er wird von Arlette unterbrochen, die aus der Wohnung kommt, ohne anzuhalten an ihm vorbeiläuft –
Arlette Bleib nicht da stehen.
Die Erzählung und die Treppe hinunterrennt.

5
Essen ist fertig!

Die Erzählung Sie muss ihre Verspätung aufholen, ohne noch eine weitere Minute zu verlieren.
Doch auf einem der Treppenabsätze öffnet sich eine Tür und jemand kommt zum Vorschein, der sie kennt und sie herbeiruft.
Der Freund Ja, guten Tag!
Die Erzählung Ein Freund – Mist! Unmöglich, sich an seinen Namen zu erinnern! Egal, den Rest des Typen erkennt sie sofort.
Arlette Oh! Ja, hallo!

Sie küssen sich auf die Wange. Blicken sich an.

Die Erzählung Zwischen den beiden besteht noch immer dieser Altersunterschied, aber auch eine Komplizenschaft, eine Verbundenheit und ein immenser Respekt, den Arlette gegenüber dem hegt, was er im Laufe seines Lebens, um sich herum und in sich selbst erreicht hat.
Arlette Geht's dir gut?
Der Freund Wie immer, wenn du uns mit einem Besuch die Ehre erweist.

Etwas hinter ihm steht eine zweite Person.

Die Erzählung Hinter ihm, seine Lebensgefährtin. Mit ihr ist es nicht so einfach.
Arlette Du bist ja auch da!
Die Erzählung Wie dem auch sei, solange sie die Lebensgefährtin des Freundes bleibt, wird die freundschaftliche Wertschätzung auch auf sie ausgedehnt.

Bewegung Arlettes in Richtung der Lebensgefährtin, mit der klaren Absicht, sie auf die Wange zu küssen.

Die Lebensgefährtin des Freundes Du findest mich in einem erbärmlichen Zustand vor, tut mir leid, dir diesen Anblick aufzuerlegen. (Wovon spricht sie? Das Bild wird es uns sagen. Es ist bestimmt nicht

so hässlich, unpassend oder schlimm und ihre Entschuldigungen werden unangemessen erscheinen.)
Der Freund zu seiner Lebensgefährtin Übertreib nicht.
(Zu Arlette.) Komm rein. Gib mir deine Jacke.
Die Erzählung Von der Gewissheit gequält, dass sie anderswo erwartet wird, verlegen darüber, dass man sie anscheinend auch hier erwartet hat und verdammt besorgt darüber, dass der Freund in ihr das Vergessen seines Vornamens wittern könnte:
Arlette Es freut mich sehr, euch zu sehen.
Die Erzählung Paradoxerweise erinnert sich Arlette mit außerordentlicher Klarheit an den Vornamen der Lebensgefährtin, als ob er in ihrem Geiste dort stehen würde, in unterstrichenen, eindringlichen und aufblinkenden Buchstaben, so deutlich, dass sie – eine Falle vermutend – vermeidet, ihn auszusprechen.

Alle drei haben den Wohnbereich des Freundes und seiner Lebensgefährtin betreten.

Die Lebensgefährtin des Freundes von ihrem Lebensgefährten sprechend Rate mal, was er für dich gekocht hat.
Arlette Stimmt, es riecht so gut. Ist das Lamm?
Der Freund Lammkeule mit Ingwer und Kurkuma. Die Keulen brätst du erst im Topf an, dann löschst du sie mit einem Saft ab, Weißwein, Kräuter, du gibst den Kurkuma dazu, die Zwiebeln, die du eingelegt hast, in Ahornsirup karamellisierte Äpfel – es ist gut, wenn du sie davor etwas ziehen lässt.
Arlette Es ist so nett von euch dass ihr. Danke, ja. Lammkeule ist meine Leibspeise, mit Kurkuma hab ich's noch nie probiert, aber Lammkeule mag ich so sehr, ich bin mir sicher, dass ich die mit Kurkuma auch sehr mögen werde, ich würd so gern hierbleiben, wenn ich könnte, das Ding ist nur, da ist diese Zeremonie für meinen Vater ... Er heiratet nochmal, stellt euch vor! Tut mir leid, ich kann wirklich nicht bleiben.
Der Freund Aber, Arlette ...
Arlette Ich hätt es euch vorhin sagen müssen, ich hätte euch Bescheid geben müssen es ist nur es gab keine Gelegenheit es ist irgendwie schlecht gelaufen tut mir leid, ich muss los.
Der Freund Du wirst erwartet?
Arlette Unten.
Der Freund Du hast alle Zeit der Welt, um zu essen. Wir sind ganz nah am Eingang, da bist du ganz schnell.
Arlette Ich glaub, es wär trotzdem besser, wenn ich sofort losgeh. Aber vielleicht später? Wenn ich später vorbeikomm? Gegartes Fleisch kann man ja aufwärmen, oder?

Die Lebensgefährtin des Freundes Wir reden und reden, während die arme Arlette am Verhungern ist. Setz dich. Nimm Platz. Er hat Lammkeule für dich gekocht.
Der Freund Das haben wir ihr doch schon vor nicht mal einer Minute gesagt!
Die Lebensgefährtin des Freundes Ja?
Der Freund Ich hab ihr das Rezept erklärt. (Zu Arlette.) Wir lassen dich jetzt nicht gehen. Setz dich.
Arlette sich ergebend Danke.
Sie setzt sich.
Der Freund zu seiner Lebensgefährtin Dann setz du dich da hin.
Die Lebensgefährtin Nein, es ist besser, wenn ich mich hier hinsetze, dann bin ich dir nicht im Weg.
Der Freund Hör mal, es ist gut, wenn du dich hier hinsetzt.
Die Lebensgefährtin Du musst zum Servieren aufstehen und dann bin ich im Weg. Da, schieb das mal für mich zur Seite.
Arlette steht auf. Kann ich dir helfen?
Die Lebensgefährtin des Freundes Bleib sitzen, Arlette! Der Herr wird sich schon um seine lästige Gattin kümmern.
Der Freund Wie du willst. (Er hilft seiner Lebensgefährtin, sich hinzusetzen.) Es wäre aber auch gegangen, wenn du dich dahin gesetzt hättest.

Der Freund geht und kommt mit dem Kochtopf wieder. Er serviert.

Arlette Das sieht köstlich aus. Allein der Geruch! Vielen Dank für alles.
Der Freund Magst du Wein?
Die Lebensgefährtin des Freundes Hast du was mit deinen Haaren gemacht? Die sind lang geworden.
Arlette Das ist nur, weil ich sie normalerweise hochgesteckt trage. Dann sieht man sie nicht. Aber sprechen wir nicht von mir. Geht's dir gut? Deine Chemo?
Die Lebensgefährtin des Freundes Wie bitte?
Arlette Tut mir leid. Ich hab gedacht, ich dachte.
Der Freund Sie ist kerngesund.
Die Lebensgefährtin des Freundes *Er* ist derjenige, der Schmerzen hat, so schlimm, dass er sich die Eingeweide rausreißen konnte …
Der Freund Jetzt übertreib mal nicht.
Die Lebensgefährtin des Freundes Für nichts in der Welt würde er dir gegenüber gestehen, dass er sich jeden Morgen vor Schmerzen die Eingeweide rausreißen könnte.
Der Freund Ich hab Medikamente dagegen.
Die Lebensgefährtin des Freundes Er müsste den Arzt wechseln.

Arlette Tut mir leid. Tut mir total leid für euch. Und auch, dass ich nicht lange bleiben kann.
Der Freund Magst du Wein?
Die Lebensgefährtin des Freundes Du weißt doch, dass mit den Medikamenten d …
Der Freund Wenn du erlaubst, ich habe doch Arlette d …
Die Erzählung Ding dong.

IV

6
Die Braut

Die zukünftige Braut ist hereingetreten und geht auf den Tisch zu. Sie trägt ihr Hochzeitskleid, ihrer Frisur fehlt noch der letzte Schliff. Sie schnappt sich ein Glas Wein, erhebt es, trinkt es in einem Schluck aus und stellt es wieder hin.

Die Braut Das ist der stressigste Tag meines ganzen Lebens.
(Arlette weiß nicht, was sie dazu sagen soll. Sie hört zu. Entweder sind der Freund und seine Lebensgefährtin verschwunden oder sie haben sich in Statuen verwandelt – Arlette befindet sich nun in einem Gespräch unter vier Augen mit der soeben Eingetroffenen.)
Diese vielen Dinge, an die man denken muss! Davon hat man überhaupt keinen Schimmer, bevor man es wirklich macht. Und wenn es dann so weit ist! Unsere 160 Gäste: Sagen wir, ich nehm mir nur eine Minute, um jeden zu begrüßen, dann sind aber schon zwei Stunden vorbei und diese zwei Stunden, tut mir leid, die haben wir zwischen dem Aperitif und dem Moment, wenn sich alle zu Tisch begeben, einfach nicht.
Arlette Wenn ich irgendwas tun kann.
Die Braut Mich zuhaken, am Rücken.

Arlette tut ihr den Gefallen.

Die Erzählung Dingens und Bänder müssen gezogen, eine Korsage festgeschnürt werden, genau wie Mamma Scarlett O'Hara in der Verfilmung von *Vom Winde verweht* festschnürt.
Die Braut Könnten Sie mir noch ein Glas einschenken, bitte?
Arlette Seien Sie aber vorsichtig.
Die Braut Trinken Sie mit?
Arlette Ich wart lieber auf den Aperitif. Also darauf, dass ich alle begrüßt habe.

Die Braut Stoßen Sie doch mit mir an. Bitte.
Arlette Ich schenk Ihnen gerne nach, aber ich stoß nicht an.
Die Braut Sie lehnen mich ab.
Arlette Achtung, Ihr …

Zu spät: Ein Fleck ist auf dem Kleid, mitten auf der Korsage.

Die Braut verblüfft Mittendrauf.
Arlette Das kriegen wir hin, keine Sorge.
Die Erzählung Arlette kümmert sich darum, Seife, einen Schwamm in dieser Wohnung zu finden, die nicht ihre ist. Sie wiederholt, »das kriegen wir hin«. (Arlette hat es im Chor mit der Erzählung gesagt, Letztere spricht den Satz alleine zu Ende.), während sie bemerkt, dass die Braut in Tränen ausgebrochen ist.
Arlette zurück zur Braut gehend, die tatsächlich bitterlich weint, um zu versuchen, sie zu trösten Hören Sie. Ich versteh das. Aber versuchen Sie, an die Freuden zu denken, die auf Sie warten. Ja? Die Freuden dieses Tages. Ihres Tages, eines außergewöhnlichen Tages!
Die Braut Ich wette, Sie haben das Brautpaar noch nie beneidet, auf keiner Hochzeit.
Arlette Vielleicht verpasse ich was?
Die Braut Ich bewundere Sie so. Ich hätte gerne mit Ihnen angestoßen.
Arlette Wir stoßen bei der Feier an. Okay?
Die Braut Die »Feier«. Sie glauben doch selber nicht, was Sie da sagen. (Sie zieht die Nase hoch.) Wir haben über Sie gesprochen, Ihr Vater und ich. Jeden Tag, oder fast.
Arlette Was?
Die Braut Sie strahlen so eine Stärke aus. Souverän. Wie auf den Fotos, nur besser – ich hab auch Videos gesehen! Ich bewundere Sie.
Arlette Wir sollten vielleicht los. Ich mach Ihnen den Fleck weg und fertig!
Die Braut Und Sie sind schön.
Arlette Sie hätten nicht trinken sollen.
Die Braut Warum haben manche Frauen so eine Kraft, und ich – keine Ahnung, woher ich das alles nehmen soll, um dieses Hindernisrennen von einem Tag zu überstehen.

Arlette reicht ihr ein Taschentuch.

Arlette Das wird schon, ich bin sicher. Wir halten zusammen, wir ziehen den Bauch ein und fertig!
Die Braut Das mein ich ja, ich krieg keine Luft mehr. Das Korsett muss ein bisschen aufgeschnürt werden.

(Da Arlette nicht bereit scheint, sich noch länger mit der Korsage zu beschäftigen.) **Nur so lange, bis es besser geht. Bitte.** (Obwohl Arlette ungeduldig geworden ist, kommt sie der Bitte nach. Die Braut schnäuzt sich.) Und trotzdem, wir strahlen nicht alle dasselbe aus. Finden Sie nicht?
Arlette Doch natürlich, aber. Keine Ahnung, was man Ihnen über mich erzählt hat, oder was Sie sich vorstellen, aber glauben Sie mir, von innen sieht das ganz anders aus.
Erstens verletze ich Menschen. Sobald ich den Mund aufmache, verletze ich Menschen, ich erinnere mich an nichts, was sie betrifft. Weder an ihren Vornamen, noch …
Die Braut Sie können sagen, was Sie wollen, Sie sind inspirierend.

Pause, eher eine kurze.

Arlette Ich kann morgens aufstehen, ja. Und ignorieren, was da klagt. Was da gesagt wird. Bis zu einem gewissen Punkt kann ich ignorieren, was dazwischen, was zwischen meinen Zweigen geflüstert wird, was da knarrt, und ich kann meine geplanten Aufgaben erledigen, meine Aufgaben, die ineinander übergehen, ohne Unterbrechung. Das schaffe ich, das stimmt. Aber Sie auch. Jeder von uns. Ein paar Misserfolge gibt es, ein paar schlimme, peinliche Ausreißer, aber im Großen und Ganzen geben wir uns alle Mühe.
Und jetzt, schnäuzen Sie sich nochmal, machen Sie Ihre Haare zurecht, zumindest ein wenig, und ab in die Kirche, und zwar mit Vollgas.
Die Braut Nicht Kirche, Standesamt.
Arlette Was? Keine kirchliche Hochzeit?
Die Braut Ich bin nicht gläubig.
Arlette Aber mein Vater! Mein Vater ist sehr gläubig.
Die Braut Wissen Sie, er hat sich ziemlich verändert, seit …
Arlette Meine Mutter hat ihn bekehrt!
Die Braut Sie kannte ihn nicht gut.
Arlette Was erlauben Sie sich?
Die Braut Ganz ehrlich, sie hat ihn komplett …
Arlette Unterstehen Sie sich.
Die Braut Zum Glück bin ich dann gekommen.
Arlette Das muss sich erst noch zeigen, ob es für ihn ein Glück war, Sie kennengelernt zu haben.

Die Braut schenkt sich noch ein Glas Wein ein, sie trinkt einen kleinen Schluck, beobachtet Arlette.

Die Braut Sie wissen, dass Rotwein am allergefährlichsten für Kupferrose ist, oder?

Arlette Die meines Vaters. Stört Sie die nicht?
Die Braut Ihr Vater hat keine Kupfer ...
Arlette Und Ewigkeiten auf ihn zu warten, wenn er irgendwo hingeht – keine Ahnung, ins Restaurant zum Beispiel, stört Sie das nicht? Stört es Sie nicht, wenn Sie mit ihm ins Restaurant, ins Museum gehen, einen Bus nehmen und er im Schneckentempo durch die Gegend trödelt und man ihm wegen seinem schlecht operierten Knie den Arm reichen muss und wegen seinem ...
Die Braut Quatsch! Er ist sehr gut zu Fuß, er ist sogar ziemlich lebendig, Sie sollten uns mal beim Curling sehen – für sein Alter ist er wirklich ...
Arlette Was?
Die Braut Ich sagte: Sie sollten uns beim Curling sehen! Er macht wahnsinnige Fortschritte. Wie ich so schön und oft zu ihm sage: Liebe heißt zu allererst, seine Leidenschaften zu teilen.
Er würde Sie gerne öfters sehen. Er liebt sie sehr.

Stille, Arlette scheint nach Atem zu ringen.

Die Braut Dass das Ihre Mutter stört, kann ich verstehen, aber Sie? Was stört Sie daran, dass Ihr Vater im Herbst seines Lebens eine heiße und innige Liebe erlebt?
Arlette »Im Herbst seines Lebens« ... Geht's noch kitschiger?
Die Braut Sie wissen, dass ich Sie bewundere. Aber ich wär nicht gern an Ihrer Stelle, wenn Sie nichts anderes zu tun haben, als die Liebe Ihres eigenen Vaters abzulehnen! Als ich ihn kennengelernt habe, fehlte es ihm an allem, niemand wollte ...
Arlette Meine Mutter hat Treue bewiesen, Loyalität, vollkommene Hingabe!
Die Braut »Hingabe«, sagen Sie. (Kurze Pause.) Ist das Ihre Vorstellung von Liebe?
Arlette Der Fleck auf Ihrem Kleid. Er verdirbt alles.

Die Braut schaut auf ihre aufgeschnürte Korsage, die jedoch noch hält, ein Augenblick der Benommenheit, als würde sie sich schlagartig an die Existenz des Flecks erinnern. Dann reißt sie sich die Korsage auf einen Schlag vom Leib. Arlette wendet ihren Blick von der entblößten Oberweite ab.

7
»Nett-und-hübsch«

Die Erzählung In diesem Augenblick fährt Josette, die, keine Ahnung wie, wiederaufgetaucht ist, Arlette an:

Josette auf die entblößte Oberweite deutend Stört dich das? Macht dir das Angst? Dass du Anziehung verspüren könntest?
Ich hab dich gewarnt.
Die Braut So einer Figur konnte sich eure Mutter nie rühmen. Stimmt doch, oder? Selbst in meinem Alter.
Die Erzählung Arlette weiß nicht, ob ihre Gesprächspartnerin die Anwesenheit ihrer Schwester wahrgenommen hat. Sie überlegt, ihr die Frage zu stellen, doch aus Angst, etwas zu sagen, das sie als verwirrt dastehen lassen könnte, ändert sie ihre Meinung. Dieses Zögern hat nicht mehr als eine Sekunde gedauert.
Arlette Ich dachte, Sie fänden mich schön. Dabei sehe ich meiner Mutter genauso ähnlich wie meinem Vater, wissen Sie.

Die Braut und Josette gleichzeitig, doch anscheinend unabsichtlich im Chor:

Die Braut Aber Ihre Mutter ist total verschlossen. Abgehärtet. Ausgetrocknet eben.
Josette Aber du bist total verschlossen. Abgehärtet. Ausgetrocknet eben. Du bist nicht in der Lage, zu geben.
Arlette Das stimmt nicht! Ich gebe, verdammt nochmal! Gerade eben habe ich unheimlich viel gegeben. Ich gebe jeden Tag!
Josette Ausschließlich Menschen, denen du nur kurz begegnest. Die dir nicht wichtig sind. Du gibst ihnen alles, was du hast, das stimmt, aber einzig und allein, weil das Bild, das sie dir zurückspiegeln – dieses Bild von dir beim Geben, großzügig, strahlend – einen Augenblick lang deine Ängste besänftigt. Und weil du weißt, dass du sie nie wiedersehen wirst. Sobald jemand Anstalten macht, wiederzukommen und vielleicht sogar verlangt, dass du dich an ihn erinnerst, erstickst du alles sofort im Keim. Uns, deinen Nächsten, uns hast du am wenigsten gegeben.
Die Braut Ich hol Seife.

Während die Braut geht, tauchen der Freund und seine Lebensgefährtin wieder auf, es sei denn, sie sind dort starr und stumm geblieben und wurden auf einmal wieder zum Leben erweckt:

Die Lebensgefährtin Hast du was mit deinen Haaren gemacht? Steht dir sehr gut.
Der Freund Nimmst du Kartoffeln?
Josette anscheinend nur für Arlette wahrnehmbar, auf den Freund und seine Lebensgefährtin deutend Du darfst sie nicht dafür benutzen, Gutes über dich zu sagen.
Arlette Wenn sie's so meinen. Wenn sie's wirklich so meinen.

Josette Dabei haben wir doch gerade unter vier Augen gesprochen.
Arlette Wir haben nicht unter vier Augen gesprochen, tut mir leid. (Zum Freund und seiner Lebensgefährtin.) Es ist köstlich! Wirklich. Außerdem hatte ich so einen Hunger! Ihr wisst, dass ich Lamm liebe, oder?
Josette Hör auf, so zu übertreiben.
Arlette Du weißt ganz genau, dass ich das nicht kann.

Die Braut ist zurückgekommen, mit einem Föhn bewaffnet, der außerhalb der Bühne eingesteckt ist – das Kabel ist so lang, dass sie sich vollkommen frei bewegen kann –, sie föhnt damit das nasse Kleidungsstück trocken.

Arlette etwas schreiend, damit ihre Stimme den Antrieb des Föhns übertönt Ich kann nicht anders, als fünfzigtausend Mal danke und so weiter zu sagen! Das ist übrigens keine Heuchelei: Ich mag Lammkeule wirklich. Aber ich übertreib immer und am Ende klingt es unecht.
Als die Braut den Apparat ausmacht, lässt sich Arlette auf einen Stuhl fallen.
Arlette Ich bin 'n bisschen müde. Ich stoß jetzt doch an.

Der Freund und seine Lebensgefährtin sind erneut erstarrt oder haben sich in Luft aufgelöst.
Josette ist gegangen oder nun im Hintergrund.
Die Braut schenkt zwei Gläser ein, reicht eines Arlette, sie stoßen an.

Arlette Wenn Sie wüssten, wie ich mich vorhin bemüht habe, ihre Einladung auszuschlagen. Ich wollte gehen, ich hab Sätze dafür ausgesprochen, nur Sätze dafür, das Gegenteil geschah. Ich bin sowas von gut erzogen! Mir wurde die Höflichkeit in den Arsch des Kleinhirns gepumpt – die meineidigen Punk-Jahre, die Rebellen-Schwüre, das alles verändert einen Scheiß, wenn das Kind längst in den Brunnen gefallen ist: Ich sag danke ich sag guten Tag ich sag bitte wenn es Sie nicht stört wenn das in Ordnung für Sie ist das ist nett entschuldigen Sie, das alles sage ich und wirke dabei ganz natürlich, ein Pupser nach dem anderen.
Die Braut Fragen Sie sich manchmal, was menschlichen Beziehungen einen Geschmack von Berechnung verleiht, während Sie im Grunde genommen – abgesehen von Ihrer Ironie – meistens ehrlich sind, und die anderen meistens ehrlich zu sein scheinen, wenn sie sagen, dass sie Sie schätzen? Fragen Sie sich manchmal, wie man diesem reflexiven Bewusstsein von sich selbst, die gerade spricht, diesem Eindruck von Unwirklichkeit ein Ende setzen kann?
Arlette Schön zu sehen, dass mein Vater keine Idiotin heiratet.
Die Braut Zum Wohl!

Arlette Zum Wohl.

Sie trinken.

Die Erzählung Arlette ist einerseits in ihren Gedanken versunken und beobachtet andererseits wachsam ihre Umgebung, sie ist überzeugt davon, dass sich Josette noch irgendwo in der Nähe befindet, um zuzuhören. Für sie beeinflusst die Möglichkeit, dass ihre Schwester mithören könnte, das, was sie sich zu sagen anschickt.
Arlette Meine Schwester und ich. Wissen Sie, was unser Ideal war? »Nett und hübsch« zu sein. Eine Bezeichnung, die wir uns ausgedacht hatten ... Man muss wissen, dass die beiden Wörter in Kombination noch eine andere Bedeutung bekamen, unabhängig von den Worten »nett« und »hübsch« an sich. Ein Ideal, nach dem wir strebten, aber das wir zu unseren Lebzeiten nicht erreichen würden. In unseren Phantasiespielen war das so: Ich war siebzehn, es hieß, ich hätte Haare bis zum Po, ich war »nett und hübsch«. Also ich stellte mir nicht unbedingt 'ne Prinzessin vor, es hätte auch 'ne Hirtin sein können.

Sie trinkt. Die Braut wirkt aufmerksam.

Arlette Darf ich Sie fragen ...
Die Braut Ja, gerne.
Arlette Das wird ichbezogen klingen.
Die Braut Bitte.
Arlette Finden Sie mich strahlend? Mit denen da? (Sie bezieht sich an dieser Stelle auf den Freund und seine Lebensgefährtin und deutet mit einer Kopfbewegung auf ihre Teller oder auf ihre leeren Stühle oder aber auf ihre Statuen-Darstellung.)
Die Braut Ganz und gar strahlend.
Arlette Strahlend und großzügig? Ich stelle Ihnen die Frage, nur damit ich es verstehe.
Die Braut Strahlend und großzügig, wirklich. Und Ihre Haare?
Arlette Was?
Die Braut Ich könnte Sie frisieren.
Arlette Das ist doch *Ihre* Hochzeit.
Die Braut Gerade eben sorgten Sie sich doch noch um Ihre Haare. Das habe ich in Ihren Gedanken gelesen.
Arlette Verrückt.
Die Braut Was?
Arlette Nichts. (Sehr kurze Pause.) »Sorgten Sie sich doch noch«. Ich hab schon lange nicht mehr so eine Alliteration gehört, und dann auch noch ein Imperfekt in einem mündlichen Gespräch.

Arlette hebt das Glas an ihre Lippen, trinkt einen kleinen Schluck.
Die Braut leert ihr Glas mit zurückgeworfenem Kopf. Dann stellt sie
es wieder hin.

Die Braut Ich wünschte, Sie würden mir etwas geben.
Arlette Wie bitte?
Die Braut Geben Sie mir etwas.

V

8
Unter der Maske I

Unter vier Augen. Hier sind Josette, der Freund und seine Lebensgefährtin definitiv verschwunden.

Die Erzählung Zum einen, weil es die Frau verdient hat, da sie Interesse an ihr gezeigt hat, da sie Gutes über sie gesagt hat – ja, da waren nicht nur Komplimente, doch haben die beiden miteinander gesprochen und Sprechen verpflichtet eben –, zum anderen aus einem Bedürfnis nach Wiedergutmachung heraus, wegen des Gefühls, das sie hegt, für immer in der Pflicht zu stehen – nichts wird jemals ihre Schuld anderen Menschen gegenüber begleichen können –, in der Hoffnung auf eine kurze Erleichterung, wie wenn man einem Bettler fünf anstelle von zwei Euro gibt, vor allem aber aus Höflichkeit, lässt Arlette sich letztlich darauf ein.
Arlette Natürlich. Warten Sie ...
Die Erzählung Sie sucht nach etwas, was sie ihr geben könnte, möchte ihre Hosentaschen durchsuchen, als sie bemerkt, dass sie nackt ist. Seit wann? Sie würde gerne darüber nachdenken, doch die Andere wartet und Scham überkommt sie, nichts zu haben, was sie verschenken könnte, nichts parat, nichts unmittelbar da.
Die Braut Etwas von dir.
Arlette Natürlich.
Die Braut Ein Haar würde reichen.
Die Erzählung Beruhigt, dass sich alles durch eine derart einfache Transaktion erledigt, führt Arlette die Hand an ihren Kopf und stößt lediglich auf eine glatte Oberfläche, eine Schlangenhaut: Sie hat eine Glatze!
Arlette Tut mir leid.
Die Braut Macht nichts.
Arlette Das ist echt doof von mir, tut mir leid.
Die Braut Ist nicht schlimm.
Arlette Ich hätt gern etwas, das wirklich von mir kommt.

Die Braut Dann eben ein Zahn. Aber nur, wenn das okay für dich ist.
Arlette Ein Zahn?
Die Erzählung Doch Arlette kann diese wunderbare Geste einer Unbekannten, die um ihren Zahn anhält und sie dadurch rehabilitiert, nicht verschmähen – natürlich, jeder Mensch, der Arlette Interesse schenkt, rehabilitiert sie, doch kann sie den Kontakt nicht mehr ertragen. Manchmal hat sie den Eindruck, eine Minute länger und etwas Unkontrollierbares würde aus ihr hervorbrechen. Im gegenwärtigen Fall muss sie dieser Frau so schnell wie möglich irgendetwas geben, damit dieses quälende Gespräch endlich endet:
Arlette Ein Zahn, okay, kein Problem.
Die Braut Sicher?
Arlette Ganz sicher.
Die Braut Hast du eine Zange?
Arlette Wir finden eine.
Die Braut Das ist so großzügig. Es war schön, mit dir zu sprechen. Ich mochte unser Gespräch.
Die Erzählung Als Arlette mit der Zange zurückkommt, bemerkt sie, dass ihre Gesprächspartnerin gerade eine Maske abnimmt. Geliehene Haut, Überstülp-Gesicht, Gummi-Gesichtszüge: Darunter erscheint ihr Vater.
Der Vater Ich sterbe.
Arlette Tut mir leid.
Ich such dich seit Stunden.
Der Vater Ich hab Angst.
Arlette Papa, ich weiß nicht, was ich sagen soll.
Der Vater Sag, dass du mich liebst. (Er wartet, nichts kommt.) Meine kleine Maus.
Arlette Ich bin nicht deine kleine Maus.
Der Vater Doch natürlich.

Stille, Arlette versucht, ihre Gedanken zu sammeln.

Arlette Tut mir leid, ich habs nicht geschafft, Josette zur Vernunft zu bringen.
Der Vater Sie ist nicht gekommen?
Arlette Sie hat mir gesagt, dass sie kein Outfit gefunden hat, dass sie sich hässlich fühlt.
Der Vater Wir waren so glücklich bei ihrer Geburt. Und dann kam ihre Pubertät.
Arlette Jedem nur ein Stück von dem, was passiert ist, ein Stück seiner Reise in die Erinnerung, und selbst wenn alles wieder zusammengefügt ist: Bilden unsere Stücke wirklich unsere Wahrheit?

Der Vater Du warst mir sowieso immer die Liebste.
Arlette Wirklich?
Der Vater Aber natürlich, meine kleine Mau …
Arlette Ich bin nicht deine kleine Maus! Es ist, als würdest du nicht sehen, wie sich alles in mir sträubt. Siehst du denn nicht, wie es sich alles in mir sträubt?
Der Vater Ich hätt nie geglaubt, dass meine Maus böse werden könnte.

Kurze Pause.

Arlette Hast du schon mal dran gedacht, dass ich vielleicht nur aus Angst vor Vorwürfen gekommen bin, oder aus Angst, mir später selbst Vorwürfe zu machen?
Der Vater Hast du eine Ahnung, wie weh du mir tust?
Arlette Glaubst du, es ist auf Dauer erträglich, nett gepflegt gut erzogen zu sein? Danke für die Erziehung, danke nochmal könnt ich sagen, aber, unglaublich aber wahr, ich hab euch verziehen.
Der Vater Was verziehen?
Arlette Papa, ist dir eigentlich klar – hierherzukommen, um meine Liebe zu verlangen, ohne Vorwarnung, ohne Scham, ohne Ausreden für das w …
Der Vater Das klingt wie Wut!
Arlette Als ich beschlossen hab, dass nichts, was dir passieren würde, mir etwas anhaben könnte, waren meine Brüste noch ganz klein. Heute siehst du meine Müdigkeit.
Der Vater Du hast beschlossen, mich zu bestrafen.
Arlette Nein.
Der Vater Doch.
Die Erzählung Stille, Arlette denkt darüber nach, dass sie sagen könnte: »Auch Josette hat gelitten«, doch sie hält sich zurück und sieht den Trauerzug ihrer eigenen Vergehen an sich vorüberziehen, das Böse, das sie absichtlich oder schuldlos verursacht hat.
Arlette Hab ich gesagt, dass du schuld daran bist, Papa? Aber Wut. Wäre das verboten? Wäre das böse? Was hast du geglaubt?
Der Vater Mein Leben war erfüllt. Das verdanke ich auch euch, deiner Schwester und dir.

Kurze Pause.

Arlette Tröstet dich das eigentlich? Dass wir uns diese Dinge sagen? Machen wir das gerade, weil wir das Bedürfnis danach haben oder weil man das am Sterbebett so macht?

Bei dem Wort »Sterbebett« legt sich Arlettes Vater auf den Tisch.

Der Vater Gib mir die Hand. Sag mir nette, tröstliche Dinge. Sag mir, dass du mich liebst. Ich gehe nicht, bevor ich das nicht gehört habe.

`Arlette füllt ihren Teller mit einer zweiten Portion.`

Arlette Wenn ich keine zweite Portion von diesem blöden Lamm esse, dann werden die vielleicht glauben, dass ich sie angelogen hab, als ich gesagt hab, dass es mir schmeckt.
(Sie isst.)
Unglaublich, dass sie extra für mich gekocht haben. Verwöhnt zu werden, das kann ich, glaub ich, gar nicht ausstehen. Danach muss man danke sagen, ohne zu wissen, wie oft man es sagen muss, bis man sicher sein kann, es gesagt zu haben.
(Pause. Noch immer essend.)
»Meine kleine Maus«. Wenn es nicht »mein kleines Miezekätzchen« war. Also keine Ahnung, ob du weißt, dass »Mietzekätzchen« und »Muschi« in der, sagen wir mal, Umgangssprache – lass gut sein.
`(Falls sie gesessen hat, steht Arlette nun auf. In jedem Fall geht sie nun weg, um ihren Teller abzuspülen.)`
Jedenfalls, wenn die Frage lautet, »näherst du dich mir wieder an, jetzt wo dir mein Tod Angst eingejagt hat«, dann sag ich dir: Vergiss es. Ich glaub, ich kann's nicht. Nimm's mir nicht übel, aber in meinem Schritt auf dich zu lag dieser Der-letzte-Moment-Effekt, der Schock des »vielleicht ist es schon zu spät, danach geht es nicht mehr«, da war halt die Panik vor Schuldgefühlen und wenn diese Effekte dann nachlassen …
(Sie hält inne.)
Bist du grausam, Arlette. Wer hat dir das Herz rausgerissen?
`(Nachdem sie sich selbst diese Frage gestellt hat, antwortet sie nun auch sich selbst.)`
Deine Verwandlung, Papa? Ich mein natürlich meine.
`(Sie spricht aus der Entfernung zu ihrem Vater und wird ein wenig lauter.)`
Was für ein Gefühl des Verrats dir gegenüber, als meine Brüste gewachsen sind, jetzt wird mir das erst klar.
(Kurze Stille.)
Das Schild mit »Lausanne«. Weißt du welches? Das von der Bahn. Ich seh das Schild vom Zug aus und mich überkommt die Erinnerung an einen Ausflug, den wir zusammen gemacht haben. Wir sind am Gleis entlang gegangen und haben uns bei der Hand gehalten.
Ich weiß, es gibt andere Hand-in-Hand-Momente, zum Beispiel das Bild auf einem Waldweg, aber das mag ich nicht, es tut mir weh, es demütigt mich. Mein Vertrauen, mein vollkommener Glauben an dich ist auf diesem Foto zu offensichtlich, ich kann es nicht mehr ertragen – noch weniger,

seitdem du ins Auge fasst, damit zu beweisen, dass ich deine Maus bin –, ach Schwamm drüber, das Schild mit »Lausanne«; etwas Unversehrtes, das mir in die Seele springt: Sieh mal einer an! Vollkommen unversehrt, unsere Bindung, unsere Vergangenheit, was für eine blöde, hartnäckige Sentimentalität, was für ein plötzliches Hochschwappen der Herzensfluten, da ist VERLUST ...
Die Erzählung In Arlettes Innerem steht VERLUST in Großbuchstaben.
Arlette ... die tiefe Traurigkeit über das, was verloren gegangen ist. In den Mythen gibt es Helden, die verwandelt wurden und dann erlöst werden, sie werden sich selbst zurückgegeben und sind dann noch menschlicher, noch freier und noch größer als zuvor, aber der, der du früher mal warst, Papa, ist nie mehr wiedergekommen.
(Sie kehrt an den Tisch zurück, auf dem ihr Vater liegt.)
Da war so viel Scham und so viel Scham darüber, sich zu schämen und so viel MANGEL.
Die Erzählung Auch hier: »Mangel« steht in Großbuchstaben.
Der Vater Ich sterbe.
Arlette nähert sich dem Tisch. Ich bin da.
Der Vater Ich sterbe.
Arlette Ich bin da.
Die Erzählung Er führt die Hände an seinen Hals, streift sein Haut-Gesicht nach oben, löst es ab, löst seine Gesichtszüge aus Gummi.

9
Unter der Maske II

Die Erzählung Arlette mustert ihr neues Gegenüber. Sie erkennt sich ziemlich schnell selbst wieder, die Arlette einer erträumten Zukunft, schrumpelig wie ein alter Apfel, leicht wie Treibholz, fleckig, aber keineswegs verbittert.
Greise Arlette daliegend Ich sterbe.
Arlette Ach hör doch auf.
Greise Arlette beugt schnell ihre Taille nach vorne und richtet ihren Oberkörper auf, sitzt da mit ausgestreckten Beinen. **Ja, okay.**

Pause.

Arlette Ich kann's nicht glauben. Das warst du.
Also ganz ehrlich, ich werd also alt?
Greise Arlette Total alt, mit Enkeln und allem.
Arlette Du warst schon immer dermaßen ironisch, keine Ahnung, wie ich damit umgehen soll.
(Dann küsst sie die Lippen der greisen Arlette.

Danach zieht sie ihren Kopf zurück, beobachtet die, die sie gerade geküsst hat.)

Warum muss man sich ertragen? Fällt es allen so schwer, sich sein Leben lang selbst zu ertragen? (Die greise Arlette streichelt der jüngeren Arlette über den Kopf.)

Ich würd dich so gern so vieles fragen. Zum Beispiel: Ich werd nie abtreiben, oder? Bis jetzt musste ich noch nie. Wird es eine Zeit geben, wo man kein Risiko mehr eingeht, eine Zeit, wo die Frauen nicht mehr schwanger werden, wenn es nicht sein soll, ich mein, hört das Risiko nur irgendwann vor der Menopause auf, weil sie so vernünftig werden, dass sie bei jedem einzelnen Mal höllisch aufpassen und sowieso weniger Sex haben und nicht mehr Gefahr laufen, vergewaltigt zu werden? Werden Frauen zwischen vierzig und fünfzig überhaupt noch vergewaltigt? Wenn man mit vierzig oder fünfzig noch Angst hat, vergewaltigt zu werden und in der Nacht schneller läuft, ist das dann Eitelkeit?

Wie viele Fragen darf ich eigentlich stellen? Das wüsst ich gern.

(Die greise Arlette streichelt der jungen noch immer über den Kopf. Stille.)

Du sagst, dass ich lange leben werde.

Weißt du, keine Ahnung, wie ich damit umgehen soll, weil die nächsten Jahrzehnte scheinen nicht gerade rosig zu werden. Es gibt Studien. Mathematische Modelle. Schlussfolgerungen hier und da: Klima, Wirtschaft, Finanzen, Ressourcen, Artensterben, das Kippen von Systemen … solche Dinge, solche Wörter. Meine Eltern! Wie werden die das machen? Die haben nur Fortschritt erlebt, ihr ganzes Leben lang den Fortschritt der Bequemlichkeit. Ich wünsch mir, dass sie sterben, bevor es zu hart wird. Dass ihnen das erspart bleibt, geht das? Sag bitte Ja.

(Kurze Pause.)

Ich möcht lieber nicht über Kinder sprechen. Hast du das gemerkt? Das Thema hab ich die ganze Zeit vermieden.

Die greise Arlette beugt ihre Knie, zieht ihre Beine an sich, setzt ihre Füße auf den Boden.

Greise Arlette Sei so lieb. Gib mir meine Hausschuhe.
(Arlette tut wie geheißen.)
Die ganze Zeit in diesem Wirrwarr, das ist ein bisschen zu viel für mich. Wir sind stark, aber trotzdem. Hast du keine Lust, rauszugehen?
Die Erzählung Arlette nickt, sie hilft der Alten und die beiden verlassen die Wohnung. Bei den Treppen angelangt, schlägt die greise Arlette vor, anstatt hinunterzugehen, lieber weiter nach oben zu steigen. Sie erklimmen mehrere zusätzliche Stockwerke und stoßen, oben angekommen, eine Tür auf, die auf das Hausdach hinausführt. Draußen ist noch Nacht, die

frische Luft empfängt sie. Es ist ein Peitschenhieb, ein Windstoß, eine Art Erwachen. Arlette macht ein Hohlkreuz, öffnet den Brustkorb, sie kostet den Geschmack der Luft. Sie erinnert sich an mehrere Dutzend Frühlinge, die sich zu einem einzigen Aufbäumen des Lebenswunsches mischen – etwas Frisches, Neues zu erleben.
(Arlette bietet der greisen Arlette ihren Arm an.)
Sie bietet ihrem munter voranschreitenden Alter den Arm an.
Sie wünscht sich nichts sehnlicher, als dass das Alter das einzige wäre, das sie zu befürchten hat.
Arlette Ich hab letztens was gehört. »Es gibt Wichtigeres als Glück.« Nicht schlecht, oder?
Greise Arlette Das könnte darüber hinwegtrösten, besorgt und melancholisch geboren zu sein.
Arlette Was ist denn das Wichtigste?
Greise Arlette Wenn du befürchtet hast, du würdest dich umbringen, müsste es dich beruhigen, mir begegnet zu sein. Mir geht's ganz gut, wirklich.
Arlette Das beruhigt mich überhaupt nicht: Ich hab's dir gesagt, ich vertrau dir nicht, altes sadistisches Trugbild.
(Pause.)
Verrückt ... Wenn ich an Veränderung dachte, dachte ich an Pubertät, so als ob danach nie wieder etwas so Wichtiges, so Radikales passieren würde! Ich dachte an Pubertät und fragte mich, ob wir im Leben noch andere derartig tiefgreifende Veränderungen erleben würden.
Greise Arlette Arlette-Fluss. Jahreszeit für Jahreszeit dieselben Ufer. Doch neues Wasser zieht vorbei, Zelle für Zelle, Gedanke um Gedanke.
Arlette Aber da ist auch der Todeskampf. Wo verläuft der Todeskampf? Wird er wie die Jugend sein, war die Jugend das bereits: ein Todeskampf?
Die Erzählung Die Anwesenheit eines Straßenmusikers macht sich bemerkbar, vielleicht ein Akkordeon- oder Mundharmonika-spielender Rom oder ein Rasta mit einer Gitarre dabei, je nachdem. Die greise Arlette gibt ihm Geld, bittet ihn, ihnen zu folgen und dabei für sie zu spielen, zum Beispiel *Stand by me*.

Der Mann ist einverstanden.

Arlette Woow! Ich fand das richtig gut, wie du ihn das gefragt hast. Ganz natürlich, mit der Autorität einer Kundin, aber ohne Arroganz oder Überlegenheit oder Schuldgefühl – so richtig mit Stil. Wenn ich mir vorstelle, dass, wenn alles gut geht, ich im Alter dermaßen souverän auftreten werde, freut mich das sehr, das kannst du dir gar nicht vorstellen.
Die Erzählung Der Musiker hat begonnen zu spielen, die greise Arlette hört zu, summt mit.

Greise Arlette summt tatsächlich mit, fragt dann. Erinnerst du dich, einer unserer Liebhaber, als wir siebzehn waren, hat uns dieses Lied vorgespielt. Wie hieß der nochmal? Ein Vorname, der mit »B« beginnt.
Arlette Er konnte die Bassline beatboxen.
Greise Arlette Ein unschuldiges Wesen, dieser Junge. Ein Herz, das wir zerstört haben.
(Arlette schaut die greise Arlette an, die ein vollkommen skrupelloses Lachen von sich gibt.)
Ordentlich zerstört!

Arlette wirkt zunächst schockiert, dann antwortet sie mit einem Lachen.

Arlette Oh ja! Den haben wir so richtig zerstört!
(Man hört den Musiker weitersingen.)
Warum haben wir das getan?
Greise Arlette Zunächst haben wir uns selbst zerstört, deshalb konnten wir es vielleicht nur schwer ertragen, dass die anderen ohne zerstörerische Gedanken leben konnten. Wir konnten einfach die nicht ertragen, denen es gut ging, die Ausgeglichenen. Also haben wir es für ihn gemacht. Wir haben ihn von Kopf bis Fuß zerstört, um nicht alleine mit unserem Umgang mit der Welt zu sein.
Arlette Übertreib nicht.
Greise Arlette Das stimmt aber: Diesem Typen haben wir überhaupt nicht gut getan.
Arlette Was wissen wir darüber?
Soweit ich weiß, hat er sich nicht verpisst.

Die greise Arlette bleibt stehen.

Greise Arlette Die meisten Leute können morgens aufstehen, ja. Und ignorieren, was da klagt. Was da gesagt wird. Bis zu einem gewissen Punkt ignorieren sie, was dazwischen, zwischen ihren Zweigen geflüstert wird, was da knarrt, und sie können die geplanten Aufgaben erledigen, die ineinander übergehen, ohne Unterbrechung. Sie kriegen das hin, das stimmt. Jeder von ihnen. Und du bist eine von ihnen. Manchmal gibt es ein paar Misserfolge, ein paar schlimme, peinliche Ausreißer, aber im Großen und Ganzen geben wir uns alle Mühe.

Kurze Stille, sie spitzen die Ohren. Der Musiker ist verschwunden.

Arlette Habe ich meine Pflicht verletzt, ich meine, indem ich darauf verzichtet hab, Vater, Schwester Hilfe zu leisten, die ich während meiner Kindheit doch geliebt habe?

Ich hätte das sowieso nicht hingekriegt, ich hätte sie nicht gerettet, das ist mir klar, aber wäre es meine Pflicht gewesen, es noch mehr zu versuchen?
Greise Arlette Übrigens! Die Frau vom Erdgeschoss hat eine Nachricht für dich:
»Die Tante Arlette hat dem Mörder ihres Sohnes verziehen. Sie hat ihm verziehen und ihn sogar eingestellt. Ja! Sie hat ihm die Stelle gegeben, für die er sich beworben hatte.«
(Die Alte verstummt kurz, um das Ende der Geschichte auf Arlette wirken zu lassen.)
Nein, ich red Unsinn. Ich bin ihr nicht begegnet. Keine Ahnung, wie diese Geschichte endet.
Und jetzt, mein Mädchen, räusper dich, schnür deine Schuhe und machs gut. Sei würdevoll, schade niemandem, halte durch, bis du nicht mehr kannst, und Vollgas.
Die Erzählung Sie geben sich die Hand und springen gemeinsam vom Rand des Daches.
Ohne erkennbare Schmerzen landet Arlette mit den Füßen auf dem Boden vor dem Wohnhaus. Ein paar Schritte entfernt rollt eine Murmel, die sie bemerkt und aufsammelt. In ihrer Hand ist die Murmel ganz hart. Arlette lässt sie in ihren BH gleiten, für unterwegs.

Marie Henry

Norman ist (fast) normal

(Originaltitel: Norman c'est comme normal, à une lettre près)
aus dem Französischen von Ela zum Winkel

Deutsche Übersetzung mit freundlicher Unterstützung
der belgischen Autorengesellschaft SACD Belgique

Je nach Inszenierung kann dieser Text von einer bzw. einem oder mehreren Darsteller*innen übernommen werden. Bei der Uraufführung wurden alle Rollen unter drei Darsteller*innen aufgeteilt.

1.

In einem fernen, aber nicht allzu fernen Land kam eines Tages ein kleiner Junge namens Norman zur Welt.
Ganz problemlos und mit rosarunden Pausbacken.
Ein durch und durch süßes und durch und durch durchschnittliches Baby, allererste Sahne wie aus der Reklame. Und obwohl er um 23:59 Uhr zur Welt kam, gerade so zwischen zwei Tagen, zwischen Januar und Februar, noch dazu an einem regnerischen Abend, konnte niemand ahnen, dass sich da von Anfang an etwas abzeichnete und dieses Etwas von Anfang an nichts Gutes verhieß.

Eines Tages wurde Norman sehr *glowy*. Sein innerer Stern fing an zu leuchten und wie bei Bifidus-Kulturen sah man das auch von außen. Doch schon bald wurde Normans Leuchten zu grell. Und da trauten wir unseren geblendeten Augen nicht.
(Norman streift ein Kleid über.)

Wie üblich spielt Norman auch an diesem Wochenende in seinem Garten, auf dem halbherzig gemähten Rasen. Aber heute ist alles anders als letztes Wochenende, denn heute darf Norman sein Kleid den ganzen Tag lang und sogar auch draußen tragen.

Heute dreht sich die Landschaft rings um seinen Rasen im Kreis, immer schneller, wie die Rüschen an seinem Kleid.
Die Landschaft fliegt saust zieht rasend schnell vorbei. Norman wirbelt in die eine Richtung
/ Begonien / Rasen / Nachbargarten / Obstbaum /
und in die andere
    / Obstbaum / Nachbargarten / Rasen / Begonien /
Wie schön dieser Schwindel ist und wie gut er sich anfühlt in seinem langen, fließenden Kleid!

Zum allerallerersten Mal traut sich sein Kleid in Wind und Wetter. Zum ersten Mal spürt Norman, wie der luftig leichte Stoff seine Beine umspielt. Zum allerallererersten Mal gehen er und sein Kleid unter die Leute.

In dem fernen Land hagelt es Blicke und Fragen. In den Köpfen rumort es:

- Ist das nicht der Junge von nebenan?
- Mein Gott, mich wundert gar nichts mehr.
- Wir haben Juni.
- Ist nicht Karneval, soviel ich weiß.
- Ich glaub, ich seh nicht richtig.

- Gütiger Gott.
- Was is'n das für'n Teil?
- Ein Kleid, ein Rock, ein Kilt, eine Krinoline, ein Pareo, ein Unterrock, ein Hosenrock, ein Tutu?
- Eine Tunika, ein Messgewand, ein Midirock, ein Ballonrock, ein Trapezkleid, eine Djellaba, ein Cocktailkleid?
- Ein Etuikleid, ein Faltenrock?
- O Herr, erbarme dich.

2.

In jenem fernen, aber nicht allzu fernen Land leben Normans Eltern. Sie haben sich ein schönes Haus gekauft, noch ein paar Schulden bei der Bank, aber nicht mehr lange, Gott sei Dank.
Das Klima ist mild in der Region, die Vögel pflanzen sich munter fort, Kenner sichten sogar wahrhaft eigenartige, buntgefiederte und äußerst spektakuläre Exemplare.
Auch Wassersport bietet die Region, und zwar immer samstags.
Und dort, wo sie wohnen, gibt es Wanderwege für Familien.

- Gütiger Gott! Sieben Jahre alt und schon so groß! Ganz der Vater!
- Wie aus dem Gesicht geschnitten!
- Wie bitte? Du würdest lieber deiner Mutter ähnlich sehen?
- Du würdest lieber deiner Mutter ähnlich sehen?
- Alle Mamas sind schön, weißt du? Erst recht für einen kleinen Jungen wie dich. Aber auch Papas sind sehr sehr sehr schön. Deiner ist sehr sehr sehr schön. Er hat lange Beine und schöne, kräftige Schenkel. Ein schönes Lächeln hat er, dein Vater. Und du hast das gleiche.
- Oh … Ja, natürlich, auch das von deiner Mutter.
- Freut dich das?
- Ja? Freut dich das?

Ich verrate dir ein Geheimnis, mein kleines dickes Häschen, du siehst so verweichlicht aus. Natürlich bist du mit sieben schon ein Mann. Und wenn nicht, wird's langsam Zeit, so zu tun.
Rosa ist die Farbe der verlorenen Seelen, verstehst du? Eine negative Farbe, wie ein geistiger Zufluchtsort, weißt du, was ich meine? Man könnte auch sagen, Rosa ist die Farbe von Leuten, die nicht leben wollen und sich in imaginäre, fantastische Fantasiewelten flüchten. Ich glaube, dass sich hinter dem Rosa viel Schmerz verbirgt, mein Häschen, und diese Farbe traurige Seelen tröstet, die den Hafen der Realität verlassen wollen, verstehst du?
Rosa ist Schminke, verstehst du? Und Schminke geht sehr sehr schnell wieder ab, weißt du?

Verstehst du? Verstehst du das, mein Häschen?

Und Tag für Tag nimmt Norman denselben Weg zur Schule
/ Wohnblock / Wohnblock / Platanen / Freies Feld / Wohnblock / Häuser / Schuleingang /
Und Tag für Tag begleitet ihn sein Vater.
Doch heute ist der Weg nicht wie gestern und auch nicht wie vor zwei Tagen. Denn vor genau vier Tagen haben seine Eltern endlich nachgegeben (zehn Ausrufezeichen): Er darf sein Kleid jetzt sogar auf dem Schulweg tragen.

Die Landschaft zieht noch schneller vorbei
Freude / Wohnblock / Freiheit / Platanen / Freies Feld / Glück
Norman rennt, hüpft, jauchzt vor Freude, atmet tief ein
/ Häuser /
und er ist so glücklich und beschwingt, dass er gar nicht merkt, wie viele Blicke ihn durchbohren. Erst verstohlen, dann ganz unverhohlen.
Der Vater, der hält Normans Hand ganz fest in seiner Hand, und tut, als wäre nichts. Und zu seinem Glück fällt es ihm nicht nur schwer, mit anderen zu kommunizieren, er spricht auch sehr schlecht Englisch und Schwyzerdütsch.

- Für mi isch es, dr Stock zgeh um gschlage zwerde.[1]
- Hä?
- Für mi isch es, dr Stock zgeh um gschlage zwerde.
- Hä?
- To me, it's really giving the stick to get beat.
- Hä?
- To me, it's really giving the stick to get beat.
- Hä? sagen die Einheimischen, die wie der Vater nichts und wieder nichts verstehen.
- Riiigionel specialty here klaeeht foohr yungay? fragt ein anderer Tourist.
- Riiigionel specialty here klaeeht foohr yungay? fragt noch einmal derselbe Tourist.
- Schon gut, wir haben's kapiert, grummelt eine Alte.
- Also ich bin ja für Toleranz, sagt die Alte noch. Aber man soll das Kind nicht mit dem Bade ausschütten, meint die Alte abschließend.
- Hä?
- Aber man soll das Kind nicht mit dem Bade ausschütten, wiederholt die Alte.

[1] sinngemäß: Sich selbst ins Knie schießen. So auch im Nachfolgenden.

– Und was, wenn sein Sohn morgen aufsteht und sich plötzlich schminken will, was dann???
– Hä?
– Und was, wenn sein Sohn morgen aufsteht und sich plötzlich schminken will, was dann, was ist dann??? kreischt eine Mutter, merkt es aber nicht, weil sie immer kreischt. Was ist dann???

Durch das ganze Land und bis ins Nachbarland hallt das boshafte Geschrei, doch für Norman haben diese Worte kein Gewicht und – ein Glück – erreichen ihn auch nicht.

3.
In dem fernen, aber nicht allzu fernen Land lebt die Schwester von Normans Vater.
Die Schwester von Normans Vater weiß, dass Norman gerne Kleider trägt und sie lächelt ein wenig darüber, doch mit der Zeit lächelt sie ein bisschen (sehr viel) weniger.
Wenn jemand fragt, ob sie Kummer hat, antwortet sie: »nein nein«. Die Schwester von Normans Vater sagt Wörter immer zweimal, wenn ihr etwas unangenehm ist, also sagt sie alle Wörter zweimal.

In ihrem tiefsten Inneren findet die Schwester von Normans Vater dieses Verhalten so langsam grenzwertig grenzwertig. Es geht gerade noch durch, weil Norman erst sieben ist, aber grenzwertig grenzwertig ist es halt langsam schon.

Sie braucht etwas Zeit, die Schwester vom Vater, um Dinge innerlich zu formulieren, denn ihr Inneres ist ziemlich tief. Die Schwester vom Vater wiederholt sich nicht nur ständig, die Schwester vom Vater ist auch sehr sehr dick. Das sagen die Leute auf der Straße über sie, alle sehen sie schief an. Manche behaupten sogar, wenn man ein Foto von ihr macht, kann man so weit weit rückwärts gehen, wie man will, die Landschaft hinter ihr sieht man trotzdem nie. Man kann nicht sagen, ob das Foto in Italien oder in China geschossen wurde. Aber die Schwester vom Vater reist sowieso nie sehr weit.

Wie immer versammelt sich die ganze Familie zu Ostern und die Schwester vom Vater hofft wirklich wirklich sehr, dass Norman diesmal nicht im Tüllrock kommt, immerhin ist auch ihre Schwiegerfamilie da – wo, da? Na bei ihr, zu Ostern – und die, ja, die, denn *sie* ist ja in der Lage, diese seltsame Situation zu verstehen, aber die nicht, die, nein, die werden ganz ganz sicher nicht (wer? Die Schwiegerfamilie, also ihr Freund, die Mutter von ihrem Freund und der Vater von ihrem Freund) verstehen, was da los ist.

(Tanz der Schwester vom Vater mit Norman, beide tragen ein Tutu.)

Diese Gedanken gehen der Schwester durch den Kopf. Sie sagt nämlich nichts. Sie sagt nie etwas.
Es ist wie mit dem Balletttanzen. Das macht sie nur im Traum.

4.
Heute zieht die Landschaft auf dem Weg zur Schule noch schneller vorbei, denn Norman überkommt das unbändige Bedürfnis, zu rennen.
Nicht, um sein Kleid schwingen zu lassen. Sondern, um es schnell hinter sich zu haben. Damit ihn die Passanten nicht mehr auslachen, anglotzen, aufziehen.
Ist es mit dem Vergnügen, im Kleid herumzulaufen, etwa schon vorbei? Aus und vorbei?
Aus und vorbei wie nach einem Bounty, das in zwei Sekunden verschlungen und bereits verdaut ist?

Die Landschaft zieht aggressiv vorbei
/ Wohnblock / Wohnblock / Platanen / Platanen / Freies Feld / Freies Feld / Wohnblock / Häuser /
die Landschaft wird schneller
/ Wooooooooohnbloooooock / Plaaaaataaaaaneeeen /
sie verwischt und verschwimmt
Häuuuusssssssssssssser / Laaaaaandschaaaaft
das Getuschel wird lauter, ohrenbetäubend, die Gesichter sind grinsend verzerrt, die Landschaft löst sich auf, verwandelt sich und steuert auf das Schlimmste zu
/ Schuleingang /
Der Schuleingang. Mit seinen riesigen, spitzen, scharfen Gitterstäben. Mit seinem quietschenden Gitter.
Der Schuleingang und hinter ihm ein Haufen Kinder, dicht an dicht aneinandergeklebt zu einem einzigen Schlangenkörper. Einer mehrköpfigen Schlange mit 102 Augenpaaren, die sich in alle Richtungen schlängelt.
Der Schuleingang und die erdrückende Hitze, die dir sofort entgegenschlägt. Eine derart brütende Hitze, dass man ein Ei auf deiner Wange braten könnte.
Flammen, die von allen Seiten lodern, der Schulhofasphalt, der plötzlich Lava ist. Giftschlangen und Blutegel, die durch die Menge kriechen und dabei kurze, spitze Schreie ausstoßen, Giftschlangen und Blutegel, die sich an deiner Wade hochringeln und in deine kurze Hose kriechen.
Der Schuleingang und dahinter brutzelnde Kinder, mit irrem Blick und leeren Augenhöhlen. Lehrerinnen, die im BH durch die Gegend flattern und deren langes Achselhaar bis in die Lava reicht und beim Verkohlen einen

starken Geruch nach Gänsebraten verströmt. Lehrerinnen mit Gothic Boots, schaurigem Blick und rot verschmiertem Mund, als hätten sie gerade einem kleinen Bambi das Blut ausgesaugt.
Der Schuleingang, der sich hinter dir schließt und dabei zur Hälfte schmilzt, der heiße Stahl, der auf deine Sandalen und deine nackten Füße tropft.
Der Schuleingang, der sich hinter dir schließt, hinter deinem Ich, dem Ich, das du nicht mehr sein und mögen kannst.
Der Schuleingang, der dich einsperrt, obwohl er ja gar keine Tür mehr hat. Ein Gefängnis, das du dir scheinbar selbst gebaut hast. Eine Fahrt ins Bodenlose, wohin weiß man nicht, deshalb nennt man es »Höllenfahrt«, denn »Hölle« kann schließlich alles bedeuten.

Der Vater vor dem Schuleingang sieht von all dem nichts und merkt auch nicht, dass er verunsichert von all den bösen Blicken die Hand seines Sohnes auf dem Schulweg zu fest gedrückt und ihm die Fingernägel ins Fleisch gegraben hat.

Wenn der Vater versucht, sich auszudrücken, versteht nie jemand ein Wort. Er redet solange um den heißen Brei herum, bis der Brei anbrennt. Also redet er lieber mit sich selbst, steckt den Kopf noch etwas tiefer in den Sand und taucht nur ungern wieder auf.

Kein Wunder also, dass der Vater nicht weiß, dass Norman Tag für Tag, seit einem Monat schon, von allen auf dem Schulhof schief angesehen und heimlich ausgelacht wird.
Und Norman langsam genug davon hat.
Dass niemand mit ihm redet, niemand mehr mit ihm spielt.
Und er es nicht mehr aushält.
Dass die wenigen, die sich noch an ihn herantrauen, als Schwuchteln und Schwuletten beschimpft werden, obwohl die meisten von ihnen nicht einmal wissen, was das überhaupt heißt.
Norman weiß es ja auch nicht.
Aber er hat die Schnauze voll.

Der Vater mit dem Kopf im Sand bekommt nicht mit, dass Tag für Tag auf dem Schulhof ein paar mehr aufgeben, ihn aufgeben.
Und Norman Albträume davon bekommt.
Nacht für Nacht.

5.
In Albtraum Nr. 1 bombardiert ihn seine Mutter mit Rugbybällen und brüllt: »Los, fang den Ball! Los, wirf den Ball!«

In diesem Albtraum zielt sie absichtlich auf seinen Kopf. Sein strohiges Haar streift den Boden und für einen Augenblick scheint das den Jungen, der vergessen hat, einer zu sein, aufzuwecken.
Aber er, der nicht anders kann, als überall seinen Märchenkram zu verbreiten, steht sofort wieder auf, mit einem breiten Lächeln im Gesicht, Sternchen in den Augen und Einhörnern, die ihm um den Kopf schwirren.

Auf dem Schulweg stellt sich die Mutter
      / Platanen / Freies Feld / Freies Feld / Wohnblock /
Nacht für Nacht im Traum das Schlimmste vor.
Damit es nicht eintritt, ihre Träume nicht Realität werden, gibt sie auf. Sie beschließt, ihn nicht mehr zur Schule zu bringen.

Obwohl sie sich sehr viel Mühe gibt, die Mutter, schafft sie es einfach nicht mehr, Norman, ihr Kind, zu verstehen, in seinen Kopf zu schauen, sie kann ihn ja nicht einfach aufbohren, um nachzusehen, was da drinnen passiert. Sie kann ja seinen Kopf nicht wie ein Sandwich aufklappen, in das man eine Scheibe Wurst oder Käse legt. Sie versucht sich das vorzustellen, die Mutter, was im Kopf ihres Kindes passiert, aber sie schafft es nicht. Sie schafft es nicht mehr.
Das Schicksal hat sich gegen sie verschworen und drückt sie platt wie einen Pfannkuchen.
Die Erschöpfung und Enttäuschung, nicht ins Bild der glücklich strahlenden, perfekten kleinen Familie zu passen, kommen einfach immer wieder hoch.
Warum hat sie kein schreibschwaches, kurzsichtiges oder übergewichtiges Kind bekommen? – fragt sich die Mutter Tag für Tag.
Oder warum nicht einen Tomboy. Interessant: So herum ist es nicht so störend. Warum stört es niemanden, wenn kleine Mädchen in kurzen Hosen auf Bäume klettern, während sich alle über Jungs in Kleidern und mit Schleifen im Haar aufregen?
Mit diesen Widersprüchen ist die Mutter konfrontiert, unseren Widersprüchen.
Und warum kann ihr Sohn – den sie nicht mehr Sohn nennen kann, also nennt sie ihn gar nichts mehr – nicht wenigstens Kleider tragen, die weniger hässlich, weniger vulgär, weniger auffällig sind?
Warum ahmt er ausgerechnet die langweiligen kleinen Mädchen nach, die alle eine Phase haben, wo sie hirnlose Prinzessinnen sein wollen und sich von Kopf bis Fuß in Pink hüllen wie Barbara Cartland?
Könnte er, ihr Sohn, sein Anderssein nicht nutzen, um sich von anderen abzuheben, seinen eigenen Stil zu finden? Warum muss er ausgerechnet diese Stereotypen und Klischees bedienen?

Je mehr sich die Mutter für ihren Sohn schämt, wenn sie ihm auf dem Schulweg nachblickt, desto mehr schämt sie sich dafür, sich zu schämen, und umso mehr begreift sie, wie eng es da in ihrem Kopf ist. Und desto mehr ist ihr dann zum Heulen zumute.

Draußen zieht die Landschaft wie jeden Tag seit ein paar Tagen vorbei, aber heute weint sie und man hört
/ plitsch auf dem Wohnblock / Wohnblock / Platanen / platsch / Freies Feld / Wohnblock / Haus / Schuleingang / platsch platsch
und
/ Wohnblock / plitsch plitsch / Wohnblock / platsch / schluchz auf dem Wohnblock / schluchz schluchz / platsch / Platanen / Freies Feld – der Himmel klart kurz wieder auf / Freies Feld / Häuser / plitsch schluchz platsch schniiiieeef / Schuleingang / Turnhalle /

6.
In der Turnhalle der Schule in unserem fernen, aber nicht allzu fernen Land, das viele Touristen fast nur zum Kajakfahren bereisen, wird intensiv geprobt.

Die Fancy Fair findet in zwei Monaten statt. Für die Lehrerinnen, die inzwischen kein Achselhaar mehr haben, ist es wichtig, dass alles gut geprobt wird.
Die Fancy Fair ist ein bisschen wie die Oscars, der Eurovision Song Contest oder der Goldene Bär; eine offizielle Anerkennung der ganzen Arbeit, die man das Jahr über so geleistet hat. Sie werden sich ziemlich ins Zeug legen müssen, um die chronisch schlecht gelaunten Eltern zufriedenzustellen und ihre kleinen Tölpel zu ermutigen. Für manche Lehrerinnen ist dieser kleine Wettbewerb die Stunde der Wahrheit, der heilige Gral.
Die Lehrerinnen haben nacheinander ihren kleinen Auftritt. Sie rivalisieren um den Titel der besten Choreografin.
Jede hat zwei Minuten, viel ist das nicht.
Deshalb soll jede Choreografie die Gedanken, die Persönlichkeit jeder Lehrerin ausdrücken. Es ist verrückt, was einem ein Lied alles verrät, wie sehr man damit sein wahres Ich entblößt. Aber Norman sind diese Schubladen egal. Norman will als Putzfrau zum Soundtrack von Bioman tanzen.

Norman liegt in seinem Zimmer auf dem Bett unter der Decke (der Zimmer-, nicht der Bettdecke) und lässt sich wie ein Boot von einer etwas jämmerlich dahinplätschernden Strömung treiben. Norman schwappt ein wenig hin und her, es ist angenehm, als hätte sein Gehirn keinen Akku mehr. Über ihm baumelt der Kronleuchter und die bimmelnden Glühbirnen spiegeln wie eine Diskokugel das Licht an der Wand, als wären die wunderbaren, hübschen Lichtflecken auf der Tapete Ausdruck der vielen Facetten seines Ichs.

In seinem Inneren fühlt sich Norman ganz verloren und verstreut.
Als wäre er viele zugleich.
Als schaffe er es nicht, alle Teile, aus denen er besteht und die ihn zu dem machen, der er ist, wieder zusammenzufügen. All diese unterschiedlichen Einzelteile, die scheinbar noch nichts miteinander anfangen können.

Manchmal stellt sich Norman seine vielen Ichs wie die Scherben eines kaputten Spiegels vor und träumt, dass er sich nicht mehr an ihnen schneidet und sie ganz leicht aneinanderkleben kann, dass sich alle Teile zu seinem persönlichen Puzzle zusammenfügen, einem Puzzle, das ihm ähnlich sieht. Einem Puzzle, das ihm entspricht. Ohne vorgegebenes Motiv. Denn Norman weiß, dass er, auch wenn es nicht so scheint, alle Teile für sein Puzzle hat.

Aber meistens fühlt sich Norman wie eingesperrt in einer Kiste.
In einer Kiste, deren Form, Material und Farben er sich nicht ausgesucht hat.

7.
In jenem fernen, uns mittlerweile wohl vertrauten Land spielt der Vater nicht mehr Querflöte, denn der Vater ist sehr abergläubisch.
Wenn er weiterhin Querflöte spielt, denkt er, wird sein Sohn vielleicht auch verquer.
Das hat ihm jemand mal gesagt, als sie auf dem Weg zur Schule waren. Und obwohl er weiß, wie dumm die Späße über seinen Sohn sind, quälen sie den Vater immer mehr.

Und da der Vater noch immer in seiner Traumwelt und außerstande ist, sich mit seinem Sohn und mit Worten zu verständigen, beschließt er, heute ein Kleid anzuziehen, um seinen Sohn zur Schule zu begleiten. Er hat es sich ausgeliehen, das Kleid. Von seiner dicken dicken Schwester. Die immer nur im Traum im Traum im Traum tanzt. Von ihr hat er es geliehen. Und ist sehr stolz darauf.

Heute geht der Vater wie ein Superheld, halb-Mann, halb-Frau, mit seinem Sohn zur Schule. Erleichtert spürt er, dass er alle Blicke auf sich zieht, und glaubt, dass sie sich jetzt auf ihn konzentrieren und Norman endlich vergessen werden.
Er setzt absichtlich ein breites (etwas zu breites) Lächeln auf, als würde er sich total wohlfühlen in seinem Kleid (was nicht stimmt). Sein Lächeln ist zu verkrampft. Er ist verlegen. Als hätte er sich liften lassen.

- Mich wundert gar nichts mehr! ruft ein Tourist, der verstanden hat, dass er in diesem Land Deutsch sprechen muss, damit ihn alle verstehen.
- Scheint hier normal zu sein.
- Was?
- Männer, die Kleider tragen.
- Der Vater, der Sohn, der Cousin, der Onkel – warum nicht auch der Großvater, der Schwiegersohn, der Schwiegervater, und wo wir schon mal dabei sind, warum nicht auch der Urgroßvater, scheint hier ja allen egal zu sein.
- Was?
- Männer, die weiblicher sind als ihre Frauen.
- Hä?
- Kein Wunder, dass das Kind schon so kaputt ist – bei so einem Vater.
- Mich geht das ja nichts an, aber …, sagt ein jetzt schon kleinkarierter Teenager.
- Was?
- Mich geht das ja nichts an, aber –
- Dann halt's Maul, sagt eine Alte, und fügt noch hinzu: »mich auch nicht.«
- Mich wundert wirklich gar nichts mehr.
- O Jesus im Himmel erbarme dich unser.

Trotz dieser Bemerkungen Tag für Tag lässt der Vater nicht locker und Tag für Tag
    / Wohnblock / Wohnblock / Platanen
fällt wie bei einem Schnellkochtopf, den man unters Wasser hält, allmählich der Druck von ihm ab. Unter den spöttischen Blicken beginnt der Vater auf dem Schulweg sogar
    / Freies Feld / Wohnblock / Häuser /
innerlich zu jubeln
    / Schuleingang /
Er kann nicht hundertprozentig sagen, dass er sich gut dabei fühlt, doch kann er beinahe sagen, dass er sich gut dabei fühlt
    / Schulhof / Schulgebäude /
Er schafft es sogar, nur daran zu denken: an dieses gute Gefühl in seinem Bauch und seinen Beinen, wenn eine luftig leichte Brise sie umspielt.

Und Tag für Tag, ja, wird der Vater gelassener und tauscht sogar, ja, tauscht manchmal sogar sein Kleid bei seiner Schwester Schwester gegen ein anderes, und drückt, ja, fröhlich die Hand von seinem kleinen Sprössling, der, ja, vergnügt an seiner Seite rennt, mit wehendem Haar und im Wind wippenden Kleid.

(Es regnet rosa Kleidung.)

8.

Wir befinden uns nun in der kleinen gediegenen Stube unseres fernen Landes. Eigentlich sind wir schon die ganze Zeit dort. Im Haus der Großmutter väterlicherseits, das genauso gut das Haus der Großmutter mütterlicherseits sein könnte, denn wenn man genauer hinsieht, gleichen sich die Wohnzimmer wie ein Ei dem anderen, und um das Bühnenbild zu wechseln, genügt es, den »Fernsehsessel der Großmutter väterlicherseits« durch den »Fernsehsessel der Großmutter mütterlicherseits« zu ersetzen. Sehr günstig und praktisch.
Sehen wir die Unterschiede zwischen den Wohnzimmern der beiden Großmütter nicht, weil eine rosa Kleiderflut alles bedeckt?
Nein, sie haben tatsächlich die gleiche beige-blasse Jalousie.
Sehen wir die Unterschiede nicht, weil wir glauben, dass alle alten Frauen gleich sind und das Gleiche denken?
In der Tat denken alle alten Frauen das Gleiche und Normans Großmütter sind da keine Ausnahme.
Aber Norman ist nicht derjenige, den die Großmütter in dieser Familie komisch finden.

Die Großmutter väterlicherseits findet ihren Sohn etwas schräg, also ihren eigenen Sohn, falls das nicht klar war, und wenn's nicht klar war, wird sie's für euch wiederholen: ihren S/O/H/N, ihren Sohn halt, Normans Vater.
Die Großmutter väterlicherseits, die redet wie ihr der Schnabel gewachsen ist und allen ihre Meinung aufschnattert, findet nämlich, dass es halt einfach normal N/O/R/M/A/L ist, dass ihr Sohn S/O/H/N Kleider trägt, um ihm zu helfen H/E/L/F/E/N, schließlich war er nie in der Lage, mit ihm zu reden. Wer? Ihr S/O/H/N mit seinem S/O/H/N, also Normans Vater mit Norman, denn wenn er in der Lage gewesen wäre, wie jeder andere Vater V/A/T/E/R auch, mit seinem Sohn S/O/H/N zu reden, also mit Worten W/O/R/T/E/N, dann hätten wir heute den ganzen Schlamassel nicht. Norman tut, was er kann, um mit seinem Vater in einen D/I/A/L/O/G zu treten – Dialog, für die, die den Faden verloren und es nicht so mit Rechtschreibung haben.

Was die Großmutter mütterlicherseits komisch findet? … Nichts. Rosa ist ihre Lieblingsfarbe, sie steht blassen Kindern so gut. Und am liebsten mag sie es, wenn Norman auf ihren Schoß klettert und behutsam über die Stoffe ihrer Kleider fährt, Organza, Seidentüll, feinste Spitze.
Was die Alten eint, ist die Tatsache, dass sie schon so einiges gesehen haben, viel mehr als wir, und sie das alles nicht die Bohne interessiert.

»Oh nein das interessiert uns nicht die Bohne«, wiederholt die Großmutter mütterlicherseits schreiend, damit man sie auch wirklich hört, dabei ist sie diejenige, die taub ist und nicht wir. »Interessiert uns nicht die Bohne, was sich gehört. Was man zu denken hat. Wie man zu sein hat. Wie man sich zu geben hat.«
Die Großmütter, die wollen einfach nur sein. Mehr nicht. Und das ist mehr als genug.

Ihre kleinen Spiegelscherben-Ichs sind schon lange wieder zusammengeklebt, ihre Puzzleteile passen nicht immer hundertprozentig, aber gut zusammen. Seit sie sich akzeptieren, wie sie sind, fühlen sie sich nicht mehr wie eingesperrt in einer Kiste.
Weil sie auch wissen, dass man sich selbst an den komischsten Dingen irgendwann sattgesehen hat. Irgendwann hat man es einfach satt. Und selbst die Touristen, die jenes ferne Land fast nur zum Kajakfahren bereisten und um zu beobachten, wie der Vater
        Wohnblock / Wohnblock / Platanen /
und der Sohn
        / Freies Feld / Wohnblock / Häuser /
zusammen im Kleid zur Schule gingen
        / Schultor /
haben neue Interessen und Hobbys gefunden.

In dem kleinen fernen, aber nicht allzu fernen Land, ist der Schulweg nicht mehr die Hauptattraktion, und einen Vater und seinen Sohn im Kleid zu sehen, ist in diesem fernen, aber nicht allzu fernen Land heute sogar banal banal geworden, wie ihr-wisst-schon-wer sagen würde.

Die Schwester, die es tatsächlich bis ganz nach unten in ihr tiefstes Inneres geschafft hat, obwohl sie in dem ganzen Fett sehr sehr tief suchen, ziemlich tief graben musste.
Die Schwester, die zur Feier des Tages mit dem Tanzen angefangen hat, denn was hält sie schließlich davon ab, wie Norman zu tun, was sie wirklich will?
Darf sie sich nicht auch akzeptieren, wie sie ist?
Einmal nur an sich selbst denken, ohne sich um die Wünsche und Erwartungen der anderen zu kümmern?
Sich sagen, dass es NORMAL ist, auf sich zu hören, sich zu akzeptieren, N/O/R/M/A/L und nicht nur fast, dass es V/I/T/A/L ist, phänomenal, nicht wie alle anderen zu sein, optimal, ja, optimal und einfach echt super super super super GENIAL GENIAL GENIAL.

Marie-Ève Milot und Marie-Claude St-Laurent

Illegal

(Originaltitel: Clandestines)
aus dem Französischen (Quebec) von Sonja Finck und Frank Weigand

Das Centre des auteurs dramatiques (CEAD) und die Vertretung der Regierung von Quebec förderten die deutsche Übersetzung. Bei Publikationen, Lesungen und Aufführungen ist dies unbedingt anzugeben.

Figuren
Sylvia (S)
Marie McDuff (M)
Vera Villeneuve (7-V)
Maureen
Simon Oldfield
Louise
Olivier

Eine Pressesprecherin
Ein*e feministische*r Journalist*in

Schauplätze
ERSTER AKT: eine kleine, zu einer illegalen Klinik umfunktionierte
Küche über einer Autowerkstatt.
ZWEITER AKT: ein großer öffentlicher Platz.

ERSTER AKT

Die Regeln I

Im Dunkeln hört man Ms Stimme.

Das sind die Regeln.
Kommen Sie nie ohne Termin, sonst bringen Sie sich und andere in Gefahr.
Der Ort ändert sich oft.
Rufen Sie unter folgender Nummer im Friseursalon an und fragen Sie: »Was kostet eine Dauerwelle bei Lise?« Jemand wird fragen: »Wer hat Ihnen von Lise erzählt?« Antworten Sie mit der Wahrheit. Dann wird man Sie fragen: »In wie vielen Wochen möchten Sie einen Termin?« Antworten Sie mit der Anzahl Ihrer Schwangerschaftswochen. Man wird Ihnen eine Zahl und einen Buchstaben nennen. Damit können Sie sich identifizieren, bleiben aber anonym. Dann gibt man Ihnen ein Datum, eine Uhrzeit, die Adresse und Informationen zum Ablauf. Halten Sie Zettel und Stift bereit, um sich alles zu notieren. Bewahren Sie den Zettel an einem sicheren Ort auf. Und ganz wichtig: Rufen Sie nicht noch einmal an.

M steht im Halbdunkeln, ein Diktiergerät in der Hand. Sie ist hochschwanger. In dem kleinen Raum wirkt sie noch imposanter.

Heute ist der 8. Februar (zwei Jahre nach der Produktion). Es ist meine 98. Nacht in zwei Jahren.

1. Warten

M ist allein und säubert den Küchentisch, auf dem sie und S soeben den siebten Schwangerschaftsabbruch der Nacht durchgeführt haben. Sie vergewissert sich, dass alles bereit ist für den letzten Termin. Ihre Bewegungen sind schnell und effizient. S kommt fröstelnd in die Wohnung. Sie trägt einen Morgenmantel über der Kleidung.

M wirft einen Blick auf ihre Armbanduhr 5 Uhr 55. Immer noch nichts?
S   Ich habe mich nicht rausgetraut. Ich war nur unten am Fenster.
M   Verstehe, macht nichts.
S   Das war eine Katze vor der Tür, die hat miaut, weil sie reinwollte.
M   Eine »Katze«...?
S   begreift Nein, eine echte Katze, sorry, kein Code. Es ist kalt draußen, armes Tier.

M Hoffentlich haben die Nachbarn dich nicht gesehen.

S zieht den Morgenmantel aus.

S Nein, nein. Die Katze war schon wieder weg, bevor irgendwer sie hören konnte. Es war kein Mensch auf der Straße, mach dir keine Sorgen.
M Zu uns kommt man nicht zu spät.

Pause.

S Aber es kann doch mal passieren, oder?
M schätzt die Situation ein Ein bisschen warten wir noch. Sie ist die Letzte heute Nacht, wir haben noch Luft.
S erleichtert Dann kann ich mir ja sogar eine Pinkelpause gönnen.
M Ich bin schwanger, und du rennst aufs Klo?
S Ich pinkle für dich mit!

S verlässt die Küche. M greift nach einem Einkaufsbeutel und zieht eine Packung Salzcracker und ein Glas Karamellcreme aus dem Supermarkt heraus. Sie setzt sich hin und bereitet einen Snack vor. S kommt zurück.

S Ach, nee.
M Willst du auch?
S Ist das dein Ernst?
M Ich konnte die ganze Nacht an nichts anderes denken. Als wäre ich verliebt. Karamell. (Sie zählt langsam auf.) Butter, Zucker, Salz. Drei einfache Zutaten, aber was wäre das Leben ohne sie? Auf einem Salzcracker, mehr nicht. (Sie bestreicht mehrere Cracker akribisch mit Karamellcreme.) Und schon habe ich das Gefühl, zur richtigen Zeit am richtigen Ort zu sein. Das ist das Geniale an dem Zeug aus dem Supermarkt, das wird mir erst jetzt klar. Ich weiß genau, wie es schmecken soll, und genauso schmeckt es dann auch. (Sie schiebt sich einen Cracker in den Mund.) Ah, tut das gut. Zuverlässigkeit. Vorhersehbarkeit. Das ist so beruhigend.

S halb amüsiert, halb genervt Wow, was Hormone so alles anrichten können (Pause. Sie ist unruhig, besorgt.) 7-V sollte um 5 Uhr 30 da sein ... Irgendwas stimmt da nicht.
M Hat sie deine Pagernummer?
S Ja, und den Code zum Absagen.
M Gut. Und was jetzt?
S 7-V, das ist die, die letzte Woche bei uns im Geburtshaus war.

M Es kommen so viele zu uns ... Ich kann mir nicht alle Geschichten merken. Hatte sie einen Termin für die Vorsorge?
S Ja, sie war zur Untersuchung da, aber dann hat sie plötzlich Panik gekriegt und sich auf dem Klo eingeschlossen. Ihr Freund weiß nicht, dass sie schwanger ist. Ich glaube, er ist gewalttätig. Vielleicht ist er dahintergekommen ...
M wirft wieder einen Blick auf die Armbanduhr 5 Uhr 40. Sie kommt nicht mehr.
S Und wir werden nie erfahren, warum.

S nimmt sich ein paar Cracker ohne Karamellcreme. Die beiden kauen schweigend.

S Du hast recht.
M Womit?
S Das ist wirklich beruhigend.

Pause. M denkt an ihre nächste Mahlzeit, während sie sich die Cracker auf der Zunge zergehen lässt. S wirkt aufgewühlt. Sie sehen sich an.

M Alles okay?
S Ja. Bei dir auch?
M Ja?
S Ich habe dir noch gar nicht erzählt, dass ich eine Person gefunden habe, die uns das Gewebe abnimmt. Wir können ihr vertrauen. Sie arbeitet in einem Krematorium.
M Hier in der Nähe? (S setzt zu einer Antwort an.) Nein, besser, ich weiß es nicht.
S Ich muss spätestens um acht dort sein.
M Kannst du da jede Woche hin?
S Ja, immer morgens nach unseren Nächten.
M Wir brauchen noch ein Codewort für den Ort. Aua. (Zu ihrem Bauch.) Die Maus ist jedenfalls gut drauf.
S Ja, das sieht man!
M Für so was hast du natürlich ein Auge. Für euch ist jeder Bauch ein offenes Buch.
S Soll ich dir was zu deinem erzählen?
M Gern.
S reibt ihre Hände aneinander, um sie aufzuwärmen Jahrtausendealtes Wissen, von Hand zu Hand weitergegeben! Auf den ersten Blick würde ich sagen, in dem Bauch ist nicht viel Fruchtwasser drin. Dafür aber ganz schön viel Kind. (Sie nähert ihre Hände Ms Bauch.) Darf ich?
M Ja, bitte.

S lächelt Sie will mir nicht verraten, wie sie liegt. (Pause.) Sie bewegt sich, sobald ich näherkomme. (Pause.) Sie ist gut im Versteckenspielen.
M Ah, ja? Ganz die Mutter! (Beide lachen. M, zu ihrem Bauch.) Ich mach das hier für dich. Aus Liebe. Der Körper ist die letzte Grenze. Damit du später nicht sagen kannst, ich hätte nicht für deine Zukunft gekämpft! (Zu S.) Sag ihr das!

S bewegt ihre Hände auf Ms Bauch.

S Trotz allem keine Zweifel?
M Nein. Ich bin fünfundvierzig, das ist meine letzte Chance, mein letztes Kind. Und diesmal will ich was davon haben. Nicht nur arbeiten, mir richtig viel Zeit nehmen. Für sie da sein.
S konzentriert Ihr Köpfchen zeigt schon nach unten, aber dein Bauch hat sich noch nicht gesenkt. Im Moment liegt sie mit dem Rücken parallel zu deiner Wirbelsäule. (Sie lacht.) Was ist das denn für eine komische Lage? Ich glaube, sie hat die Beine überkreuzt ...
M Jetzt weiß ich, was da so gegen meine Rippen drückt!
S Im Lotussitz! Tiefenentspannt!

2. Die verletzte Katze

Das Telefon klingelt. S wirft M einen fragenden Blick zu. M nickt. S geht ran und legt gleich wieder auf. Das ist das vereinbarte Signal. Sie warten. Das Telefon klingelt wieder, S geht ran, sagt aber nichts, bis die Anruferin zu sprechen beginnt.

S am Telefon Ja? (Pause. Sie wirft ihrer Kollegin einen besorgten Blick zu und spricht dann in Code.) Nein, »Schwesterherz«, du störst mich nicht, aber ich kann dich nicht gut verstehen, achte bitte darauf, (eindringlich) »deutlich« zu sprechen. Geht es um deine »Katze«? (Pause. Sie fragt M nach der Uhrzeit, M flüstert ihr zu, dass es 5 Uhr 48 ist.) Deine »Katze« ist um 3 Uhr nachts nach Hause gekommen? Sie blutet, aber die »Wunde« ist nicht infiziert? Sie hat kein Fieber? Keine Schweißausbrüche? Keinen Schüttelfrost? (Pause.) Gut. Und wie viele »Verbände« hast du seitdem gebraucht? (Pause.) Wie viele »Verbände«, ja. (Sie wiederholt die Antwort und wirft M einen beruhigenden Blick zu.) Nur einen. In fast drei Stunden. Das ist normal, ganz normal. (Pause.) Sehr schön, du kümmerst dich gut um deine Katze. Lass kein Aspirin rumliegen, bei Blutungen kann das gefährlich sein. Und ruf mich an, wenn irgendwas ist. (Pause.) Ja, dir auch eine gute Nacht.

Sie legt auf.

M Sehr gut.
S Das war +1. Also, ihre Lebensgefährtin.
M Sie muss die Binde etwa alle drei Stunden wechseln. Das ist super.

Pause.

S Deine Naht war echt schön, ein richtiges Kunstwerk.
M Als sie ankam, hat sie stark geblutet. Dabei war die Wunde so klein.
S Ich gehe davon aus, dass sie …
M Ja. Mit einem Kugelschreiber …
S Das hätte …
M Hätte es, ja.

Pause. M füllt Wasser in die Kaffeemaschine, nimmt einen Filter, löffelt Kaffeepulver hinein.

M Ihre Lebensgefährtin hat sie auf dem Boden neben dem Klo gefunden, in einer Blutlache, und sie hergebracht.
S Ja, das hat ihr das …
M Zum Glück war ich heute schon früher da. Stell dir vor, sie waren fast zwei Stunden mit dem Auto unterwegs.
S Woher wussten sie von uns?

Pause.

M Habe ich vergessen zu fragen.
S angespannt Das war unvorsichtig.
M Ich weiß.
S Das bedeutet …
M Ich weiß. Aber sie hat wirklich stark geblutet.
S Wir sind gerade erst hier eingezogen!
M Es war kurz vor dem ersten Termin heute Nacht.
S Das ist wirklich schlimm!
M Ich wollte nicht, dass sie sich begegnen!
S Das heißt, jemand hat sich nicht an die Regeln gehalten.
M Hätte ich sie wegschicken sollen? Hättest du sie weggeschickt?
S Wenn das richtig sehe, sind wir hier nicht mehr sicher?!
M Ich vertraue den beiden.
S Die Frage müssen wir immer stellen.
M Ja. (Pause.) Als ich angekommen bin, brannte unten in der Werkstatt Licht.

S `nervös` War der Vermieter noch da?
M Ich bin ihm nicht begegnet. Und selbst wenn, ich hatte nichts Auffälliges dabei. Nur meine Handtasche und den Einkaufsbeutel. Nichts, was uns … Eine ganz normale, schwangere Mieterin. Aber ich brauche einen Ring für ihn.
S Willst du ihn heiraten?!?
M `lacht` Nein, einen Ring, den ich ihm unter die Nase halten kann! Ich weiß auch nicht warum, aber als ich den Mietvertrag unterschrieben habe, habe ich von »meinem Mann« erzählt. Meinem Ehemann, dem Piloten, der nie zu Hause ist! Weshalb wir eine kleine Zweitwohnung in Flughafennähe brauchen. Für ein bisschen Zeit zu zweit zwischen zwei Flügen.
S Du bist ja romantisch!
M Dann wundert sich wenigstens keiner, wenn hier manchmal nachts Licht brennt!
S Du hast mich gar nicht zur Hochzeit eingeladen.

`Sie lachen leise.`

M Wir lachen, aber das ist jetzt schon die dritte Wohnung, die ich zu einer Klinik umfunktioniere. Und jedes Mal brauche ich eine Ausrede. Da ist es praktisch, ein paar Geschichten auf Lager zu haben.

`Pause.`

S Jetzt gibt es das Gesetz schon seit zwei Jahren.
M »Gesetz zum Gesundheitsschutz bei Schwangerschaftsabbrüchen«. Schon von der Formulierung wird einem ganz schlecht.

`Pause.`

S Kann ich dich mal was fragen … Wie hat das alles eigentlich angefangen? Bei dir?
M Das Krankenhaus hatte gerade die neue Kommission »zur Verbesserung der ärztlichen Versorgung« eingesetzt …
S `lacht` »Verbesserung«?
M `lacht` Unglaublich, oder?!
S Wie in den 60ern, als Schwangerschaftsabbrüche noch illegal waren. Nur ohne Hippies …
M Nein, hippiemäßig sind die Zeiten wirklich nicht! `(Sie lachen.)` Jedenfalls war ich gerade draußen eine rauchen, vor meiner Schicht. Da kommt eine Kollegin rausgestürmt, wutentbrannt. Eine Allgemeinmedizinerin, schon was älter, die alle nur »die Hexe« nennen. Sie bittet mich um eine Kippe und Feuer. Wir rauchen schweigend. Mir kommt der Gedanke, dass

sie das mit den Kommissionen vielleicht schon zum zweiten Mal erlebt ... Sie fragt: »Was hältst du eigentlich von Ärzten, die aus Angst vor politischem Druck keine Abbrüche mehr machen?« Ich denke: »Vielleicht ist das eine Falle«, also antworte ich vorsichtig: »Das ist ihr gutes Recht. Das muss jeder selbst wissen.« Darauf sie: »Stimmt.« Dann sieht sie mir direkt in die Augen und sagt lapidar: »Trotzdem hätten manche Kollegen eine Spirale im Arsch verdient!« (M lacht los, sie kann gar nicht mehr aufhören und steckt S damit an. Ein befreiendes Lachen, das guttut.) Sie hat gewartet, ob ich lachen würde. Die Hexe, das war K. Am selben Abend stand ich in ihrer Küche und habe ihr assistiert. Meine erste illegale Abtreibung. Mutig von ihr, mich einfach so anzusprechen, obwohl sie mich gar nicht kannte. (Sie lacht und verstummt dann. Sie sieht S an.) Gute Leute zu finden ... ist eine Wissenschaft für sich.

S bemerkt das Diktiergerät und nimmt es in die Hand.

S Was ist das?
M Ich habe angefangen, nach den Abbrüchen kurze Berichte aufzunehmen. Um alles festzuhalten.
S Warum?
M Weiß auch nicht. Ich dachte, das könnte noch mal zu was gut sein.
S Wozu?
M Wir wissen nicht, was noch auf uns zukommt.
S Ich finde das gefährlich.
M Ich bin vorsichtig.
S Da sind belastende Beweise drauf.
M Das sind Existenzbeweise. Und ich nenne keine Namen.

Drückendes Schweigen.

S Es ist deine Stimme.
M Es ist meine Stimme.

Aufzeichnung

M steht mit ihrem Diktiergerät in der Hand in dem kleinen Raum.

M Vor drei Wochen wurde K verhaftet. Seitdem bin ich viel vorsichtiger, wenn ich Ärzt*innen im praktischen Jahr anleite. Ich passe auf, dass mir nichts über meine nächtlichen Aktivitäten rausrutscht, während ich ihnen die medizinische Grundversorgung erkläre ... Ich bin chronisch übermüdet. Ich habe Angst, es könnte mich verraten, aber weil ich hochschwanger bin, halten das alle für normal. Manchmal schlafe ich bei der Arbeit ein. Und dann passiert es: Eine Praktikantin kommt zu mir und sagt: Ich will helfen, bringen Sie es mir bei. Die perfekte Kandidatin, sie spricht mich von selbst an, ich muss sie nicht extra suchen, nicht abwägen, ob ich ihr vertrauen kann. Muss keine Angst haben, selbst angezeigt zu werden. Aber das ist nur ein Traum. Wunder gibt's nicht. Je weiter ich bin, desto zwanghafter rechne ich nach. Wenn ich vier Monate aussetze, und das muss ich bald zwangsläufig, sind das bei sieben Terminen pro Woche 112. 112 Personen, die ich im Stich lasse. 112 Leben. Ich weiß, dass S mich beobachtet, dass sie jeden Handgriff studiert, für später, wenn sie es selbst machen muss. Ohne mich. Ohne Hilfe. Ihre Hände müssen sich die Abläufe einprägen. Sie wieder und wieder ausführen, bis ihr Körper sie im Schlaf beherrscht und sie auf alles vorbereitet ist. (Pause. Sie streicht über ihren Bauch.) Meine Süße, wenn du wüsstest, was es heißt, heute als Mädchen zur Welt zu kommen. Du wirst es früh genug rausfinden. (Pause.) Eigentlich sollten wir zu dritt sein … Wir hätten heute Nacht nicht arbeiten dürfen. Aber ich bin hier. Wir sind hier.

3. Das Geständnis

Mitten in der Nacht. Beide Frauen sehen zu, wie der Kaffee durchläuft. Sie gähnen abwechselnd.

S Ich habe eine Überraschung für dich.
M Sag nichts. Ich weiß, was es ist.
S Ach, ja?
M tut so, als rate sie Neue Instrumente, die wir nicht vor Sonnenaufgang zurückbringen müssen?
S Nein. Leider nicht.
M tut so, als rate sie weiter Okay. Du hast eine Affäre mit einem geheimen Geldgeber, zu dessen Geschäftspartnern ein Hersteller von Medizinprodukten gehört … Er hat die Firma überredet, uns neues, supermodernes Material zu verkaufen, das nirgendwo registriert ist. Das auf keiner Liste steht. So einen Lover hätte ich gern.
S Ich auch. Aber nein.
M Hm.

Ein Geräusch. Die beiden Frauen verstummen, auf der Hut. Sie spitzen die Ohren.

S Was war das? (Pause.) Nur ein Lastwagen, oder?
M Eindeutig ein Lastwagen.

S Wie spät ist es?
M 5 Uhr 56. (Pause.) Hast du Zeitung gelesen?
S Nein.
M K muss vielleicht ins Gefängnis. Auf jeden Fall verliert sie ihre Approbation. So sieht's aus. (Pause.) Trotzdem wollen die Ärztinnen und Ärzte, die uns finanzieren, dass wir weitermachen …
S Immerhin haben wir ihre Unterstützung …
M Ihre Unterstützung schon. Aber keiner von denen wäre bereit, herzukommen und auch nur die Hälfte des Risikos einzugehen, das K und ich eingegangen sind. Und das du eingehst, wenn du mir assistierst.
S Gut, deine Ärzt*innen wollen sich nicht die Hände schmutzig machen, aber vielleicht hätte ja jemand Lust, für uns Sprechstundenhilfe zu spielen? (Beide lachen.) Ich habe Angst, dass es zu auffällig ist, wenn ich die Termine ausmache und dann auch noch hier auftauche.
M Ich weiß.

S schüttelt ihr Asthmaspray.

S Ich habe irgendwie ein schlechtes Gefühl. Das einzige Mal, als du dir freigenommen hast, gab es eine Durchsuchung!

S benutzt ihr Asthmaspray.

M Ja … Von wegen »freigenommen«. Ich hatte Nachtschicht im Krankhaus.
S Trotzdem hast du echt Glück gehabt!
M Na ja. Die haben das ganze Material beschlagnahmt, das wir mühsam zusammengesucht hatten. (S schüttelt ihr Asthmaspray.) Jetzt müssen wir von vorn anfangen. Wir müssen immer wieder von vorn anfangen.
S Wir finden schon eine Lösung.

S benutzt ihr Asthmaspray.

M Das war vielleicht ein Chaos in der Nacht, als die Demonstrant*innen vor der Polizei weggerannt sind und sich in der Notaufnahme versteckt haben.
S Du arbeitest in dem Krankenhaus, das seine Akkreditierung verloren hat? (M antwortet nicht.) Ich war auf der Demo. Es gab mehrere Verletzte …
M Als mir klar wurde, dass wegen der Demo alles abgesperrt war und ich im Krankenhaus festsaß, dachte ich, das könnte unser Ende sein. K wartete gerade auf die nächste Patientin, als sie vor der Tür standen. Ich hatte ihr noch den Notfallcode geschickt, damit sie mich anruft … Nichts.
S Zum Glück war sie allein.

M Ich konnte sie nicht mehr warnen.
S Vielleicht ist es besser so.
M jetzt wieder scherzhaft Jedenfalls habe ich keine großen Erwartungen mehr. Was ist jetzt mit dieser Überraschung?

S hält M ein Foto hin.

M Ach du Scheiße!
S 6-A hatte das dabei. Sie hatte es von ihrer Schwester.

Pause. Beide betrachten das Foto.

M »Die Hand der Hoffnung.«
S Was?
M Das ist »die Hand der Hoffnung«. Das Foto stammt von einer Operation an einem Fötus mit Wirbelsäulenfehlbildung. (Spöttisch.) Angeblich hat er, als sie gerade wieder zunähen wollten, die Hand ausgestreckt und nach einem Finger des Chirurgen gegriffen. Anti-Abtreibungsgruppen benutzen das Bild seit Ewigkeiten …
S Wow.

S starrt auf das Foto.

M Ihr war mein Bauch unangenehm, oder?
Deshalb habe ich euch kurz allein gelassen. Als ich ihn noch verstecken konnte, was das einfacher.
S Kann sein.
M Mein Kind. Ihr Fötus. Das passt irgendwie nicht zusammen.
S Ja.
M Ich behalte die Kinder, aber nicht die Väter! Oder die Väter mich nicht. Das ist nicht immer ganz klar.
S Du bist die Hand der Hoffnung.
M lachend Ach ja?
S Ja. Ich bin nämlich schwanger.
M überrascht Was?! Das ist ja toll! Ihr versucht es doch schon seit Jahren … (gerührt) Wie schön.
S Nein, nein, nein, nein.
M Okay?
S Ja, wir haben es seit zwei Jahren versucht. Ich habe gewartet, ob das Gefühl weggeht, aber … Erst als der zweite Strich auf dem Test erschienen ist, war ich mir sicher. Ich will das Kind nicht.

M legt S die Hand auf die Schulter.

M In der wievielten Woche bist du?
S Ich dachte, heute Abend hätten wir keine Zeit, weil noch eine dazugekommen ist. Der Kalender war eh schon voll, aber jetzt …
M Wir nehmen dich nächste Woche mit rein. Versprochen. Ich finde eine Kollegin, die mir assistiert. (M blickt auf ihre Armbanduhr.) 6 Uhr 10. Zur Abwechslung mal genug Zeit, um die »Pakete« zurück ins Krankenhaus zu bringen. Ich meine natürlich, »zur Post«. Gar nicht so einfach, sich die ganzen Codewörter zu merken … Als müsste man sein Gehirn neu programmieren. Sollen wir aufräumen und gehen?
S Ich nehme ihren Termin.
M Was?
S Den Termin von 7-V.
M Aber.
S Bitte.

M hält sich den Bauch.

M Das ist doch verrückt.
S Nein.
M Doch, das ist verrückt.
S Sag so was nicht!
M Warte mal kurz … Die Kleine hat Schluckauf.

Pause. M reißt sich zusammen, um nicht zu lachen.

S muss grinsen Schluckauf. Ausgerechnet jetzt? (Zu Ms Bauch.) Das machst du, weil wir uns streiten, stimmt's?
M In letzter Zeit hat sie öfter Schluckauf. Aber diesmal ist er ungewöhnlich stark.

Pause.

S Das war ernstgemeint.
M In der wievielten Woche bist du?
S lügt In der zwölften …
M Okay.
S Oder etwas weiter …
M Wie viel weiter? Das ist eh schon grenzwertig. Wir haben heute kein Ultraschallgerät da.
S Das brauchst du nicht.
M Das beruhigt mich.
S Ich bin in der zwölften Woche. Ich bin mir fast sicher. Wir haben meinen Zyklus überwacht.

M besorgt Wie denn? Mit einer App?
S Ich habe alles gelöscht.

Pause.

M Ich kann das nicht.
S Du musst mir helfen ...
M Der ganze Stress und dann noch dein Asthma.
S Warte, warte, warte ... Wir müssen es heute machen. Ich habe zwei Tage frei, ich habe nicht mal Bereitschaft. Jetzt gleich. Danach wird es mir leichter fallen, es Olivier zu sagen. Ich will ihn nicht dabeihaben.
M Ich bin so müde. Du bist auch müde.
S Nicht zu müde für die sieben anderen, aber zu müde für mich?
M Ich habe es noch nie allein gemacht ...
S Du hast es hunderte von Malen gemacht.
M Aber da habe ich immer nur assistiert. Ich habe doch gerade erst von K übernommen. (Pause.) Können wir dich nicht für nächste Woche einplanen?
S Ich bin in der zwölften Woche, es muss jetzt gleich sein. (Pause.) Haben wir noch Midazolam?

Pause.

M verschwörerisch Ja, ich habe immer einen Vorrat für schwere Fälle.
S verschwörerisch Bin ich ein schwerer Fall?
M spöttisch Ein sehr schwerer. (Pause. Dann sanft.) Tut mir leid. Die Müdigkeit ...
S Ich habe es mir gut überlegt.
M Es steht mir nicht zu, dir ...
S Ich ... Ich habe es verdrängt.
M Wenn ich dir Midazolam gebe, muss ich dich auf jeden Fall nach Hause begleiten.
S Danke.
M Und keine wichtigen Entscheidungen in den nächsten Tagen. Das Medikament beeinträchtigt die Konzentrations- und die Urteilsfähigkeit ...
S Meinst du das eigentlich ernst ...
M Keine wichtigen Entscheidungen, das musst du mir versprechen.
S ... wenn du sagst, du machst es aus Liebe?

Pause.

M Ja, das meine ich sehr ernst.

Pause.

S Ich will, dass du mir danach die Frage stellst.
M Ob du das Gewebe sehen willst?
S Das wird mir helfen ...
M Versprochen.

Die Regeln II

```
M steht in dem kleinen Raum, ihr Diktiergerät in der Hand.
```

Falls Sie glauben, jemand folgt Ihnen, oder falls Sie sich verspäten, kommen Sie nicht zu dem vereinbarten Termin. Lassen Sie sich stattdessen einen neuen geben. Falls Sie es sich anders überlegen oder nicht kommen können, schicken Sie folgende Nummer an den Pager: 514 832-2182. Machen Sie sich keine Sorgen, wenn jemand die Nummer überprüft: Sie gehört zu einem Altersheim. Eine demente Bewohnerin, die zu jeder Tages- und Nachtzeit irgendwo anruft ...

Wenn Sie da sind.
Pünktlich.
Klingeln Sie zweimal.
Von drinnen wird jemand sagen: »Die Autowerkstatt ist nebenan.«
Nennen Sie die Zahl und den Buchstaben, die man Ihnen am Telefon durchgegeben hat. Sagen Sie zum Beispiel: »Hausnummer 2B?«
Jemand wird antworten: »Ja, aber ich glaube, die Werkstatt hat um diese Uhrzeit zu.«
Vergewissern Sie sich, dass niemand in der Nähe ist, und sagen Sie dann: »Ich habe einen Notfalltermin.« In dem Moment geht die Tür auf.

Behalten Sie diese Regeln für sich. Sie ändern sich oft, aber reden Sie trotzdem mit niemanden darüber, nicht einmal mit Personen, die schon einmal hier waren oder demnächst kommen werden. Sonst bringen Sie sich selbst, uns und alle zukünftigen Patient*innen in Gefahr.

4. Der Abbruch

```
S liegt auf dem Tisch und beobachtet M bei der Arbeit. Man sieht nur
ihre Gesichter, den Rest kann man sich denken.
```

M Ich lege jetzt den Zugang und spritze dir das Midazolam.
S Hast du das abgelaufene genommen?
M Nein. Entspann dich.

S Was, wenn sie doch noch kommt? Ich wollte, dass du mir das abgelaufene gibst.
M Sie kommt nicht mehr. Nicht um diese Uhrzeit ... Entspann dich.

M zieht ihre Handschuhe an und setzt sich auf einen Hocker an der schmalen Seite des Tischs.

M Rutsch ein bisschen nach vorne, noch etwas. Noch etwas. Noch ein Stück. Okay. (Pause.) Fast in der dreizehnten Woche.
S Ich habe dich angelogen.
M Ich weiß. Entspann dich. Ich führe jetzt das Spekulum ein und betäube die Zervix.
S lächelt Klingt, als hättest du das studiert.
M Dilatation des Zervixkanals.
S Dir ist's lieber, wenn ich neben dir stehe, oder?
M mit Humor Ja, da redest du weniger.
S Sehr witzig!
M 8 Millimeter. (M spürt einen Schmerz, den sie zu ignorieren versucht.)
Hmmm. 10 Millimeter.

M spürt einen noch stechenderen Schmerz.

S Alles klar?
M steht auf Sorry ... Die Maus im Lotussitz hat sich den perfekten Moment ausgesucht, um mir die Organe zu zerquetschen.
S Eine kleine Pro-Life-Aktivistin?
M lacht Hoffentlich nicht.
S lacht Stell dir das mal vor! Als Tochter einer Babymörderin ...
M 12 Millimeter. Alles okay?
S Das ist schon was anderes als Hausmittel, Petersilie und so. (M lacht.) Nein, im Ernst, die Schwangeren, die ich als Hebamme betreue, fragen mich oft, ob sie aufhören sollen, Petersilie zu essen.
M Weil sie denken, das könnte eine Fehlgeburt auslösen?
S Du solltest ihr Gesicht sehen, wenn ich ihnen erzähle, dass Frauen sich früher Petersilienstängel eingeführt haben, um eine ungewollte Schwangerschaft zu beenden! Sie haben nicht davon gegessen. Manche haben sich sogar ganze Petersiliensträuße in die Vagina geschoben, um den Muttermund zu öffnen! Klingt krass, aber ...
M Bei dem Thema ist Klarheit angesagt. (Pause.) Bereit? (S nickt.) Tief einatmen.
S Danke. (M ergreift für einen kurzen Moment S' Hand.) Was machst du da?

M Irgendwer muss dir doch die Hand halten, so wie du es sonst bei den anderen machst. (Pause.) Kann's losgehen?
(S nickt.) Ich führe jetzt den Schlauch ein, halt bitte ganz still, dann beginne ich mit dem manuellen Absaugen.

M führt schweigend die Absaugung durch.

S Wie passiert so was? Wann ist alles kaputtgegangen? (Pause.) Mein Bauch ist nur noch ein Kostüm, eine Prothese. Meine Organe liegen quer. Meine Gedanken sind zwanghaft. Dunkel. Das passt nicht zu mir. Es muss raus. Raus aus meinem Körper. Sonst ersticke ich. An diesem kleinen Etwas, diesem winzigen Etwas. Tief Luft holen. (Sie sieht M an.) Wie machst du das? Alleine mit bald drei Kindern. Klar, du hast bezahlte Hilfe, aber trotzdem. Was, wenn du erwischt wirst? (Pause.) Oh. Meine Muskeln, meine Arme und Beine … entspannen sich. (Sie sieht M an.) Wie machst du das bloß? Von mir darf niemand abhängig sein. Niemand. Viel zu riskant. Ich denke an das Baby, das in einem Müllcontainer gefunden wurde, noch mit der Nabelschnur dran. Vielleicht hat sich die Mutter gedacht: Ich kann mich nicht darum kümmern. Nicht genug. Kann es nicht lieben. Nicht genug. Es trösten. Ich kann das nicht. Mein Körper … Hm, das fühlt sich echt gut an. Mein Körper schwebt … Aber es ist immer noch in mir, ich spüre sein Gewicht. (Pause.) Ein kleines Herz. Wenn ich abgelenkt bin oder unkonzentriert oder unruhig … Dann zeichne ich ein kleines Herz in die Luft oder auf meinen Oberschenkel oder auf den Stuhl oder sonst wohin … Mit dem Finger. Ich kann gar nicht mehr damit aufhören. Ein kleines Herz und noch ein kleines Herz und noch eins. Ich muss oft an die Frau denken, die die ganze Zeit lachen musste. Obwohl ihr die Tränen über das Gesicht liefen. Mein Körper … Ich brauche meine Kraft. Ich brauche mein Gehirn. Es geht ums Überleben … Ein kleines Herz, noch eins und noch eins. (Sie sieht M an.) Ich weiß nicht, wie wir uns später mal an all diese Nächte erinnern werden, an all diese Frauen. Was wird davon bleiben? Schon komisch, wie mein Gedächtnis Erinnerungen sortiert und sich immer auf das Schöne konzentriert. Findet man immer etwas Schönes? Immer wieder kleine Schlupflöcher, in die man sich zurückziehen kann? Ist es das, was man Resilienz nennt? Ruhige Momente erkennen. Egal wie kurz sie sind. Sie genießen, so gut es geht. Ruhige Momente, die kleinen Dinge. Zum Beispiel ein Herz. Oder ein Lachen. Freude zu empfinden, ist nicht immer leicht. Nein, verdammt! (Sie lacht.) Ich fluche. Das sind die Drogen. (Sie sieht M an.) Empfindest du Freude? Wenn du mit deinen Kindern zusammen bist, zum Beispiel? Oder sind das nur kurze ruhige Momente? Werden wir unsere Nächte hier irgendwann vergessen? Vergisst man … die Belastung … den Ernst einer Situation? Bin ich überhaupt klar im Kopf? Abtreibungsphilosophie. (Sie lacht nervös.) Was wird von all dem hier bleiben?

M ist fertig. Sie hält den Behälter mit dem Gewebe in der Hand.

M Ich bin fertig. Willst du es sehen?
S Nein. Lass uns nach Hause gehen.

S nimmt die Beine aus den Haltern und krümmt sich kurz in Embryonalstellung zusammen. M gibt das Gewebe in eine Monatsbinde. Sie wirft S einen fragenden Blick zu und greift nach ihrem Diktiergerät.

M Wenn ich es nicht sofort mache ... Darf ich?
S Ja.

S steht auf und zieht sich an.

M zeichnet auf 6 Uhr 40.
S Bitte sag nichts von mir.
M zeichnet auf 7-V, die Siebte und Letzte heute Nacht, ist nicht gekommen.

5. Die Ankunft

Es klingelt an der Tür. Die beiden erstarren. Es klingelt ein zweites, dann ein drittes Mal.

M Versteck dich.
S Ganz ruhig. Wir folgen dem Plan.

S versucht hektisch, alles belastende Material einzusammeln, und lässt das Diktiergerät fallen.

M Pass auf! Lass das liegen, ich kümmere mich darum.
S Schon in Ordnung, ich mache das.
M Das Betäubungsmittel war ziemlich stark.
S Geht schon. Zieh den Morgenmantel über. Mach deine Haare auf. Du wartest auf deinen Mann. Normaler geht's nicht.
M Nein, du musst weg. Durch die Hintertür. Sofort!
S Vielleicht wird sie überwacht. Komm schon! Was ist los mit dir? Wir treffen keine spontanen Entscheidungen. Wir folgen dem Plan.
M Ich bin so müde. Okay, okay, wir folgen dem Plan.

Es klingelt wieder an der Tür.

S Keine Zeit für Zweifel.

M Versteck dich. Ich geh runter.

M verlässt den Raum, löst dabei ihr Haar und zieht sich den Morgenmantel über.

S Tief durchatmen.
M *von unten* Die Autowerkstatt ist nebenan.
Die Person draußen *sehr aufgeregt* Ich dachte, Sie wären schon weg! Ich glaube, jemand ist mir gefolgt. Verdammt! Warum machen Sie nicht auf?
M Beruhigen Sie sich. Was suchen Sie?
Die Person draußen Nichts? Gar nichts läuft wie geplant.
M Welche Hausnummer suchen Sie?
Die Person draußen 7-V, Hausnummer 7-V, ja genau.
M Beruhigen Sie sich.

Die Tür öffnet sich. Geflüster, Aufregung, Schritte auf der Treppe.

M *von der Treppe, flüstert S zu* Du kannst rauskommen ... Warte! Ich mach das Licht aus.

M schaltet das Licht aus und betritt den dunklen Raum.

M *zu der neuen Person* Möchten Sie sich hinsetzen?
S Was ist los? Wer ist das?
M 7-V.
S Ah, okay? Und was ist los?
M Vielleicht ist ihr jemand gefolgt.
S Okay. *(zu 7-V.)* Alles in Ordnung? Bist du verletzt?
7-V Nein, nein. Sylvia, bist du das?

Pause.

S *aus dem Konzept gebracht* Bitte benutze mein Pseudonym. Hier heiße ich S.
7-V Ich hätte nicht gedacht, dass du hier bist.
M Ich schau mal, ob ich durchs Fenster was sehe. *(Sie stößt im Vorbeigehen gegen ein Möbelstück.)* Aua!
S Alles okay?
M War nur mein Bauch. Alles okay! Ein Größenproblem.
S *zu M* Soll ich runtergehen und nachschauen?
M Nein, das mache besser ich, falls mich die Nachbarn sehen oder die Polizei oder sonst wer ... Ich gehe schon.

Sie setzt sich in Bewegung und stößt auf dem Weg zu Tür noch einmal irgendwo an.

7-V Sie ist wirklich sehr schwanger...
S zu 7-V Sie hat gesagt, dir ist vielleicht jemand gefolgt. Dein Freund, richtig?
7-V Ja. Er sollte heute Nacht eigentlich arbeiten, aber er ist früher nach Hause gekommen. Dann hat er sich volllaufen lassen. Ich dachte, ich warte, bis er einschläft, und komme dann her. Er hat tief und fest geschlafen. Blöd von mir, ich dachte, ich könnte trotzdem herkommen. Tut mir wirklich leid. Ich hätte ... hätte ...
S Schon gut.
7-V Ich dachte, ihr würdet mich nicht reinlassen. Danke. Danke, dass ihr aufgemacht habt.
S Schon gut.
7-V Ich habe mich nicht an die Regeln gehalten ... Nicht kommen, wenn man sich verspätet, das war klar. Nicht kommen, wenn man glaubt, dass jemand einem folgt. Ich hab's verbockt, tut mir leid. Ich dachte wirklich, ihr würdet mir nicht aufmachen.
S Schon gut.
7-V Das ist ein Zeichen. Ein Zeichen, dass es richtig ist. Danke. (Pause.) Glaubt ihr, dass die Frauen immer sicher sind?
S In Bezug auf ihre Entscheidung?
7-V Wie kann man sicher sein? Ich meine, wirklich sicher.
S Das ist normal. Alles wird gut.
7-V S ... Es ist komisch, nicht deinen Vornamen zu sagen. (Sie sieht sich um.) Hier ist es nicht so gemütlich wie im Geburtshaus. (Pause.) Wer von euch macht was? (In Richtung Tür, über M.) Tötet sie die ...
S So siehst du das also?
7-V Tut sie es oder nicht?
S Sie ist Ärztin, keine Sorge.

M kommt wieder und knipst eine kleine Lampe an.

M Ich habe niemanden gesehen. Niemand Verdächtiges. Die Stadt wird langsam wach.
S Das heißt, wir haben nicht mehr viel Zeit. Wie spät ist es?
M zu 7-V Schon gut, wir kümmern uns um Sie. (Zu S.) 6 Uhr 51. (Zu 7-V.) Wir haben nicht viel Zeit, aber wir kümmern uns um Sie.
S zu 7-V Also. Noch mal von vorn. Nur, dass ich die Reihenfolge verstehe. Du wolltest dich auf den Weg hierher machen. Zu deinem Termin. Und dein Freund ist aufgewacht, richtig?
7-V Ich hätte, hätte ... ihn unter Drogen setzen sollen.

M Oder absagen?
7-V zu M Ist das ein Vorwurf?

M antwortet nicht.

S zu 7-V Es tut ihr leid. Wirklich.
7-V Ich hätte ... ich hätte absagen sollen, stimmt. Das war dumm von mir, ich hab nicht dran gedacht. Ich dachte, ihr würdet mir nicht aufmachen, weil ich zu spät war. Tut mir leid. (Sie starrt auf Ms Bauch.) Sie sind wirklich sehr schwanger.
M Machen Sie sich um mich keinen Kopf.
7-V Das ist sicher nicht gut für das Kind ... was Sie hier machen.
S zu 7-V Dem Kind geht es gut. Also. Nur, dass ich es richtig verstehe. Er ist aufgewacht, als du gehen wolltest?
7-V Ja. Ich hatte gerade noch Zeit, mir meinen Morgenmantel über die Kleidung zu ziehen. (Sie blickt M an.) So wie Sie. Haben Sie auch Ihre Haare aufgemacht? Das funktioniert, sieht sehr echt aus, ich habe mich kurz gefragt, ob ich hier überhaupt richtig bin. Auch wegen Ihrem Bauch. Vor allem wegen Ihrem Bauch. (Zu S.) Er ist plötzlich hochgeschreckt. Ich musste mir irgendwas ausdenken. Dass ich ein Geräusch gehört habe. Dass ich davon wach geworden bin. Aber er ist trotzdem ausgerastet. Weil ich ihn geweckt habe. Weil ich das blöde Geräusch nicht einfach ignoriert habe. Er war immer noch betrunken. Er wollte mit der Faust zuschlagen, hat aber nur die Wand getroffen. Vielleicht hat er sich die Finger gebrochen. Da war ein Loch in der Wand. Ein ziemlich großes Loch.
S Und da bist du weggerannt?
7-V Nein, warum?
S Na, ähm ...
7-V Er hat sich eine Tüte Tiefkühlobst auf die Hand gepackt. Blaubeeren. Ich habe ihm einen Wodka gegen den Schmerz gebracht. Das hat ihn müde gemacht. Ich habe gewartet, bis er wieder eingeschlafen ist.
M Also ist er Ihnen nicht gefolgt.
7-V Keine Ahnung. Ich weiß nicht, ob er geschlafen hat.
M Aber ...
7-V Er geht mir oft nach. Um sicherzugehen, dass ich ihn nicht betrüge. Er glaubt, ich weiß das nicht, aber ich weiß es.
M Okay. Ich gehe noch mal nach unten und schaue nach.

M geht hinaus.

7-V Du hast »Kind« gesagt.
S Was?
7-V Du hast gesagt: Dem Kind geht es gut.

S Ja?
7-V Ich dachte, ihr würdet »Fötus« sagen.
S Aha?
7-V Wegen eurer Arbeit.
S Hm. Verstehe, es muss ... komisch für dich sein, dass sie schwanger ist.
7-V Sehr schwanger, ja. (Pause. Sie blickt sich um.)
Ist das alles? Gibt es keine anderen Räume? Macht ihr es hier?
S Ja.
7-V Auf dem Tisch? (S nickt.) Ich hätte zulassen sollen, dass er mich schlägt.
S Quatsch.
7-V Ich hätte ihn lassen sollen. Mich so drehen, dass er meinen Bauch trifft. Dann wäre es erledigt gewesen. Meinst du, eine Mutter darf so was nicht denken?
S Ich weiß nicht... Hast du einen Ort, wo du hinkannst? Danach? Ich mache mir Sorgen um dich.
7-V Du klingst, als meinst du das ernst.
S Ernster geht's nicht.
7-V Du musst dir keine Sorgen machen. Du musst dir um mich keine Sorgen machen. Wenn das Baby tot ist, wird alles gut. Ich meine, wenn es vorbei ist, wird alles wieder wie früher. Komisch, ich glaube fast, was ich da sage. Ich kann einfach kein Kind mit ihm haben, verstehst du? (Sie bemerkt S' entsetzten Blick.) Er liebt mich. Auf seine Art. (Pause.) Habt ihr eure Geräte versteckt? (Sie sieht sich um und berührt das Diktiergerät.) Warum? Machen die den Frauen zu viel Angst?

7-V öffnet die Schublade am Tisch und erstarrt.

S Fass das nicht an.
7-V Eine Schere ...
S Wir müssen einen sicheren Ort für dich finden. Für danach.
7-V Wozu ist die gut?

M kommt zurück.

S Wir bringen dich danach irgendwo hin. Da kannst du dich ausruhen.
M zu S Wir haben keine Zeit mehr. Es ist 6 Uhr 58.
S Wir kriegen das hin. Sie ist in einer Notlage.
M Wir müssen aufräumen, ich muss die »Pakete« zur »Post« bringen und du musst vor 8 Uhr die ... die ... »die Croissants in den Ofen schieben«. Am besten machen wir beides zusammen, das ist ... Wir machen das zusammen. Danach fahre ich dich nach Hause. In knapp zwanzig Minuten geht die Sonne auf.

S Die Croissants in den Ofen schieben?
M Ja, die »Croissants in den Ofen schieben«.
S begreift Ah. Ist das der neue Code?
M Ja. Aber eigentlich soll er geheim bleiben.
S Du hast recht. Tut mir leid.
M Das war's für heute. Es ist 7 Uhr.
S Warte. Sie kann nicht nach Hause. Das ist zu gefährlich.
7-V Ich will aber nach Hause. Nach der Abtrei– ... dem Eingriff.

M und S sehen sich an.

M zu 7-V Tut uns ehrlich leid. Aber heute geht es nicht mehr. Wir nehmen Sie nächste Woche dran. Wir können ein bisschen früher kommen, aber später gehen ist unmöglich. Das bringt uns alle drei in Gefahr.
7-V zeigt auf Ms Bauch Alle vier.
M unbehaglich Wie Sie meinen.
S Aber wir können dir helfen, erst mal einen Ort zu finden. (Zu M.) Oder? Wenigstens für heute Nacht. (Zu 7-V.) Damit du etwas Zeit zum Nachdenken hast. In Sicherheit. Nur für heute Nacht.
7-V Aber ...
M zu 7-V Sekunde. (Zu S.) Ich brauche noch die Adresse für die »Croissants«.
S Die Croissants? (Es dauert einen Moment, bis der Groschen fällt.) Ach so ... Ja ... Nein, das ist zu riskant.
M Ich fahre allein los. Jetzt gleich. Die Zeit ist eh schon zu knapp ... Schreib mir die Adresse auf einen Zettel und ich bringe die »Pakete« und die »Croissants« weg. Kannst du deiner Kontaktperson Bescheid sagen? Könnt ihr irgendwie kommunizieren?

M reicht S einen Zettel und einen Stift und sammelt dann die medizinischen Instrumente und das Gewebe ein.

S Das gefällt mir nicht.
M Keine Zeit für Zweifel. (Zu 7-V.) Machen Sie sich keine Sorgen, S bleibt bei Ihnen. Das ist besser so.

S schreibt die Adresse des Krematoriums auf.

7-V Nein!
M Tut uns leid.
7-V Nein! Sie haben gesagt, es dauert nur ein paar Minuten. Machen Sie es jetzt. Sagen Sie, dass Sie es jetzt machen. Dass Sie es machen wollen. Sagen Sie, dass Sie es machen wollen. Ich flehe Sie an. Sonst schaffe

ich es nicht, das durchzuziehen. Ich habe Angst, einen Rückzieher zu machen ... Nichts läuft wie geplant. Ich werde sie enttäuschen. Ich werde alles verlieren.

```
7-V weint. M hilft S, sich hinzusetzen und reicht ihr ihre Winter-
stiefel.
```

S Ich verstehe dich. Besser, als du dir vorstellen kannst.
7-V Nein, ihr versteht gar nichts.
M Bald wird es hell ... Tut mir leid.

```
M hilft S in ihren Mantel.
```

S Mir auch, wirklich. Aber wir müssen jetzt los. Ich lasse dich nicht im Stich.
7-V flehend Nein!
M Ich gehe jetzt.

```
M zieht ihren Wintermantel an.
```

7-V NEIN.

```
7-V packt die Schere und bedroht die beiden.
```

M Vorsicht!
7-V Ihr denkt: Sie hätte pünktlich kommen sollen. Sie hätte alles machen sollen wie besprochen, stimmt's? Sie hat alles falsch gemacht, weil sie dumm ist, stimmt's? Sagt schon!
M Niemand hält dich für dumm.
S Niemand.
M Alles wird gut.
S Ja.
M Legen Sie das weg, okay? Sie könnten sich verletzen ...
7-V Ihr versteht nicht. Ich will sterben.

```
7-V richtet die Schere gegen sich selbst.
```

M Okay, langsam. (Zu S.) Wir machen es.
S Ja.
M Wir werden dich befreien. Ganz langsam.
S Ja.
7-V Mich befreien? Ihr versteht gar nichts. Ich kann nicht.
S Ich schwöre dir, du bist es wert.
7-V Sag das nicht.

S Ich schwöre dir, alles wird besser. Es kann nur besser werden, oder?
M Du kannst dich schon mal hinlegen. Wir nehmen uns die Zeit.
S Ja.
7-V Ich will lieber sterben ...

S schwankt, hält sich aber auf den Füßen.

M Scheiße, scheiße, scheiße.
S Alles wird gut. Aber du musst mir die Schere geben.
7-V Nein.
S Ich komme jetzt zu dir, okay?
7-V Nein. Ihr rührt euch nicht vom Fleck. Ich will mich umbringen.
M Nein. Das willst du nicht. Deswegen bist du nicht hier.
7-V Damit es endlich vorbei ist.
M Deswegen bist du nicht hergekommen. Wir können dir helfen. Wir können reden, aber wir haben nicht viel Zeit, verstehst du?
7-V Ihr wollt mir helfen?
S Ich komme jetzt zu dir.
7-V Tu das besser nicht.
M Lass uns dir helfen. Noch ist alles möglich.
7-V Ich bin feige. Ich habe alle belogen. Feige. Unfähig, irgendwas durchzuziehen. Ich dachte nicht, dass es mir so gehen würde. Ich habe Zweifel. Das ist das Schlimmste. Das arme Baby. Ich bin ein Monster. Ich kriege nichts auf die Reihe. Ihr versteht mich nicht. Ihr wisst nicht, wer ich bin. Was ich denke. Was ich über euch denke. Sie werden sagen, ich bin eine Verräterin. Es gibt kein Zurück, ich komme da nicht raus. Das ist wie eine Familie ... Warum weiß ich nicht mehr, was ich will? Vorher war alles so klar. Ihr bringt mich durcheinander. Ich muss es tun. Werde ich es bereuen?
M Es ist dein Kind, wenn du bereit dafür bist. Wenn nicht, sind wir für dich da.

Pause.

7-V Ich tu's.
S Alles wird gut.
7-V Macht ihr die Abtreibung?
M Ja.
7-V Ihr beendet meine Schwangerschaft? Wie ironisch.
M Nein.
7-V Wie spät ist es?
M Zehn nach sieben.
7-V Perfekt. Das ist perfekt.

S Ich komme jetzt zu dir.
7-V Nein. Du bleibst, wo du bist. Ihr bleibt beide, wo ihr seid. Und wartet. Im Grunde bin ich nicht besser als ihr. Ekelhaft.
M Immer mit der Ruhe.
7-V Ich hätte es machen sollen wie geplant. Anrufen. Zur vereinbarten Uhrzeit. Damit sie herkommen. Damit sie herkommen und euch festnehmen.
M Was?

7-V nimmt das Telefon an sich.

7-V Aber noch ist alles möglich, stimmt's?
M zu S Raus hier!

S versucht zu entkommen. 7-V greift nach ihr, woraufhin S sie heftig von sich stößt und wegrennt. S kann fliehen. 7-V stolpert gegen M, ringt mit ihr und rammt ihr aus Versehen die Schere in den Leib. M bricht zusammen und beginnt zu verbluten.

Lange Pause.

7-V starrt auf Ms Leiche zu ihren Füßen. Sie sucht nach dem Telefon und hebt den Zettel mit der Adresse auf. Sie ruft nicht an. Sie geht zu M und spricht mit deren Bauch.

7-V Was habe ich getan?

Du klammerst dich ans Leben. Du kämpfst und klammerst dich ans Leben. Bist du ein Junge oder ein Mädchen? Oder weißt du es nicht? Kannst du mich hören? Ich habe nicht mehr viel Zeit. Gleich sind sie da. Vielleicht schon in wenigen Minuten. Sie werden mich festnehmen. Man wird die Sirenen hören, und alle werden wissen, dass sie meinetwegen da sind.

Was habe ich getan? Wir haben nicht mehr viel Zeit. Es ist nicht deine Schuld, weißt du? Du kannst nichts dafür, das musst du begreifen. (Pause.) Das Loch in der Wand heute Nacht, das war nicht das erste. Es gab noch ein anderes. Im Haus meiner Kindheit. Ein großes Loch, mit bröckeligen Rändern. Wenn ich in meinem Zimmer war, konnte ich durchgucken. (Sie malt mit dem Finger einen Kreis in die Luft.) Wenn die Sonne aufging, konnte ich durch das Loch sehen, wie es hell wurde. Wenn ich durch das Loch schaute, konnte ich alles vergessen. Mein Vater hatte es gemacht, an einem Abend, als er meine Mutter nicht schlagen wollte.

Irgendwann hat meine Mutter es zugespachtelt, aber sie hat die Wand nicht gestrichen. Das Loch war immer noch sichtbar. Unsauber. Uneben. Wie eine schlecht verheilte Wunde.

Ich weiß, dass du kämpfst. Unglaublich, wie sehr das Leben leben will. Wie es alles versucht, wie es sich festklammert. Winzige Zellen, die sich teilen und sich unendlich vermehren. Selbst jetzt versuchen sie es noch. Winzige Zellen, bei deren Anblick jeder Wissenschaftler, wenn er auf dem Mars darauf stoßen würde, »LEBEN!« schreien würde, aber hier, in einem Bauch ... Eigentlich gibt es keinen Unterschied zwischen dir und mir. Wir sind beide Opfer. Meine Mutter wollte mich nicht. Sie hasst mich, was soll ich da machen. Deine ist eine Mörderin, meine wollte mich umbringen. Kein Unterschied eigentlich. Hörst du? Es ist nicht deine Schuld, das musst du begreifen. (Pause.) Mein Vater war gewalttätig. Hätte ich deshalb nicht geboren werden sollen? Eigentlich hatte ich Glück. Hörst du?

Ich habe sie gesehen. Die Gläser mit dem Gewebe. Die Gläser mit den Embryos, die schon Hände und Finger haben. Unglaublich, wie viel Leben da schon nach wenigen Wochen ist. Manchmal tun sie sie auch in Müllsäcke, in stabile Müllsäcke, wie Abfall. Weil das angeblich hygienischer ist.

Und weil wir sie nicht mehr sehen sollen, weil wir sie vergessen sollen. Aber ich nicht. Ich werde sie nicht vergessen. Auch ich wäre beinahe abgetrieben worden, habe ich dir das schon erzählt? Und ich bin nicht die Einzige, die beinahe kein Recht auf Leben gehabt hätte. Schon seltsam. Du denkst jetzt bestimmt: »Aber warum beendest du dann mein Leben?« (Pause.) Du läufst blau an, oder? Du hast nicht mehr viel Zeit. Um dir deine eigenen Gedanken zu machen, außerhalb von ihrem Bauch. Und deine Zellen auch nicht, um sich weiter zu vermehren und zu teilen. Du bist nicht sie. Das sage ich mir immer und immer wieder. Du hast eigene Gene. Das werde ich bei meiner Festnahme sagen. Du bist du, ein eigenständiges kleines Wesen. (Sie holt den Zettel mit der Adresse des Krematoriums aus der Tasche.) Das werde ich brauchen. Die Adresse. Um sie der Polizei zu geben. Aber nicht irgendwem. Jemandem, der auf unserer Seite steht. Einer Polizistin oder einem Polizisten, einer Person, die weiß, was sie sagen muss, damit wir einander erkennen, ohne dass den anderen etwas auffällt. Bist du schon ganz blau? Blau wie der Himmel oder blau wie das Meer? Es ist nicht deine Schuld. (Pause. Ein schmaler Lichtstrahl fällt in den Raum.) Es ist so weit. Die Sonne geht auf. Nichts ist gelaufen wie geplant, aber sieh nur, wie schön es ist.

ZWEITER AKT

Wie ich Aktivistin geworden bin

Maureen stellt sich vor.

Maureen (Lacht.)
Ganz am Anfang wusste ich nicht mal, dass es ein Wort für das gibt, was ich mache: Aktivismus!
Im Grunde stelle ich nur meine Zeit zur Verfügung.
Davon habe ich seit Jahren mehr als genug.
Ich bin Rentnerin.
Meine drei Kinder sind seit ... 19 Jahren aus dem Haus.
So lange schon.
Wie die Zeit vergeht.
Nicht wahr.
Zeit ist kostbar.
Ich habe drei Jungs.
Überall verstreut!
Zwei in den USA.
Einer ist hier in Kanada.
Und ich habe auch neun Enkel.
5 Mädchen, 4 Jungs.
William, Jackson, Noah, James, Emma, Zoey, Charlotte, Sophia, Jane.
(Lacht.)
Ob ich sie sehe?
Nicht genug.
Aber wir telefonieren per Video.
Meine Jungs sind ziemlich beschäftigt.
Sie arbeiten viel.
Sehr viel.
Ich aber auch, jetzt, wo ich Aktivistin bin!
(Lacht.)
Früher hatte ich keine richtige Meinung zu dem Thema.
Ich meine, das ist nichts, wie soll ich sagen, über das ich groß nachgedacht habe.
Ich spürte irgendwie, dass ich dagegen war, aber ich hätte es nicht in Worte fassen können.
Nicht klar und deutlich.
Was mir auf Anhieb gefallen hat, war die Gemeinschaft.
Ja, genau. Vor allem das.
Teil einer Gruppe sein.
Gutes tun.

Für unsere Kinder.
Ich mag Kinder sehr.
Sehr.
Wirklich.
Sie sind das Wichtigste.

Ellipse.

Also, ich mache alles Mögliche.
Was halt so anfällt.
Proteste vor Kliniken, Spendenkampagnen, psychologische Betreuung.
In der Schwangerenkonfliktberatung, genau.
Die Arbeit da mag ich sehr.
Du sprichst mit Frauen, die labil sind.
Die sich Fragen stellen.
Du überredest sie, sich mit dir zu treffen.
Das ist was Konkretes.
Du siehst sofort das Ergebnis.
Das ist nicht immer so.
Zum Beispiel, wenn ich von Haustür zu Haustür gehe.
Da sehe ich die Ergebnisse nicht.
Nicht sofort.
Das bringt eher langfristig was.
Aber in beiden Fällen.
Arbeitest du an den Einstellungen der Leute.
Veränderst ihre Überzeugungen.
Wirklich.
Von Tür zu Tür gehe ich für einen Abgeordneten.
Simon Oldfield.
Ein attraktiver junger Mann.
Ein attraktiver junger Mann mit vernünftigen Ansichten.
Ein vielversprechender Nachwuchspolitiker.
Uns geht es nicht um irgendeine Linie.
Nein.
Es geht darum, alle zu unterstützen, die für unsere Sache kämpfen.
Egal von welcher Partei.
Schritt für Schritt.
Man muss daran glauben.
Das ist wichtig.
Man muss daran glauben, denn manchmal ist es nicht einfach.
Manchmal schlagen die Leute dir die Tür vor der Nase zu.
Schubsen dich, schreien dich an, beleidigen dich, schüchtern dich ein, bedrohen dich, spucken dich an, und was nicht noch alles.

Und was nicht noch alles.
(Pause. Sie lacht.)
Das darf man nicht persönlich nehmen.
Auf keinen Fall.
Wenn du dich in die Wertvorstelllungen der Leute einmischt,
gibt's Reaktionen, das ist ganz normal.
Irgendwann macht es Klick im Kopf.
Wenn du verstehst, dass du etwas verändern kannst.
Etwas verändern, darum geht es.

Ellipse.

Findest du, du bist draußen jemand anders als drinnen?
Denk nicht nach, denk nicht lang nach.
Nein, oder?
Glaubst du, du bist weniger Mensch, wenn du im Garten sitzt, als wenn du im Haus bist?
Natürlich nicht!
Nicht du bist anders, nur deine Umgebung.
Du befindest dich einfach in einer anderen Umgebung.
Du bist draußen genauso lebendig wie drinnen.
Dann sag mir doch mal, wo da der Unterschied sein soll, im Bauch oder draußen?

Ellipse.

Früher hätte ich das so nicht gesagt.
Aber wenn du lang genug Teil der Bewegung bist,
lernst du, zu deinen Überzeugungen zu stehen.
Genau.
Ich bin ja auch gegen die Todesstrafe.
Und wenn ich gegen die Todesstrafe bin, wäre es ja wohl absurd, dafür zu sein, dass Kinder umgebracht werden!
Hey.
Mein Enkel Jackson ist zwei.
Und meine Große, Zoey, ist gerade 14 geworden, sie hatte letzte Woche Geburtstag.
Fändest du es weniger schlimm, Jackson umzubringen, als Zoey?
Fändest du es weniger schlimm, einen Zweijährigen umzubringen als eine Vierzehnjährige?
Hm?
Ist man mit zwei weniger Mensch als mit vierzehn?
Nein.

Man ist nur weniger weit entwickelt.
Ich mache das für William, Jackson, Noah, James, Emma, Zoey, Charlotte, Sophia und Jane.

1. Das Date

Simon und Louise sitzen am Tresen eines schicken Bistros vor einem Teller gratinierter Austern. Louise trinkt ein Glas Sekt, er ein Mineralwasser.

Simon Oldfield Ein Teller Austern ... Das ist wow! Oder? Wow! Das macht jeden Anlass besonders! Ganz simpel, aber wenn du die hier bestellst, diese ... (zeigt auf die gratinierten Austern) ... wie nennt man die noch?
Louise Austern Rockefeller.
Simon Oldfield jede Silbe genussvoll betonend Austern Rockefeller. Ja, dann wird es echt originell. (Er schaut Louise in die Augen.) Das gefällt mir.

Simon will eine Auster essen.

Louise Vorsicht! (Lacht.) Die sind überbacken! Die kommen direkt aus dem Ofen und sind bestimmt heiß.
Simon Oldfield Ich liebe alles, was heiß ist. Austern, Themen, heiße Eisen, alles! (Simon isst die Auster, um Louise zu beeindrucken, verbrennt sich den Mund und versucht, es zu verbergen.) Interessant ... wirklich ... interessant ... Aber ich mag's eher natürlich. Ich liebe frische Austern ... Besonders, wenn sie lokal sind! Die Leute nehmen das oft auf die leichte Schulter, aber es ist wichtig, zu wissen, wo das Essen herkommt. Genau zu verstehen, womit – oder mit wem! – man es zu tun hat. Klingen sie hohl, wenn man darauf klopft, riechen sie streng, sind sie schon halb offen, usw. Man muss ein guter Beobachter sein, um sicherzugehen, dass die Auster noch lebt. Bist du eine gute Beobachterin?
Louise Hm. Ich glaube schon.
Simon Oldfield Das gefällt mir. Dann erzähl mal. Was ist dir heute Abend aufgefallen?
Louise Du hast dir die Zunge verbrannt. Außerdem redest du viel, wahrscheinlich noch mehr, wenn dir eine Situation entgleitet. Ein Abwehrmechanismus, der dir das Gefühl gibt, sie im Griff zu haben. Die Situation. In unserem Fall: eine viel zu heiße Auster bei einem Date.
Simon Oldfield Interessant.
Louise scherzhaft Ich wette, du verkaufst beruflich irgendwas Nutzloses, schaffst es aber, es als total nützlich darzustellen.

Simon Oldfield Nein.
Louise Dann Politiker.
Simon Oldfield Bravo.
Louise Ich habe zwei Versuche gebraucht. Du bist dran?
Simon Oldfield Du gewinnst gern. Okay. Lass mich überlegen. Du bist jung, du studierst.
Louise Was noch.
Simon Oldfield Du hast mehrmals das Fach gewechselt, weil du alles hinschmeißt, sobald du dich langweilst.
Louise Treffer.
Simon Oldfield Jura.
Louise Nein.
Simon Oldfield Journalismus.
Louise Nein. Ich habe gewonnen. Aber rate ruhig weiter.
Simon Oldfield Hm. Nein.
Louise Schlechter Verlierer?
Simon Oldfield Ja. Aber bereit, es zuzugeben.
Louise Bravo.
Simon Oldfield Das ist meine Stärke. Ich überrasche gerne. Ich bin überraschend.
Louise Was meinst du mit »überraschend«?
Simon Oldfield Ich bin jemand, der andere gern überrascht.
Louise Was noch?
Simon Oldfield Ich bin ein Rebell. (Louise muss lachen.) Da hast du's. Sieht man mir nicht gleich an. Oder? Ich wirke wie ein angepasster junger Mann aus guter Familie, was ich auch bin, aber das hindert mich nicht daran, ein Rebell zu sein. Ich spiele gern mit dem Feuer. Ich kann nicht anders.
Louise Und dann verbrennst du dich.
Simon Oldfield Aber ich lasse es mir nicht anmerken.

2. Interviews

Im Privatradio.

Simon Oldfield quasi wörtlich transkribiert Also. Das ist ganz einfach, mein geplantes Gesetz, das besteht aus zwei Punkten. Erstens, Abtreibungen im dritten Trimester werden verboten, zweitens, wir starten ein Programm zur finanziellen Unterstützung von Betroffenen. Und ganz wichtig: Mein neues Gesetz, das wird, ähm, wirklich allen helfen. Al-len. Den Männern, den Frauen, und den ungeborenen Kindern. Und da hör ich schon, wie die die Feministinnen die Wände hochgehen …

(Lacht.) »Es geht immer gegen die Schwächsten!« So ein Quatsch, ich meine, gibt's was Schwächeres, ähm, als ein ungeborenes Kind? Wenn man mal richtig drüber nachdenkt, ist das doch eine Frage des gesunden Menschenverstands, dass man die beschützen will. Was ist denn das für eine Doppelmoral, so was Scheinheiliges, dieser Feminismus. Also echt …

Im öffentlich-rechtlichen Radio.

Lass Sie uns sofort zum Wesentlichen kommen. Sehen wir uns einmal die Statistik an. Die ärztlichen Kommissionen werden weiter aus öffentlichen Mitteln finanziert. Trotz eines erfreulichen Rückgangs der Abtreibungen um 50 % seit Einrichtung der Kommissionen gab es im vergangenen Jahr immer noch 10.401 Abtreibungen. Konkret hat das mehr als 12 Millionen Dollar gekostet. Und wer bezahlt das? Der Steuerzahler. Wollen wir unser Geld wirklich für so etwas ausgeben? Diese Frage müssen wir uns als Gesellschaft stellen.

Im Fernsehen.

Warum stellen wir nicht mehr Mittel bereit, um … um werdenden Müttern zu helfen, ihre wirtschaftliche Lage zu verbessern, statt einen … einen medizinischen Eingriff zu bezahlen, der ma-massive demografische Konsequenzen hat. Das ist ein zentrales Problem unserer Gesellschaft. Die Quebecer Bevölkerung ist überaltert, das, ähm, das dürfte wirklich niemanden überraschen. Der Anteil an Rentnerinnen und Rentnern an der Bevölkerung steigt weiter, und irgendwann werden wir einen Kipppunkt erreichen. Dann gibt es nicht mehr genug Arbeitnehmer. Natürlich liegt uns das Wohl älterer Menschen am Herzen, aber, ähm, wenn wir ihnen ein Altern in Würde ermöglichen wollen, kostet das Geld. Wir müssen dafür sorgen, dass es mehr junge Menschen gibt, die in den Arbeitsmarkt eintreten, als Menschen, die in Rente gehen. Das ist eine ganz simple Rechnung, wenn man sich die Zahlen ansieht. Und die Zahlen sagen, dass uns allein in diesem Jahr 10.401 Kinder fehlen, das heißt, ähm, zukünftige Bürgerinnen und Bürger, zukünftige Arbeitskräfte.

3. Das Aufnahmegespräch

Maureen sitzt im Wartezimmer der Schwangerschaftskonfliktberatung. Sie gibt ein Fortbildungsseminar. Der Raum erinnert an eine Arztpraxis, nur einladender. Ein Vorhang trennt den Gesprächsbereich vom Untersuchungstisch. Die Möbel sind hochwertig, man sieht, dass die

Organisation finanziell gut ausgestattet ist. Zwei Sessel stehen einander gegenüber. Dazwischen ein kleiner Tisch, auf dem ein Fragebogen und ein Stift bereitliegen, daneben eine Karaffe mit Wasser, ein eingeschenktes Glas und eine Box mit Taschentüchern.

Maureen
Der Raum sollte sauber und freundlich sein. Sorge immer für frisches Wasser und Taschentücher. Du musst gut vorbereitet sein. Sobald sie durch die Tür kommt, musst du dich ganz auf sie einlassen. Verschanz dich nicht hinter einem Schreibtisch, das wirkt abweisend. Die Sessel dürfen nicht zu weit auseinanderstehen, aber auch nicht zu dicht beieinander. Der richtige Abstand ist sehr wichtig, du musst ihr die Taschentücher reichen können, ohne dich vorzubeugen.

Am Anfang hörst du nur zu. Denk nicht an das ungeborene Kind, daran, dass ein Leben in Gefahr ist. Verschränk nicht die Arme, entspann dich, damit du gut zuhören kannst. Halte das Gespräch mit offenen Fragen am Laufen und mach dir in Gedanken Notizen. Merk dir zum Beispiel die Namen der wichtigsten Menschen in ihrem Umfeld. Versuche herauszufinden, was ihre eigenen Überzeugungen sind und was sie von anderen übernommen hat. Du musst ihr helfen, sich von den falschen Überzeugungen zu befreien. Am Anfang kann es passieren, dass du dich fragst, ob du die Richtige bist, ob du der Frau wirklich helfen kannst. Denk immer daran, dass du nicht zögern würdest, wenn sie eine Freundin, Nachbarin oder Kollegin wäre.

Du hast viel Liebe zu geben. Das Schwierigste ist, die Frau nicht zu verurteilen. Wenn das passiert, sieh sie dir an. Sie ist unglücklich. Und dass sie mit dir redet, liegt daran, dass sie sich niemand aus ihrem Umfeld anvertrauen kann. Und du hast so viel Liebe zu geben.

Wenn sie dir von ihren Mordgedanken erzählt, ist es deine Aufgabe, sie dir anzuhören. Das ist schwer, aber du darfst dein Herz nicht verschließen. Ich habe einen Trick: Ich stelle mir diese Gedanken als dunkle Wolken vor, hinter denen sich die Sonne versteckt. Man weiß nicht, wie lange die Wolken dableiben, aber man weiß, dass sie irgendwann abziehen werden. Unsere Aufgabe ist es, die Wolken zu vertreiben. Jedes Wort, das wir sagen, schiebt sie weiter weg. Am Wichtigsten ist es, nicht die Verbindung zu verlieren. Dafür musst du immer den nächsten Schritt planen. Das macht man mit geschlossenen Fragen: »Wann kannst du das nächste Mal herkommen?« So eine Frage setzt sie unter Druck, sie hat sowieso schon den Kopf voll, du musst es ihr leicht machen. Du musst immer an die Frau denken. Nur sie kann das Leben ihres Kindes schützen.

4. Bei Simon Oldfield zu Hause

Vor seiner Wohnungstür.

Louise Ich habe dir drei Nachrichten hinterlassen.
Simon Oldfield Tut mir leid ... Meine Tage sind sehr voll. Bald gehen die Sitzungswochen los.
Louise Drei Nachrichten.
Simon Oldfield Für alte Hasen ist das Routine, aber als neuer Abgeordneter muss man erst einmal beweisen, dass man die Erwartung der Wählerinnen und Wähler erfüllen kann.
Louise Kann ich mir vorstellen.
Simon Oldfield Ich stehe unter Druck! Die Leute glauben an mich, sie verlassen sich auf mich. Ich weiß nicht, ob ich dir schon davon erzählt habe?
Louise Wovon?
Simon Oldfield Von meinem Gesetzentwurf?
Louise Nein.
Simon Oldfield Ich arbeite Tag und Nacht, damit er bald zur Abstimmung kommt. Ich will eine klare Botschaft senden. Verstehst du?
Louise Äh, ich habe auch eine klare Botschaft für dich ...
Simon Oldfield Hör mal, es war super, danke für den schönen Abend, aber ich will im Moment keine Beziehung. Offenbar ist das nicht bei dir angekommen ... Deswegen habe ich nicht zurückgerufen. Obwohl du drei Nachrichten hinterlassen hast.
Louise Du hast echt kein Egoproblem, was? Dein Selbstbewusstsein möchte ich haben. Ich bin nicht hier, um dich anzubetteln, noch mal mit mir ins Bett zu gehen. So super war es übrigens nicht. Aber das ist ein anderes Thema.
Simon Oldfield schlagartig besorgt Meinst du ... Meinst du etwa ... du wolltest es gar nicht? Ich dachte, es war einvernehmlich ...
Louise Nein, ich meine, doch, war es. Keine Panik ...
Simon Oldfield Niemand möchte von anderen als ...
Louise Kann ich vielleicht kurz reinkommen?
Simon Oldfield Mir wäre es lieber, wir bringen das schnell hinter uns.
Louise Super. Ich bin schwanger.
Simon Oldfield schubst sie fast nach drinnen Komm rein.

Schweigen.

Louise Mir wäre es auch lieber, das wäre nicht passiert.
Simon Oldfield aufrichtig Solltest du nicht besser mit einer Freundin reden?

Louise Weiß nicht. Ich habe erst mal dich angerufen.
Simon Oldfield verwirrt Weil ...
Louise ... es dich betrifft?
Simon Oldfield Das kann nicht sein, ich habe ein Kondom benutzt.
Louise Ich weiß, ich war dabei.
Simon Oldfield Es ist nicht von mir.
Louise Da war sonst niemand.
Simon Oldfield Aber ich habe ein Kondom benutzt.
Louise Ich weiß.
Simon Oldfield Das kann nicht sein.
Louise Es war undicht oder hatte einen Riss oder was weiß ich. Jedenfalls bin ich schwanger. Und zwar von dir.
Simon Oldfield Bist du sicher?
Louise Da war sonst niemand.
Simon Oldfield Scheibenkleister.
Louise Scheibenkleister?
Simon Oldfield Ja.
Louise So fluchst du?
Simon Oldfield Ich verstehe das nicht, ich habe doch ein Kondom benutzt!
Louise Was soll ich sagen, die Dinger sind halt nicht hundert Prozent sicher.
Simon Oldfield Du hättest es mir nicht erzählen sollen. Wäre besser, wenn ich es nicht weiß.
Louise Du hängst da genauso drin wie ich.
Simon Oldfield Wie kann ich mir sicher sein?
Louise Willst du einen Vaterschaftstest oder willst du mir helfen? Ich weiß echt nicht weiter.
Simon Oldfield Scheibenkleister. Ich bin gerade an einem entscheidenden Punkt meiner Karriere. Das bringt mich in Schwierigkeiten (Er begreift.) Ah, du willst Geld?
Louise Quatsch. (Pause.) Ich weiß nicht, was ich machen soll. Ich will das nicht, ich will es nicht behalten, aber ... Ich weiß nicht, was ich machen soll.
Simon Oldfield Ich darf auf keinen Fall in irgendwelche illegalen Aktivitäten verwickelt werden. Vor allem nicht in so was.
Louise Ich will das doch auch nicht. Hier geht es um mich, um mich und meinen Körper. Du bist nicht gerade, ähm ... mir fehlen die Worte.
Simon Oldfield Das bringt mich wirklich in Schwierigkeiten ... Selbst eine Adoption. Wie soll ich das rechtfertigen?
Louise Kommt nicht in Frage. Ich trage es nicht aus. Ich will kein Kind, nicht mit dir. Und du auch nicht. Also ist alles klar. Ich will mein Studium zu Ende bringen! Du kennst doch bestimmt jemanden, der das im Krankenhaus machen könnte?

Simon Oldfield Ich darf da nichts mit zu tun haben. (Pause.) Du musst einen Antrag bei einer Kommission stellen. Es gibt keine andere Möglichkeit. Niemand darf wissen, dass wir uns kennen.
Louise Tolle Unterstützung.
Simon Oldfield Am besten isst du ab heute fast gar nichts mehr. Dann kannst du sagen, du hast eine Essstörung. Schaffst du das? Das hat schon mal funktioniert, bei der Affäre von ... (Er verstummt, um den Namen nicht zu verraten.) Du wirst sehen, das funktioniert.

Pause. Louise betrachtet Simons Schuhe.

Louise Ich hab's mir anders überlegt, ich nehme dein Geld.
Simon Oldfield So viel du willst. Danke. Das ist besser für uns beide. Ich bin sicher, das ist besser für uns beide.

5. Am Telefon

Maureens Stimme Schwangerschaftskonfliktberatung! Mein Name ist Maureen. Wie kann ich Ihnen helfen?
Louise Ist das Gespräch vertraulich?
Maureens Stimme Absolut vertraulich. Darf ich Sie mit dem Vornamen anreden?
Louise Ja, ja.
Maureens Stimme Und Sie heißen?
Louise Äh, auch Maureen.
Maureens Stimme mit einem Lachen Na, so was! Was für ein schöner Name!
Louise Das habe ich meinen Eltern zu verdanken, nehme ich an?
Maureens Stimme Das haben wir beide unseren Eltern zu verdanken. Wie geht es Ihnen jetzt gerade?
Louise Ich war im Krankenhaus, um mich zu informieren, und da hat man mir ihr Faltblatt gegeben.
Maureens Stimme Was möchten Sie wissen? Sie können mich alles fragen.
Louise Könnte es sein, dass das Gespräch aufgezeichnet wird? Zu Qualitätszwecken oder so?
Maureens Stimme Wir sind unter uns. Machen Sie sich keine Sorgen, Maureen. Sie haben gesagt, Sie waren im Krankenhaus? Warum? (Schweigen.) Zu unserem Angebot gehört die Begleitung während der Schwangerschaft und die Beratung zum Adoptionsverfahren ...
Louise In dem Faltblatt steht, dass Sie auch Informationen zu ... zu einem Abbruch anbieten? Aus medizinischer Indikation?

Maureens Stimme Von uns bekommen Sie alle Informationen. Gut, dass Sie angerufen haben. Wann haben Sie erfahren, dass sie schwanger sind?
Louise Vor einer Woche.
Maureens Stimme Das war bestimmt erst einmal ein Schock?
Louise Ja.
Maureens Stimme Weiß Ihr Partner Bescheid?
Louise Er ist nicht mein Partner, wir haben nur … Das war nur ein einziges Mal. Er hat die Nachricht nicht gut aufgenommen.
Maureens Stimme Das kommt oft vor. Wie alt sind Sie, wenn ich fragen darf?
Louise 25.
Maureens Stimme Wunderbar. Haben Sie mit sonst jemandem gesprochen, Ihren Eltern vielleicht?
Louise Nein.
Maureens Stimme Mit anderen Verwandten? Mit einem Freund oder einer Freundin?
Louise Nein. Niemandem.
Maureens Stimme Wenn Sie möchten, kann ich Sie dabei unterstützen, es anderen zu erzählen.
Louise Danke, aber weil ich abtreiben muss, erzähle ich es lieber niemandem.
Maureens Stimme Warum glauben Sie, dass Sie abtreiben müssen?
Louise *lügt* Ich, ich habe Probleme.
Maureens Stimme Welche?
Louise *lügt* Gesundheitliche Probleme. Ich leide unter … Es fällt mir nicht leicht, darüber zu sprechen.
Maureens Stimme Lassen Sie sich Zeit.
Louise Wissen Sie, welche Gründe für einen Abbruch die Kommission akzeptiert?
Maureens Stimme Darüber können wir zu gegebener Zeit noch sprechen. Setzt Ihr Ex-Partner Sie unter Druck?
Louise Ich habe keinen Kontakt zu ihm. Könnten Sie mir bitte einfach den Ablauf erklären?
Maureens Stimme Ein Schritt nach dem anderen, ja? Erst mal kommen Sie zu uns in die Beratungsstelle und wir machen einen Test, um die Schwangerschaft zu bestätigen. Wir machen auch einen Ultraschall, um sicherzustellen, dass es sich um eine intrauterine Schwangerschaft handelt. Können Sie heute um 16 Uhr kommen?
Louise Ich komme, so schnell es geht.
Maureens Stimme Ich werde da sein und das Aufnahmegespräch mit Ihnen führen.
Louise Danke.

Maureens Stimme Sie sind nicht allein. (Pause.) Ich gebe Ihnen meine Telefonnummer. Darf ich mir Ihre aufschreiben? (Pause.) Maureen?
Louise Ich heiße Louise.
Maureens Stimme Louise. Ich notiere auch Ihre Adresse, dann kann ich gleich eine Akte für Sie anlegen. Sie sind in guten Händen.

6. Das Wiedersehen

Vera und Maureen stehen einander gegenüber. Vera ist im zweiten Trimester schwanger. Sie wagen nicht, sich hinzusetzen oder sich zu umarmen.

Maureen Puh.
Vera Danke, dass du dich mit mir triffst.
Maureen Ehrlich gesagt, wusste ich nicht, wie ich reagieren sollte … Du hast so oft angerufen. Du warst so … hartnäckig. Aber irgendwann dachte ich, vielleicht kann ich ja was lernen. Ich wundere mich, dass sie dich freigelassen haben …
Vera Offenbar habe ich einen guten Eindruck auf den Richter gemacht. Ich habe fast keine Auflagen. Ich muss mich nur von akkreditierten Krankenhäusern fernhalten und mich regelmäßig bei der Polizei melden, aber das ist kein Problem. Ich hatte viel Unterstützung. Ich will dir keine Schwierigkeiten machen, aber …
Maureen Ich dachte, vielleicht tut es dir gut, mal wieder in die Beratungsstelle zu kommen.
Vera Hier fühlt man sich …
Maureen … willkommen und getröstet.
Vera Genau.
Maureen Fast, als wäre das alles nie passiert, stimmt's?
Vera Ich weiß, das ist schwer zu verstehen …
Maureen Ich versuche gar nicht, es zu verstehen. Man muss nicht immer alles verstehen.
Vera Okay. Du freust dich sicher zu hören, dass mein Freund Schluss gemacht hat. Wegen den Ermittlungen und allem. Dieser Feigling …
Maureen *wechselt das Thema* Hast du Hunger?
Vera Nein.
Maureen Durst?
Vera Auch nicht.
Maureen Kann ich sonst irgendwas für dich tun?
Vera Maureen?
Maureen *entschieden* Wie schon gesagt, ich muss nicht alles verstehen.

Vera Ich muss dir was sagen.
Maureen Nicht nötig.
Vera Es lässt mich nicht los.

Pause.

Maureen Wenn man einen gewaltsamen Tod miterlebt, kann das zu Alpträumen führen.
Vera Nicht nur nachts, auch tagsüber. Ein Baby, immer dasselbe, so eine Art Zombie. Es will mir etwas sagen, aber es kommen keine Worte aus seinem Mund. Es ist auch kein richtiger Mund, eher ein Loch. Das Baby mit dem Loch im Gesicht starrt mich an.
Maureen Du hast etwas Schlimmes erlebt, Vera. Einen schweren Schock. Da ist es normal, dass du nicht schlafen kannst. Ich kenne das. Nimmst du Schlaftabletten?
Vera Nein.
Maureen Ich kann dir welche geben, ich habe sie dabei. Ich nehme die auch.
Vera Ich glaube, ich muss dem Baby …
Maureen kramt in ihrer Tasche Willst du? Ich habe welche dabei.
Vera … Zeit lassen …
Maureen findet die Tabletten Da sind sie!
Vera … mir zu sagen, was es mir mitteilen will.

Pause.

Maureen Egal, was in jener Nacht passiert ist, ich weiß, was mit dir los ist.
Vera Ja?
Maureen Ja. Ich habe im Lauf der Jahre auch ein paarmal versagt. Man kann nicht alle Leben schützen. Das ist unmöglich, damit macht man sich zu viel Druck. Ich denke lieber gar nicht erst dran.
Vera Es ist ganz anders gelaufen als geplant.
Maureen unterbricht sie Das kann ich mir vorstellen. Du gehst jetzt besser. Ich habe gleich einen Termin. (Pause.) Ich werde für dich beten.
Vera Du weißt doch, dass ich nicht an Gott glaube.
Maureen Das macht nichts. Eine Kerze kostet nur 2 Dollar, weißt du.
Vera lacht Na, dann. Danke. (Sie streckt Maureen eine Perlenkette hin.) Hier. Für dich. Hat meiner Großmutter gehört. Das ist das einzig Wertvolle, das ich besitze. Ich schenke sie dir.
Maureen Das kann ich nicht annehmen!
Vera Gefällt sie dir nicht?
Maureen Doch, doch. Sie ist wunderschön.
Vera Die Perlen sind echt. Ich will, dass sie in gute Hände kommen.
Maureen Die sind bestimmt ein Vermögen wert.

Vera Eigentlich bestehen Perlen aus Müll. Ein Sandkorn oder ein Steinchen, irgendein Fremdkörper dringt in die Auster ein, und um sich zu schützen, umhüllt sie den Eindringling mit Perlmutt. Also enthält jede Perle ein kleines bisschen Müll.
Maureen So gesehen macht es sie zu etwas Besonderem.
Vera Genau.
Maureen Willst du sie nicht aufheben? Für ... dein Kind?

Das Telefon klingelt. Maureen geht ran.

Maureen Schwangerschaftskonfliktberatung! Mein Name ist Maureen. Wie kann ich Ihnen helfen? (Pause.) Ja. (Pause.) Wirklich? Ich habe die Schlüssel mitgenommen? (Pause) Sicher, sicher. Ich bin sofort da! (Legt auf. Zu Vera.) Oh, nein. Die Kolumbusritter stehen vor verschlossener Tür und warten auf mich! (Blickt Vera prüfend an. Holt tief Luft.) Kannst du mir einen Gefallen tun?
Vera Ja.
Maureen Kannst du hier auf meine Klientin warten? Ich will den Termin nicht absagen. Sonst verliere ich sie, das spüre ich.
Vera Ich kann bleiben, klar. Ich mache das für dich. Für dich würde ich alles tun.
Maureen Bitte sie herein und gib ihr das Infomaterial. Sag ihr, dass ich kurz wegmusste, was Dringendes, dass ich aber gleich wieder da bin. Sonst nichts. Verstanden? Sonst nichts.

7. Schwangerschaftskonfliktberatung

Louise kommt herein, sie ist nervös. Vera empfängt sie.

Vera Louise? Ich habe dich erwartet. Maureen ist was Wichtiges dazwischengekommen, sie kommt ein bisschen später.
Louise Kennen wir uns?
Vera verärgert Nein.
Louise Hm. Ich habe dich irgendwo schon mal gesehen, ganz sicher. An der Uni?
Vera Kann sein.
Louise Was studierst du?
Vera Biologie.
Louise Dann nicht.
Vera Setz dich, dann haben wir es bequemer. (Sie mustern sich gegenseitig.)
Nicht lange her, da war ich in derselben Situation wie du.

Louise Ach, ja?

Vera reicht ihr Infomaterial. Louise blättert darin herum. Sie wird ungeduldig.

Vera Sonst arbeite ich nie am Empfang, aber mach dir keine Sorgen, ich habe das Seminar absolviert. (Pause.) Wenn du magst, können wir mit dem Fragebogen anfangen, bis Maureen kommt.
Louise Mir ist heiß.

Vera reicht ihr ein bereitstehendes Glas Wasser. Louise setzt sich und trinkt das Glas in einem Zug leer. Vera setzt sich ebenfalls. Sie schiebt ihren Sessel ein Stück näher an Louise heran.

Vera füllt Louises Glas auf Das ist normal. Man muss ganz viel Wasser trinken, wenn man schwanger ist.
Louise Ich glaube, ich habe heute noch nicht genug getrunken.
Vera Fangen wir mit dem Fragebogen an. Er ist ganz einfach.
Louise Okay.
Vera Wann war deine letzte Menstruation? (Louise bricht in Tränen aus. Vera reicht ihr die Box mit den Taschentüchern.) Wir können auch erstmal nur reden, wenn dir das lieber ist.
Louise Am 5. April.
Vera Soll ich weitermachen? (Louise nickt.) Warst du davor schon mal schwanger?
Louise Nein, es ist das erste Mal ... Mir wäre es lieber gewesen ... wenn ich mich darüber freuen könnte?
Vera Ich freue mich auch nicht. Ich behalte es nicht.
Louise überrascht Ach ... ?
Vera Ich gebe es zur Adoption frei. (Pause.) Bereit für den Ultraschall?
Louise Ah, ja ... Okay.
Vera Wir müssen sichergehen, dass wirklich eine Schwangerschaft besteht und dass sie intrauterin ist.
Louise Aber ... Ich will es lieber nicht sehen.

Vera zieht den Vorhang zur Seite, hinter dem der Untersuchungstisch und das Ultraschallgerät verborgen sind.

Vera Du kannst dich hinlegen.
Louise beunruhigt Machst du den Ultraschall?
Vera Keine Angst, ich habe das Seminar absolviert. Aber ich muss dich darauf hinweisen, dass wir keine ärztliche Ausbildung haben.
Louise Nicht?

Vera Wir bieten Beratung auf Augenhöhe an. Seit zwei Jahren dürfen Ultraschalluntersuchungen auch außerhalb von Krankenhäusern und Arztpraxen durchgeführt werden. Allerdings kommt man nur schwer an ein Gerät ran. Wir hatten großes Glück, ein Krankenhaus hat uns eines gespendet. Das gibt uns Frauen die Kontrolle über unseren Körper zurück, findest du nicht?
Louise Ich will einfach nur, dass es schnell vorbei ist.
Vera Dann lass uns anfangen.

Louise legt sich auf den Untersuchungstisch. Vera dreht den Bildschirm zu Louise.

Louise Ich will es nicht sehen.
Vera Du kannst die Augen zumachen. Ich lasse den Bildschirm zu dir gedreht, falls du es dir anders überlegst.
Louise dreht den Kopf weg und schließt die Augen Ich hoffe wirklich, dass es eine Eileiterschwangerschaft ist. Oder noch besser, gar nichts, falscher Alarm.
Vera Jetzt wird es kurz etwas kalt. (Vera gibt Gel auf Louises Bauch. Sie beginnt mit dem Ultraschall. Pause. Sie dreht den Lautstärkeregler des Apparats hoch.) Ich bestätige eine intrauterine Schwangerschaft. Und das Herz schlägt.
Louise steht auf Ich wollte das nicht hören.
Vera Entschuldige, du hast gesagt, dass du nichts sehen willst, aber von Hören hast du nichts gesagt.
Louise Das ist kein Herz ...
Vera Tut mir leid.
Louise Das sind elektrische Impulse. Bitte, ich brauche deine Hilfe ... Ich möchte einen Termin bei einer Kommission beantragen.
Vera Bist du sicher, das ist jetzt der richtige Moment für so eine Entscheidung?
Louise Ich wollte es nicht hören ...
Vera Löst der Herzschlag Gefühle in dir aus? Das liegt am Oxytocin. Ein sehr starkes Hormon.
Louise Wie kriege ich einen Termin bei einer Kommission?
Vera Du suchst nach einer schnellen Lösung, das ist ganz normal, aber denk doch mal langfristig. Egal, wie du entscheidest, es hat Konsequenzen. (Louise steht auf und sammelt ihre Sachen ein.) Ich weiß, das hört man nicht gern! Ich habe es selbst erlebt! Du brauchst Zeit zum Nachdenken. Lass dir Zeit.
Louise Du kennst mich nicht.

Louise geht zum Ausgang.

Vera Morgen siehst du klarer. Ich rufe dich morgen früh an. Passt dir 9 Uhr? Du bist stark. Stärker als du glaubst. Du musst dich ausruhen. Im ersten Trimester ist die Müdigkeit am schlimmsten.

```
Pause. Louise mustert Vera.
```

Louise Du siehst dieser Frau aus dem Prozess ähnlich ... Der Täterin im Fall McDuff, genau.
Vera `in die Enge getrieben` Ja, das höre ich oft ... Man kann sich seine Doppelgängerinnen nicht aussuchen!
Louise Entschuldige ...
Vera Maureen ruft dich morgen an. Sie ist die Beste.

8. Pressekonferenz

```
Simon Oldfield kommt zum Ende seiner Rede, die er abliest.
```

Simon Oldfield Wenn es um Leben und Tod geht, kann es keine Kompromisse geben. Ich weiß nicht, wie Sie das sehen, aber ich habe die Nase voll von Politikern, die um den heißen Brei rumreden, weil sie ihre Wählerschaft nicht verprellen wollen, beziehungsweise: weil sie die Großspender ihrer Partei nicht verprellen wollen. Ich hingegen setze seit Anfang meines Mandats auf Ehrlichkeit und Transparenz. Und ich weiß, dass ich damit anecke! Aber ich gehe die Dinge anders an als meine Vorgänger, die vorsichtig waren und immer nur vage Versprechungen gemacht haben. Bei meinem Gesetzentwurf geht es nicht um das Recht von Ärztinnen und Ärzten auf eine Gewissensentscheidung. Vielmehr appelliere ich an das Gewissen der Bürgerinnen und Bürger. Ein einfaches, klar formuliertes Gesetz, das darauf abzielt, Spätabtreibungen nach der 24. Woche zu verbieten, mit einer Ausnahme natürlich, wenn das Leben der Mutter unmittelbar in Gefahr ist. Die 24. Woche, das ist die Grenze, ab der das ungeborene Kind lebensfähig ist, das heißt, es handelt sich um ein fertig entwickeltes Baby, das sich bewegt und außerhalb der Gebärmutter leben kann. Ein Frühchen! Bisher regelt das Gesetz zum Gesundheitsschutz bei Schwangerschaftsabbrüchen nicht, bis zu welchem Zeitpunkt eine Abtreibung möglich ist, und als fortschrittliche Gesellschaft ist es höchste Zeit, dass wir diese Barbarei beenden.
Pressesprecherin Danke, Monsieur Oldfield. Jetzt können Sie ihre Fragen stellen.
Journalist*in `hebt die Hand` Hier! Die Statistiken zeigen, dass Schwangerschaftsabbrüche im dritten Trimester äußerst selten sind, weniger als 1% der Abbrüche ... und dass sie in den allermeisten Fällen medizinisch indiziert sind. Welches Ziel verfolgen Sie also mit Ihrem neuen Gesetz?

Simon Oldfield Sie haben recht, Spätabtreibungen sind selten. Im vergangenen Jahr waren es zwanzig Menschenleben, die hätten gerettet werden können. Zwanzig Kinder? Das ist eine ganze Grundschulklasse. Sind das zu wenige, um das Problem anzugehen?
Journalist*in Aber ... Haben diese Föten unter schweren Missbildungen gelitten? War das Leben der Schwangeren in Gefahr?
Pressesprecherin Ihre Redezeit ist um, die nächste Frage bitte.
Simon Oldfield Nein, schon gut, ich werde antworten. Ungefähr 400 Paare adoptieren hierzulande pro Jahr ein Kind. Das sind Eltern, die ein Kind lieben möchten und bereit sind, es zu versorgen, es bei sich zu Hause aufzunehmen, die sich den Herausforderungen und Risiken stellen wollen, die das Leben mit sich bringt!
Journalist*in Die Kommissionen bewerten schon jetzt jeden Einzelfall. Inwiefern würde sich Ihr Gesetz auf die Anzahl der Schwangerschaftsabbrüche auswirken?
Pressesprecherin Wenn Sie sich nicht an die Regeln halten, muss ich Sie bitten zu gehen.
Simon Oldfield Alles gut, kein Problem, ich werde die Frage beantworten. Ich bestreite ja gar nicht, dass jeder einzelne Fall hochkomplex ist, aber genau deshalb brauchen wir Leitplanken, klare Leitplanken, um die Werte unserer Gesellschaft zu schützen, eine Gesellschaft, die es verbietet, Kinder zu foltern, egal wie jung sie sind.
Journalist*in Monsieur Oldfield, ist Ihnen nicht bewusst, dass bei Schwangerschaftsabbrüchen nach der 22. Woche immer der Herzstillstand des Fötus herbeigeführt wird und es daher irreführend ist, von Folter zu sprechen?
Simon Oldfield Dieses Gesetz dient auch dem Schutz der betroffenen Frauen, denn bekanntermaßen besteht bei Schwangerschaftsabbrüchen immer auch die Gefahr von Komplikationen.
Journalist*in Jede Entbindung stellt eine größere Gefahr für die Gesundheit dar als sämtliche Formen von Schwangerschaftsabbrüchen. Sie argumentieren wie ein Abtreibungsgegner.
Pressesprecherin Security!
Simon Oldfield Ich scheue mich nicht, es laut zu sagen und das Tabu zu brechen: Ich bin gegen Abtreibung! Aber wir leben in einer Demokratie, und ich werde jede demokratisch getroffene Entscheidung respektieren. Ich nehme noch eine letzte Frage.
Journalist*in Ist Ihr neues Gesetz eine Strategie, um das Recht auf Abtreibung einzuschränken, ähnlich dem, was in den USA passiert ist?
Simon Oldfield Ich mache meine Hausaufgaben: Natürlich schaue ich, was anderswo gut läuft.
Journalist*in Monsieur Oldfield, seien Sie ehrlich, wollen Sie das Recht auf Abtreibung einschränken?

Pause.

Simon Oldfield Was Sie einschränken nennen, nenne ich absichern.

9. Der Bruch

Maureen und Vera stehen einander gegenüber. Maureen ist außer sich.

Maureen Was du getan hast, war falsch! So was von falsch! Ich habe versucht, sie anzurufen, aber sie geht nicht ran. Du bist schuld, dass wir sie verloren haben.
Vera Maureen! Es tut mir leid!
Maureen Du gehst jetzt besser.
Vera Ich weiß auch nicht, was in mich gefahren ist. Ich bin in letzter Zeit so durcheinander, so schrecklich durcheinander.
Maureen Ich dachte, ich könnte mich auf dich verlassen.
Vera Ich habe alles richtig gemacht. Alles. So wie du es mir beigebracht hast.
Maureen Du solltest ihr nur sagen, dass ich gleich komme. Du hast dich nicht an die Absprache gehalten. Sie ist ein schwieriger Fall, sie steht auf der Kippe.
Vera Ich musste, ich weiß auch nicht, ich musste meinen Kopf beruhigen, ja genau, das war es. Sie saß mir gegenüber und plötzlich hatte ich das Gefühl, ich könnte etwas tun. Ich schwöre dir, ich konnte ihr nicht nur sagen, dass du gleich kommst.
Maureen Dabei ist das so einfach.
Vera Ich weiß, aber ich es konnte nicht. Ich dachte: Das ist die Gelegenheit, es wiedergutzumachen. Den Tod des Babys wiedergutzumachen. Ihr Baby ist real. Es ist keine Vision, kein Geist. (Pause.) Ich will sein Leben schützen.
Maureen Du mischst dich nicht mehr ein. Ich übernehme das.
Vera Maureen, ich wollte dich was fragen ... Ich möchte, dass du mein Kind nimmst. Dass du es adoptierst.
Maureen Bist du verrückt? ... Dafür bin ich viel zu alt! Das sagst du nur, weil du willst, dass ich mich um dich kümmere. Nicht um dein Kind. Du kannst das schaffen, Vera.
Vera Nein, ich habe lang darüber nachgedacht, du bist genau die Richtige.
Maureen Quatsch! Meine Kinder sind groß und lange aus dem Haus! Ich will das nicht noch mal durchmachen. Außerdem würde ich es allein nicht schaffen.
Vera Würdest du es für deine Söhne tun? (Pause.) Wenn einer deiner Söhne sterben würde, würdest du seine Kinder bei dir aufnehmen?
Maureen Sag so was nicht.

Vera weint. Sie flüchtet sich in Maureens Arme. Pause. Maureen schiebt sie sanft von sich weg.

Maureen Oh, mein Gott. Ich kann das nicht.

10. Dekantieren

In Sylvias und Oliviers Wohnung. Er entkorkt eine Flasche Wein.

Olivier Hast du heute Nachtdienst?
Sylvia nickt Kein Wein für mich.
Olivier Schade, du bist viel lustiger, wenn du was getrunken hast.
Sylvia Mein Patient*innen fänden es sicher sehr lustig, von einer Hebamme betreut zu werden, die nach Fusel stinkt.
Olivier Das ist kein Fusel, das ist ein edler Tropfen.
Sylvia Mein Vorschlag: Du trinkst jetzt erst mal ein Glas auf Ex, denn wenn du was getrunken hast, bist du gesprächiger. Also, was ist los?
Olivier Meine Kanzlei wird Vera Villeneuve vertreten. (Pause. Sylvia erstarrt.) Die Angeklagte im Mordfall Marie McDuff?
Sylvia geschockt Wirklich?
Olivier Pro bono.
Sylvia Pro bono?
Olivier Mein Kollege wird das Schlussplädoyer halten.
Sylvia Wirklich?
Olivier Er hat mich gebeten, ihm zu helfen. (Schweigen. Er schenkt sich ein Glas Wein ein.) Das bringt mich in einen Gewissenskonflikt.
Sylvia Wäre nicht das erste Mal.
Olivier Dass ich überlege, ein Angebot aus moralischen Gründen abzulehnen? Das wäre das erste Mal in meiner Karriere.
Sylvia verbirgt mühsam ihr Unbehagen Das heißt, du bekommst Zugang zu den Beweisen. Zu allem, was über die Tat bekannt ist. Hast du zugesagt?
Olivier Ich habe meine Zulassung erst seit drei Jahren, ich habe keinen großen Spielraum. Willst du nicht wenigstens mal probieren? (Er lässt den Wein im Glas kreisen.) Hast du die Farbe gesehen, der Wein sieht aus wie ...
Sylvia kalt Blut.
Olivier Genau! Tiefrot, ein absolut undurchsichtiger Wein.
Sylvia Sauerstoffarmes Blut.

Er blickt Sylvia an. Er nimmt einen Schluck von dem Wein.

Olivier Krass.
Sylvia ausweichend Ist er gut?
Olivier Du bist krass.

Sylvia lacht gezwungen.

Sylvia Na schön. Okay. Gib mir auch was, ich will doch probieren.
Olivier Ich wusste es. (Er schenkt ihr ein Glas ein. Sie trinkt einen Schluck.) Was ist los?
Sylvia Ich bin humorlos. Hast du gesagt.
Olivier Hat es was mit dem Prozess zu tun?
Sylvia Nein.
Olivier Stört es dich?
Sylvia Warum sollte es?
Olivier Jeder hat das Recht auf eine Verteidigung. Selbst eine erklärte Abtreibungsgegnerin.
Sylvia Du brauchst mir keinen Vortrag zu halten, Olivier!
Olivier Ich versuche, dir mitzuteilen, in was für einem Dilemma ich stecke.
Sylvia Genau, und ich höre dir zu.
Olivier Ja?
Sylvia Ja.

Pause.

Olivier Ich kann schlecht ignorieren ... was das für gesellschaftliche Konsequenzen hat.
Sylvia Ob du direkt daran beteiligt bist oder nicht, macht keinen Unterschied. Deine Kanzlei bezieht Stellung.
Olivier Was soll ich machen? Die Kanzlei verlassen und nur bestimmte Fälle übernehmen? Bei meiner Arbeit geht es um Beweise. Ich verteidige Prinzipien, keine Verbrechen. Ich verteidige den Rechtsstaat.
Sylvia Tja, viele werfen ihre Ideale irgendwann über Bord.
Olivier Seit wann bist du so pessimistisch?
Sylvia Früher oder später musste es ja so kommen.
Olivier Ich werde nie aufhören, an das rechtstaatliche Prinzip zu glauben. Nur weil ich eine Diskrepanz zwischen meinen Wertvorstellungen und denen der Kanzlei feststelle, heißt das noch lange nicht, dass ich davon abrücke. Außerdem muss man in jedem Menschen das Gute sehen. Sonst gibt man seine eigene Menschlichkeit auf, und das wäre für mich das Schlimmste.
Sylvia Ich hätte nie gedacht, dass ich einmal in einer Welt leben würde, wo du sterben kannst, weil du Abtreibungen durchführst.

Olivier, hört nicht zu
Aber du hast recht, die Kanzlei bezieht sowieso Stellung, also bringt es nichts, wenn ich ablehne.

Sylvia trinkt einen großen Schluck von ihrem Wein.

Sylvia Was denkt dein Kollege?
Olivier Er denkt nicht, er sieht die Herausforderung.
Sylvia Nein, ich meine, zum Thema Abtreibung?
Olivier Ach so. Du bist wütend, weil ich mit Abtreibungsgegnern zusammenarbeiten werde?
Sylvia Ich arbeite auch mit Abtreibungsgegnern zusammen. Wir alle haben im Alltag mit Abtreibungsgegnern zu tun.
Olivier Okay. Was ist es dann?
Sylvia Es liegt an ... dieser Frau. Die ermordet worden ist.
Olivier Marie McDuff.
Sylvia Ja. (Pause) Es war dieselbe Nacht.
Olivier Ich weiß.
Sylvia Das hätte ich sein können.
Olivier Ich weiß.
Sylvia lügt Solche Sachen gehen mir durch den Kopf. Vielleicht hat ... die Person, die meine Abtreibung gemacht hat ... sie ja gekannt ...
Olivier War es ein Mann oder eine Frau?
Sylvia Kann ich nicht sagen.
Olivier Du hast damit angefangen.
Sylvia Ich will nicht darüber reden.

Schweigen.

Olivier Du hast mir gar nichts davon erzählt ... Ich wäre gerne dabei gewesen. Bei dir.
Sylvia Das ist zu deinem eigenen Schutz. Und zum Schutz der Person, die ... mir geholfen hat. Wer Abtreibungen durchführt, riskiert alles. Wirklich alles. Leute, die erwischt werden, können ihren Beruf nicht mehr ausüben. Wenn ihre Identität bekannt wird, ist es vorbei. Sie können niemandem mehr helfen. Sie leben in ständiger Angst und sind zu nichts mehr nütze! Verstehst du?!?
Olivier Schon gut, es ist vorbei.
Sylvia Sie ist tot.
Olivier Ja.
Sylvia Diese Frau ist wirklich tot.
Olivier Ich weiß.
Sylvia Und du wirst ihre Mörderin verteidigen.

Olivier Wir wissen noch nicht, ob es Mord war.

Sylvias Pager klingelt.

Sylvia Ich muss los. Eine Entbindung.

Sylvia geht. Olivier trinkt einen Schluck Wein.

Olivier Er muss noch ein bisschen atmen.

11. Maiskolbenfest

Simon Oldfield zu seiner Pressesprecherin Da wären wir. Das Maiskolbenfest der Kolumbusritter!
Maureen Unglaublich, dass ich Sie endlich kennenlerne. (Pause. Sie wirft Simon einen schüchternen Blick zu.) In Echt sind Sie noch viel echter.
Simon Oldfield Echt? (Lacht.) Und Sie sind?
Maureen flirtet Soll ich Ihnen einen kleinen Hinweis geben?
Simon Oldfield Warum nicht.
Maureen Seit zwei Wochen streichele ich jeden Tag Ihr Gesicht.
Simon Oldfield Äh, was?
Maureen Das war ein Witz! Wobei ...
Simon Oldfield Okay ...
Maureen Ich verteile Flugblätter für Ihr neues Gesetz.
Simon Oldfield Ach!
Maureen Klopf, klopf. (Sie wartet und sieht ihn schelmisch an.) Klopf, klopf?
Simon Oldfield Wer ist da?
Maureen Maureen.
Simon Oldfield Maureen.
Maureen Genau.
Simon Oldfield Ach so! (Er streckt ihr die Hand hin, sie ergreift sie. Für Maureen ist das ein fast religiöser Moment. Pause.) Ihre Arbeit ist so wichtig.
Maureen Danke!
Simon Oldfield Nein, ich muss mich bei Ihnen bedanken. Wirklich. Von Tür zu Tür laufen, einzeln mit den Leuten sprechen, sie in ihrer Wohnung aufsuchen. Alles für mich.
Maureen Das mache ich doch gern. Sie sind eine Ikone, Monsieur Oldfield.
Simon Oldfield Was wären wir ohne unsere Freiwilligen.

Maureen Haben Sie Kinder?
Simon Oldfield Noch nicht.
Maureen Das kommt noch.
Simon Oldfield Das ist mein größter Wunsch. Aber ich muss erst die Frau meines Lebens kennenlernen.
Maureen Das kommt schon noch! Ich weiß nicht, ob Sie einen Moment Zeit haben, aber wir bereiten gerade den MARSCH FÜR DAS LEBEN vor.
Simon Oldfield Dafür habe ich immer Zeit.
Maureen Ich habe einen Wettbewerb für die Kinder unserer Mitglieder organisiert. Die Kleinen haben Bilder gemalt, die Jugendlichen haben sich Slogans ausgedacht. Die zehn besten haben wir laminieren lassen. Wollen Sie mal sehen?
Simon Oldfield Na, klar! Immer her damit!

Simon drückt seinen Maiskolben seiner Pressesprecherin in die Hand. Maureen kommt mit den Schildern zurück. Eines davon fällt Simon besonders auf. Er muss lachen, dann liest er, beinahe gerührt, laut vor.

Simon Oldfield »Ich bin der Vater eines abgetriebenen Kindes.– Tommy, 17 Jahre.« Genau! Das wird leider immer vergessen. Es gibt auch Männer, die unter Abtreibungen leiden. Potenzielle Väter, die nie das Licht der Welt erblicken.
Maureen Keine Sorge, das kommt schon noch bei Ihnen.
Simon Oldfield Und die Slogans sind sogar alle auf Französisch. Nicht nur auf Englisch, wie sonst überall. Das gefällt mir.
Maureen Ehrensache.
Simon Oldfield Wollen wir nicht ein Foto machen?

Simon winkt seine Pressesprecherin herbei, sie soll ein Bild von ihnen machen.

12. Der Termin

Louise am Telefon Hallo, Simon. Ich noch mal. Deine Mailbox hat mich unterbrochen, bevor ich dich an meinen neuesten Erkenntnissen über unser großartiges Gesundheitssystem teilhaben lassen konnte. Also, hier die Fortsetzung: Weil nicht alle Krankenhäuser akkreditiert sind, musste ich bei vier verschiedenen anrufen, bis ich eines mit Akkreditierung gefunden habe. Das hat echt Spaß gemacht. Hey, wusstest du, dass die Krankenhäuser krasse Schwierigkeiten haben, drei Ärzt*innen aufzutreiben, die nicht im Burnout oder im Urlaub oder zu feige sind, um eine Kommission zu bilden? Und wenn du dann ein akkreditiertes Krankenhaus gefunden hast und das Krankenhaus drei Ärzt*innen aufgetrieben hat, wusstest du, dass es sein kann, dass die Anzahl der erlaubten Abtreibungen pro Jahr bereits überschritten ist? Es kann also sein, dass eine Frau, die in der achten Woche schwanger ist, zu hören bekommt, ich zitiere: Rufen Sie in einem Jahr noch mal an. Faszinierend, nicht? Dabei hat doch die Regierung immer wieder behauptet, die Kommissionen wären jetzt leichter zugänglich als zu Zeiten meiner Großmutter … Ich will mir nicht mal vorstellen, was wäre, wenn ich nicht in Montreal wohnen würde… Denkst du über so was auch manchmal nach? Und bevor ich dir verrate, ob ich es tatsächlich geschafft habe, einen Termin bei einer dieser großartigen Kommissionen zu bekommen, spiele ich dir ein bisschen Musik auf die Mailbox, schließlich ist deine Zeit nicht kostbarer als meine.

`Sie spielt eine schreckliche Warteschleifenmusik ab, wahrscheinlich Panflötenmusik.`

13. Die Wahrheit

`Büro in der Anwaltskanzlei.`

Vera Ihr Kollege hat's ja immer eilig!
Olivier Tut mir leid, Zeit ist Geld für ihn.
Vera Für Sie nicht?
Olivier `schaut auf die Uhr` Ich habe fünf Minuten, um Ihre Fragen zu beantworten. Falls Sie welche haben.
Vera Wie geht es jetzt weiter?
Olivier Wir sehen uns an, welche Beweise vorliegen und welche Präzedenzfälle es gibt, um herauszufinden, ob die Staatsanwaltschaft genug in der Hand hat.
Vera Haben Sie Kinder?
Olivier Nein.
Vera Wollen Sie welche?
Olivier Es ist kompliziert.
Vera Wenn ich aus dem Gefängnis komme, wird mein Kind fast so alt sein wie ich jetzt.
Olivier Noch ist nichts entschieden.
Vera Glauben Sie das wirklich? `(Pause.)` Ich habe Ihnen nicht die ganze Wahrheit gesagt.
Olivier Ich hole schnell meinen Kollegen dazu …
Vera `fällt ihm ins Wort` Ich will nicht mit ihm reden. Sie sind anders, Sie interessieren sich für mich. Sie haben sich Notizen gemacht und mir

zugehört. Aber eins muss ich Ihnen sagen, als ich erzählt habe, wie mich die Blutlache quasi magisch angezogen hat, hat man Ihnen die Zweifel angesehen. Daran müssen Sie noch arbeiten. Es hat sich angefühlt wie ein paar Sekunden, ein paar Minuten höchstens ... Irgendwie war die Zeit stehengeblieben, ich war wie gebannt, deshalb habe ich nicht gleich den Notruf gewählt. Sie glauben mir immer noch nicht? (Olivier fühlt sich unwohl.) Das macht nichts, deshalb möchte ich ja auch, dass Sie die Wahrheit erfahren.
Olivier Was wollen Sie mir anvertrauen?
Vera Ich möchte nicht, dass Sie sich Notizen machen. Sie dürfen das vor Gericht nicht verwenden.
Olivier Ich bin verpflichtet ...
Vera Das ist meine Bedingung.

Pause.

Olivier Einverstanden.
Vera Ich habe behauptet, dass ich allein war, aber ich gehöre zu einer Organisation. So sind die Regeln: Wenn man verhaftet wird, streitet man jede Verbindung ab. Unsere Organisation wird von einflussreichen Leuten finanziert. Bekannten Leuten. Die viel zu verlieren haben.
Olivier Wurden Sie unter Druck gesetzt? Hat man Ihnen gedroht?
Vera Nein. Es war meine Idee, meine Schwangerschaft zu nutzen, um eine Gruppe zu infiltrieren, die illegale Abtreibungen durchführt. Aber wenn man dann so einer Mörderin gegenübersteht, Ihnen passiert das ja öfter, aber ich ... Daran hatte ich nicht gedacht. An den Menschen hinter der Tat. Es ist schwer, jemanden zu hassen, der vor einem steht.
Olivier Um ehrlich zu sein, geht es bei unseren meisten Fällen um Alkohol am Steuer.
Vera lächelt Kleine Fische im Vergleich zu mir.
Olivier deutet ein Lächeln an Kann man so sagen.
Vera Ich fand sie nett.
Olivier Empfinden Sie Reue?
Vera Nicht bei ihr. Ich hatte nicht vor, sie zu töten, aber trotzdem ist es beruhigend, dass sie niemanden mehr umbringen kann, finden Sie nicht? Ich fühle mich wohl in Ihrer Gegenwart. Danke.
Olivier Das ist ... mein Job.
Vera Nein, es liegt an Ihnen.
Olivier Na, dann ... Umso besser!
Vera Ihre Zeit ist um.
Olivier Wie meinen Sie das?
Vera Sie hatten fünf Minuten. Jetzt sitzen Sie schon doppelt so lang hier. Sehen Sie, so ist das manchmal.

Olivier blickt sie verständnislos an.

Vera Mit der Zeit. Manchmal wird man magisch angezogen und verliert jedes Zeitgefühl.
Olivier Entschuldigen Sie, ich muss jetzt wirklich los.
Vera Ich möchte Ihnen alles erzählen. Von Anfang bis Ende. Ich habe nichts mehr zu verlieren. Danke.

14. Klinkenputzen

Vor Louises Wohnungstür.

Maureen Guten Tag! Ich gehe von Tür zu Tür und sammle Lebensmittel und Sachspenden für Bedürftige. Die Menschen haben nicht nur an Weihnachten Hunger!
Louise Warten Sie kurz.

Louise verschwindet und kehrt mit einer Packung Tampons zurück.

Maureen verunsichert Oh. Äh … klar. So was können wir sicher auch gebrauchen! Männer haben's gut, was?
Louise Das ist alles, was ich geben kann.
Maureen Nein, das ist wunderbar! Die sind teuer! Das ist eine tolle Spende, vielen Dank! (Sie betrachtet die Tampons.) Eigentlich haben wir es gut. Im Frausein liegt so viel Stärke, so viel Macht. Ich sage »wir«, aber bei mir ist es schon lange vorbei. Wir sollten diese Macht nutzen, solange es geht, finden Sie nicht? (Louise schließt die Augen und atmet aus.) Alles in Ordnung?
Louise Mir ist kurz schwarz vor Augen geworden.
Maureen Es geht mich zwar nichts an, aber das ist nicht normal.
Louise Bei mir ist es normal. Für welche Organisation sammeln Sie noch mal?
Maureen Für die Kolumbusritter. Das gehört zu den ehrenamtlichen Aktivitäten, die von den Ehefrauen der Mitglieder organisiert werden. Mein Mann war Kolumbusritter.
Louise Na, dann … Schönen Tag noch!
Maureen Es geht mich zwar nichts an, aber Sie sollten zum Arzt gehen.
Louise Das werde ich.
Maureen Man kann nie wissen. Manchmal denkt man, es wäre nur eine Kleinigkeit, und dann ist es was richtig Schlimmes. Bei meinem Mann war das auch so. Er hatte leichte Kopfschmerzen, und dann war es ein erbsengroßer Tumor direkt hinter dem Auge.

Louise Ich habe keinen Krebs, ich bin schwanger und esse nicht genug. (Sie präzisiert.) Weil mir schlecht ist. Mir ist ständig schlecht.
Maureen erleichtert Wie weit sind Sie denn?
Louise in die Enge getrieben Achte Woche.
Maureen Größer als eine Erbse.
Louise Was?
Maureen Ihr Baby.
Louise Wie der Tumor Ihres Mannes. Entschuldigen Sie, wenn ich etwas gereizt bin, aber ich behalte es nicht. In einer Woche um diese Uhrzeit sitze ich vor dem Abtreibungskomitee, und dann habe ich es endlich hinter mir. Krass, oder? Sie sind nett, es ist nicht Ihre Schuld, aber ... Die Situation ist mir unangenehm.
Maureen Nein, nein, ich muss mich bei Ihnen entschuldigen. Ich bin aufdringlich gewesen. Manchmal merke ich es gar nicht. Aber andererseits bin ich froh darum, denn Sie haben mir ...
Louise ... Tampons gegeben.
Maureen Hoffnung, wollte ich sagen. Wo Leben ist, da ist auch Hoffnung. Werfen Sie hier mal einen Blick rein. (Maureen drückt Louise ein Faltblatt der Schwangerschaftskonfliktberatung in die Hand.) Ich war unglücklich damit, wie es bei Ihnen gelaufen ist. Man hat Sie nicht gut beraten.
Louise Maureen?
Maureen Ich möchte Ihnen wirklich helfen. Ich mache mir Sorgen um Sie.
Louise Sie sind zu mir nach Hause gekommen?!
Maureen Ich wollte, dass Sie wissen: Falls Sie irgendetwas brauchen, bin ich für Sie da. Egal zu welcher Uhrzeit.

15. Nachts

Sylvia sitzt schweigend im Dunkeln. Sie benutzt ihr Asthmaspray.

Sylvia sehr leise Ein kleines Herz und noch ein kleines Herz und noch eins ...

Olivier nähert sich verschlafen.

Olivier Du bist wach?
Sylvia Ich habe hier nur kurz Halt gemacht.
Olivier Und du warst auf dem Weg ...?
Sylvia Ins Bett.
Olivier Du warst noch gar nicht im Bett? Es ist mitten in der Nacht. (Pause.) Was machst du hier?

Sylvia Weiß nicht.
Olivier Okay?
Sylvia Und warum bist du wach?
Olivier Ich hatte einen Albtraum. Einen dummen Albtraum. Da waren böse Augen, die mich angestarrt haben. Und dann bin ich gefallen und auf dem Boden aufgeschlagen ... oder jemand hat mich geschubst, ich weiß es nicht genau. Davon bin ich aufgewacht.
Sylvia Warum erzählst du mir das?
Olivier Nur so! Du sitzt hier im Dunkeln, seit mehreren Nächten kannst du nicht schlafen, ich versuche, dir zu ... zu ... Es ist 4 Uhr morgens, ich bin nicht ganz klar im Kopf. Komm schlafen. Komm mit ins Bett.
Sylvia Du bist mir böse.
Olivier Was?
Sylvia Die bösen Augen aus deinem Traum, das bin ich.
Olivier Hör auf.
Sylvia Ich kenne dich. Du bist mir böse.
Olivier Na, schön. Und warum bin ich dir böse?
Sylvia Du warst so glücklich, als ich dir den positiven Test gezeigt habe. Ich habe dich noch nie so glücklich gesehen.
Olivier Das stimmt.
Sylvia Du willst ein Kind. Das wird immer zwischen uns stehen. Da kann es keinen Kompromiss geben.
Olivier Warte mal ... Machst du etwa gerade Schluss mit mir?
Sylvia Ich habe lang darüber nachgedacht. Es ist besser für dich.
Olivier Das ist es also? Dann steh dazu und tu nicht so, als würde es an meinem Kinderwunsch liegen. Du wolltest auch Kinder! Das war eine gemeinsame Entscheidung. Und wenn du nur mir zuliebe ja gesagt hast, wenn du zwei Jahre lang versucht hast, schwanger zu werden, um mir einen Gefallen zu tun, tut mir leid, dann habe ich das nicht mitgekriegt, tut mir wirklich leid, aber müssen wir dieses Gespräch unbedingt jetzt führen?
Sylvia Du bist mir böse. Weil es dein Lebenstraum ist, Vater zu werden!
Olivier Jetzt mal langsam. Liegt es daran, dass du mich nicht mehr liebst? Sei ehrlich
Sylvia Nein!
Olivier Nein, was?
Sylvia Nein, ich liebe dich immer noch. Aber ich ...
Olivier Verdammt! Jag mir doch nicht so einen Schreck ein! Jetzt hör mir mal zu. Ich bin dir nicht böse wegen der Abtreibung. Glaub mir das. Du musst keine Schuldgefühle haben. Wegen gar nichts.
Sylvia Du hast gesagt, du hättest dabei sein wollen.
Olivier Weil ich dich liebe. Weil das hart für dich war. Nehme ich an? (Schweigen.) Also ja, ich bin dir böse.

Sylvia Und genau deshalb müssen wir Schluss machen! Damit du jemand Neues kennenlernen kannst!
Olivier Hör auf! Ich wollte ein Kind mit dir. Ich habe doch gesagt, du bist der einzige Mensch, mit dem ich mir das vorstellen kann. Und du wolltest es auch. Und dann hast du es dir anders überlegt. Was auch völlig in Ordnung ist, man kriegt doch kein Kind, bloß um jemand eine Freude zu machen! Ich will kein Kind um jeden Preis, klar? Ja, ich bin dir böse, aber nur, weil du mir nichts mehr erzählst. Wir müssen über diese Nacht sprechen. Was habe ich nicht mitgekriegt? Seit wann kannst du nicht mehr mit mir reden? Ich habe keine Ahnung, was im Moment in dir vorgeht. Ich will für dich da sein, aber du musst es zulassen. Ich liebe dich. Lass uns reden.
Sylvia Nicht jetzt.
Olivier Wann immer du willst. (Pause.) Am besten tagsüber.
Sylvia Nach dem Kaffee?
Olivier Ja, verdammt.

16. Auf dem Weg zum Komitee

Vor Louises Wohnungstür.

Louise Was machen Sie hier?
Maureen Ich habe ein gutes Gedächtnis. Sie haben gesagt: »In einer Woche, um diese Uhrzeit.«
Louise Ticken Sie noch ganz richtig? Lassen Sie mich in Ruhe.

Louise geht davon. Maureen folgt ihr.

Maureen Haben Sie Angst, finanziell nicht über die Runden zu kommen? Liegt es daran?
Louise Nein.
Maureen Da kann ich Ihnen nämlich helfen.
Louise Das will ich nicht.
Maureen Wir können Ihnen helfen, ich bin nicht allein. Wir sind viele, und wir sind gut organisiert.
Louise Das, was ich will, passiert jetzt gleich. Ich bin auf dem Weg dahin.
Maureen Sind Sie sicher, Louise? Wenn du in dich reinhörchst, was hörst du da?
Louise Mein Herz, das schlägt. Es rast ...
Maureen gleichzeitig Zwei Herzen, die schlagen.
Louise ... weil ich vor Ihnen wegrennen muss!
Maureen Wir können dir helfen.
Louise Lassen Sie mich in Ruhe!

Maureen Überleg es dir gut! Wenn man Teil einer Gemeinschaft ist, kann man alles schaffen. Um ein Kind großzuziehen, braucht es ein ganzes Dorf. Ich kann dir eins bieten.
Louise `bleibt stehen` Ihre Kalendersprüche können Sie sich sonst wohin stecken! Ich lass mich nicht manipulieren!
Maureen Du willst nicht Mutter werden. Das ist in Ordnung. Es gibt andere Möglichkeiten. Gewaltlose. In Adoption steckt das Wort Option. Hast du darüber schon einmal nachgedacht?
Louise Halten Sie verdammt noch mal den Mund!
Maureen `verletzt` Na, gut. Dann lasse ich dich jetzt in Ruhe, du kannst ja auf dem Weg zum Krankenhaus noch mal darüber nachdenken. Ich habe getan, was in meiner Macht steht. Ich kann mir keinen Vorwurf machen.
Louise Warum tun Sie das? Warum tust du das, Maureen?

`Maureen kommt zu ihr zurück.`

Maureen Weil das Leben heilig ist.
Louise Und was ist mit mir? (Pause.) Ernsthaft: Zählt mein Leben gar nicht?
Maureen Das ist etwas Großes, größer als ich, größer als du.
Louise Das Leben ist kompliziert. Prinzipien sind schön und gut, aber Situationen, Gründe, Menschen sind viel komplizierter. Was siehst du, Maureen?
Maureen Deine Not, deshalb bin ich hier.
Louise Du machst alles viel schlimmer, Maureen! Jemanden gegen seinen Willen zu etwas zwingen, hat doch nichts mit Gewaltlosigkeit zu tun. Du siehst meine Not nicht. Überhaupt nicht. Sonst würdest du mich bei der Hand nehmen und mit mir zusammen zu dem Scheißkomitee gehen! Und du würdest draußen auf mich warten, mit deiner verdammten Taschentücherbox, und würdest erst mal gar nichts sagen, um mir den Raum zu geben, den ich brauche, um mich von der Demütigung zu erholen. Drei Leute, die keine Ahnung von mir haben, entscheiden über meine Zukunft, über meinen Körper, über mein Leben, drei Leute haben mehr Macht über mich als ich selbst. Und danach würden wir zusammen Steine gegen die Tür von diesem Arschloch werfen, bis er aufmacht und ich ihm auf die Schuhe spucken kann, die teuren Lederschuhe, mit denen er unbeschwert durchs Leben spaziert und die Karriereleiter raufklettert, denn ich weiß ganz genau, dass seine sogenannten Überzeugungen bloß Mittel zum Zweck sind. Wenn du meine Not wirklich siehst, sag diesem Arschloch Simon Oldfield, falls du ihm mal begegnest, er soll den Körper anderer Leute in Ruhe lassen. Ich hab echt den Jackpot geknackt, den schlimmsten Erzeuger von allen erwischt. Gegen einen Politiker kann man nicht gewinnen.

17. Maureen on a mission

Maureen steht aufgebracht vor Simon Oldfields Wohnungstür. Sie trägt
mehrere große Einkaufstaschen.

Maureen klopft erneut Klopf, klopf!

Pause. Simon öffnet die Tür.

Maureen Monsieur Oldfield?
Simon Oldfield Ja.
Maureen Ich weiß nicht, ob Sie sich an mich erinnern ...
Simon Oldfield denkt nach Hm.
Maureen Das Maiskolbenfest?
Simon Oldfield denkt weiter nach Hm, hm.
Maureen Die Kolumbusritter?
Simon Oldfield denkt immer noch nach Ah ja, aber Ihr Name ... Helfen Sie mir auf die Sprünge?
Maureen Mo ... Mo ...
Simon Oldfield Maureen!
Maureen Genau. Tut mir leid, wenn ich Sie beim Abendessen störe.
Simon Oldfield Das Essen ist noch im Ofen, ich habe also einen Moment Zeit.
Maureen Ich bin nicht zum Vergnügen hier.
Simon Oldfield Was?
Maureen So habe ich das nicht gemeint! Oje. Ich hätte Sie lieber bei einer anderen Gelegenheit wiedergesehen. Das ist, wie wenn man jemanden zufällig auf einer Beerdigung wiedertrifft ... Auf Beerdigungen spürt man am deutlichsten, wie die Zeit vergeht ... Und auf Geburtstagen. Aber heute ist nicht ihr Geburtstag.
Simon Oldfield Nein.
Maureen Genau.

Pause.

Simon Oldfield Ist jemand gestorben?
Maureen Nein, nein! Tut mir leid, ich bin so ungeschickt!
Simon Oldfield Woher haben Sie eigentlich meine Adresse?
Maureen Sie haben im Wahlkampf an die Kolumbusritter gespendet, deshalb hatte der Ordensrat Ihre Adresse.
Simon Oldfield Verstehe.
Maureen Ich habe eine wichtige Information. Die Sie betrifft.
Simon Oldfield Beruflich?

Maureen Privat.
Simon Oldfield Okay.

Pause.

Maureen Vielleicht sollte ich nicht länger um den heißen Brei herumreden, sonst überlege ich es mir noch anders. Und das würde mich sehr traurig machen.
Simon Oldfield Das wollen wir natürlich nicht. Nur raus damit.
Maureen Sie erwarten ein Kind.
Simon Oldfield Woher ...?
Maureen Deswegen bin ich hier.
Simon Oldfield Woher wissen Sie das?
Maureen Zufall? Vielleicht auch Schicksal?
Simon Oldfield Wer? Wer hat Ihnen davon erzählt?
Maureen Louise. So heißt die Mutter. Herzlichen Glückwunsch. Sie sind Vater.
Simon Oldfield Neinein.
Maureen Aber die Zeit drängt. Sie hatte bereits ihre Anhörung vor dem Komitee. Ich weiß das aus sicherer Quelle, ich war mit ihr da. Sie will es loswerden.
Simon Oldfield Loswerden?
Maureen Das Kind.
Simon Oldfield Das darf doch nicht wahr sein.
Maureen Ich weiß, schrecklich. Natürlich kann ich nicht jedes Mal den Vater ausfindig machen, aber als ich erfahren habe, dass Sie es sind, konnte ich nicht anders. Ich fand es unerträglich, dass Sie ahnungslos sind. Ich konnte nicht anders, es war wie eine Mission! Manchmal habe ich so ein Gefühl, und für einen guten Menschen wie Sie geht man gerne auch mal ein Risiko ein.
Simon Oldfield Haben Sie jemandem davon erzählt? Außer mir, meine ich? (Maureen schüttelt den Kopf.) Gut.
Maureen Nur Sie und ich wissen Bescheid.
Simon Oldfield aufgewühlt Denk nach, Simon, denk nach. Maureen! Sie dürfen mit niemandem darüber sprechen. Das muss unser kleines Geheimnis bleiben.
Maureen Nein, nein, Sie müssen mit ihr darüber sprechen. Sie hat das Herz am rechten Fleck. So was spüre ich. Sie ist wütend, aber sie hat das Herz am rechten Fleck.
Simon Oldfield Nein. Das mit ihr war nichts. Ein Abend, eine Nacht, nichts Ernstes!
Maureen Wie meinen Sie das?

Simon Oldfield Die Entscheidung liegt jetzt beim Komitee, ich vertraue auf ihr Urteil.
Maureen Aber ...
Simon Oldfield aggressiv Halten Sie sich da raus! Gehen Sie nach Hause!

Pause. Maureen starrt ihn an.

Maureen Sie haben vorhin gesagt: »Woher wissen Sie das?«
Simon Oldfield Was?
Maureen Ich habe ein gutes Gedächtnis. Das ist eine meiner Stärken, ich vergesse nie etwas. Vorhin war ich zu aufgeregt, deshalb hat es nicht gleich klick gemacht. Sie wussten längst Bescheid? (Pause.) Bitte beantworten Sie mir diese einfache Frage.
Simon Oldfield Louise kann das Kind nicht austragen. Das wäre gefährlich für sie. (Pause.) Wie viel?
Maureen Was?
Simon Oldfield Wie viel für ihr Schweigen?
Maureen Das ist ja schrecklich. Was Sie da sagen. (Maureen lässt die Einkaufstaschen los, Dutzende von tiefgefrorenen Hühnchenpasteten für das Festessen der Kolumbusritter fallen heraus.) Das kann nicht sein. Das kann nicht sein. Das passt nicht zu dem Bild, das Sie abgeben. Das passt nicht zu der Vorstellung, die man von Ihnen hat. Nein, das geht nicht. Das passt nicht zu den Schuhen, die Sie tragen. Zu dem Traum, den Sie verkaufen.

Die Backofenuhr klingelt.

Simon Oldfield Mein Abendessen ist fertig.
Maureen Das kann nicht sein. Das kann nicht sein. Das kann doch nicht wahr sein.

Maureen beginnt laut schluchzend zu weinen. Simon versucht, sie zum Schweigen zu bringen.

Simon Oldfield Maureen ...
Maureen Sagen Sie nicht meinen Vornamen! Ich habe mich in Ihnen getäuscht. Das passiert mir nie. Was ist los mit mir? Was ist bloß los mit mir? Meine Intuition funktioniert nicht mehr. Das ist kein gutes Zeichen. Ich werde jetzt gehen, mit ihrem Geheimnis, und den Kolumbusrittern die Hühnchenpasteten bringen, die ich nicht selber backen konnte, weil ich Ihnen helfen wollte. Ich werde den Kolumbusrittern Hühnchenpasteten vorsetzen, auf die ich diesmal überhaupt nicht stolz sein kann. Die Leute

werden sicher sagen, das macht nichts, und trotzdem alles aufessen. Das wird mein letztes Festessen. Der Kreis schließt sich. Nach der Beerdigung meines Mannes haben wir auch Hühnchenpasteten gegessen. Heute ist sein Todestag. (Maureen sammelt die Schachteln ein und verstaut sie wieder in den Einkaufstaschen.) Sie sind aufgetaut. Mein Gott. Du heiratest, ziehst deine Kinder groß, gehst arbeiten, deine Kinder gehen weg, weit weg, dein Mann stirbt, ganz plötzlich, so schnell, dass du nicht einmal Zeit hast dir zu überlegen, wie das gehen soll, ohne ihn. Manchmal kommt man schnell darüber hinweg, wenn jemand stirbt, und manchmal nie.

18. Kopfschmerzen

Olivier in seiner Wohnung. Er hört sich die Aufnahmen an, die die Polizei nach dem Mord an Marie McDuff am Tatort sichergestellt hat. Ms Stimme erklingt von Band.

Aufzeichnung Mitternacht. Es ist noch früh, eigentlich könnte ich mich entspannen. (Von der Eingangstür kommt ein Geräusch.) S? (Pause.) S? Bist du das? (Pause.) Scheiße. (Die Aufnahme bricht ab.)
Aufzeichnung Ein Uhr morgens. 1-R, der erste Termin heute Nacht. Eine junge Frau aus Syrien, 17 Jahre alt, in Begleitung ihrer Großmutter. Die Familie ist vor zwei Jahren hergekommen. Sie verheimlicht ihren Eltern, dass sie die Pille nimmt. Sie ist sicher, dass sie bei der Einnahme alles richtig gemacht hat. Ihre Großmutter hat uns gefunden. Sie hat sich sonntags nach der Kirche mit einer Frau unterhalten, die ihr von uns erzählt hat. Sie hat alles für ihre Enkelin organisiert. Der Rest der Familie weiß von nichts.
Aufzeichnung 1 Uhr 45. Der nächste Termin, 2-F, 25 Jahre alt. Er hat versucht, sich die »Pille danach« zu besorgen, aber in seinem Viertel hatte die, oh Wunder, keine einzige Apotheke vorrätig. Er ist mit seinem Bruder gekommen. Sie haben die ganze Zeit Witze gegen die Anspannung gerissen.
Aufzeichnung 2 Uhr 30. 3-B ist ohne Begleitung gekommen. Während des Eingriffs hat sie die ganze Zeit geflüstert: »Thank you, thank you, thank you, thank you so much …«
Aufzeichnung 3 Uhr 17. 4-P, der vierte Termin, leicht verspätet. Sie war in Begleitung einer Freundin. 23 Jahre alt. Sie hatte nicht gemerkt, dass sie schwanger ist, weil ihr Zyklus wegen ihres Drogenkonsums sehr unregelmäßig war. Erst wollte sie das Kind behalten. Sie wollte ihm zuliebe mit den Drogen aufhören, aber sie hat es nicht geschafft. Ihr Umfeld war sehr erleichtert, als sie es sich anders überlegt hat.

Sylvia kommt herein. Sie erstarrt, als sie Ms Stimme hört. Sofort laufen ihr Tränen über die Wangen.

Aufzeichnung 4 Uhr. Der fünfte Termin, 5-C. Es ist ihre zweite Abtreibung, die erste illegale. Sie ist zusammen mit ihrem neuen Freund gekommen. Er ist 60, sie 46. Sie hatte vor über einem Jahr ihre letzte Menstruation und war sicher, dass sie nicht mehr schwanger werden kann. Sie hat keine Kinder. Er hat zwei, mit denen er sich gut versteht, das war ihm wichtig. Eine Freundin von einer Freundin seiner Tochter hat den Kontakt hergestellt. 5-C hat Diabetes und Bluthochdruck. (Olivier bemerkt Sylvia und geht auf sie zu. Die Aufnahme läuft während ihres Gesprächs zunächst weiter.) Ich habe sie informiert, dass eine Gefahr für die Gesundheit oder das Leben der Schwangeren vom Komitee als Grund anerkannt wird, und dass eine legale Abtreibung sicherer ist. Sie wollte nichts davon wissen. Sie wollte sich der Demütigung nicht aussetzen. Ich habe den Eingriff vorgenommen. Beide haben die ganze Zeit geweint.
Olivier Alles in Ordnung?
Sylvia Kannst du ... Kannst du das bitte ...
Olivier Was hast du denn?
Sylvia Mach das aus!
Olivier stürzt sich auf das Diktiergerät Natürlich.
Sylvia Bitte?
Olivier Schon erledigt. Ich. Hätte das nicht einfach laut abspielen sollen ...
Sylvia Tut mir leid. Ich habe ... Kopfschmerzen.
Olivier Schon wieder?
Sylvia Ich ... Mein ganzer Kopf hämmert.
Olivier Du solltest damit vielleicht mal zum Arzt.
Sylvia Nein, nein, das ist nichts. Nur Migräne. Deshalb reagiere ich so empfindlich. Vor allem auf Geräusche. Tut mir leid.
Olivier Ich nehme Kopfhörer.
Sylvia Danke dir. (Pause.) Das ist sie, oder? Das ist ihre Stimme? Die Stimme von Marie McDuff?
Olivier Ja.
Sylvia Ihre Stimme, die nach ihrem Tod weiterlebt?
Olivier Könnte man so sagen. (Pause.) Irgendwie ist das komisch. All diese Buchstaben, diese verschlüsselten Namen.
Sylvia fällt ihm beinahe ins Wort Seit wann bringst du Beweismittel mit nach Hause?
Olivier Ich bin fast fertig.
Sylvia Olivier.
Olivier Was?
Sylvia Ich kenne dich.

Pause.

Olivier Vera Villeneuve. Ich bekomme Informationen von ihr.
Sylvia Wie meinst du das?
Olivier Manche Sachen erzählt sie nur mir. Sie wartet, bis die Besprechung vorbei ist und vertraut mir dann gewisse Dinge an.
Sylvia Gewisse Dinge …
Olivier Details. Über sich selbst, über diese Nacht, die Nacht vom 8. Februar.
Sylvia Was für Details? Das gefällt mir nicht. Das ist komisch. Warum redet sie ausgerechnet mit dir?
Olivier Keine Ahnung! (Pause.) Die Kanzlei will nicht, dass sie sich schuldig bekennt.
Sylvia Hat die Staatsanwaltschaft nicht genug in der Hand?
Olivier Nicht was das Motiv angeht, da können wir alles anzweifeln. Aber das ist nicht im Interesse meiner Mandantin! Die Kanzlei will den Prozess benutzen, um Sichtbarkeit zu erzeugen! Sie wollen Publicity, sie wollen ein politisches Statement abgeben, das gesellschaftliche Klima ist günstig dafür. Das macht mich wütend! Ich bin total durcheinander, ich weiß nicht mehr, wo ich die Grenze ziehen soll. Durcheinander, total durcheinander.

Olivier greift nach den Kopfhörern.

Sylvia Und was glaubst du, kannst du herausfinden, wenn du dir anhörst, was diese Frau von ihrer letzten Nacht erzählt? … Ist das nicht ein bisschen makaber?
Olivier Berufsgeheimnis. Willst du einen Espresso oder ein feuchtes Handtuch?
Sylvia Was?
Olivier Gegen die Kopfschmerzen.
Sylvia Ach so! Nein danke, ich … Ich lege mich besser hin.

Olivier küsst sie auf die Stirn. Er setzt die Kopfhörer auf und startet die Aufnahme.

Aufzeichnung 4 Uhr 45. 6-A ist am Boden zerstört. Ihr Partner hat sich von ihr getrennt, als er erfahren hat, dass sie schwanger ist. Sie traut sich nicht zu, ein Kind alleine großzuziehen.

Aufzeichnung 6 Uhr 40.
Sylvias Stimme: »Bitte sag nichts von mir.« 7-V, die Siebte und Letzte heute Nacht, ist nicht gekommen.

Olivier stockt der Atem. Er spult zurück und hört sich die letzte Aufzeichnung noch einmal an, um sich zu vergewissern, dass er wirklich Sylvias Stimme gehört hat.

Aufzeichnung Sylvias Stimme: »Bitte sag nichts von mir.«

Olivier sieht Sylvia an. Sie scheint eingeschlafen zu sein.

19. Kairos

Mitten in der Nacht. Simon in heller Panik am Telefon.

Simon Oldfield Kairos. Er hat mich besucht. Im Traum. Es war so realistisch.
Er war es wirklich, ich habe ihn erkannt. Ihn gespürt. Er ist mir erschienen.
Was?
Nein, Kai-ros. Aus der griechischen Mythologie. Der Gott der günstigen Gelegenheit, der Chance, die man ergreifen muss.
Er war nackt und hatte vorne so eine lange Haarsträhne.
Er lief an mir vorbei, und sein Haar streifte meinen Arm.
Sobald du das spürst, darfst du nicht lange zögern.
Es gibt nur drei Möglichkeiten: Entweder du tust gar nichts, oder du greifst nach seiner Haarsträhne, bekommst sie aber nicht zu fassen, oder du greifst danach und packst sie.
Tja, ich habe es nicht einmal versucht! Ich habe Kairos nicht beim Schopf gepackt.
Ich habe Angst, große Angst, riesengroße Angst.
Das Glück wird mir nicht hold sein, oder? Will Kairos mir das sagen?
Seit Jahren habe ich auf diesen Moment hingearbeitet.
Seit Jahren.
Mit Disziplin. Mit Intelligenz. Mit allem, was ich habe.
Warum habe ich es nicht kommen sehen? Wann ist mir mein Gespür abhandengekommen?
Dabei habe ich meine Hausaufgaben gemacht. Ich habe meine Hausaufgaben gemacht, Mama.
Warum passiert das ausgerechnet mir?
Ich weiß nicht, was ich tun soll.
(Er beginnt zu weinen.)
Was?
Ja. Hm, hm. Hm, hm. Ja, klar. (Er hört seiner Mutter lang zu und lacht dabei wie ein Kind unter Tränen.) Ja, ich bin dein kleiner Räuber. Ja. Jaaaaaa. Danke, Mama. Tut mir leid, dass ich dich mitten in der Nacht angerufen habe. Du hast recht, der griechische Gott kann uns mal.

20. Bei Louise

Louise trägt weite Kleidung und ist abgemagert.

Simon Oldfield Ich muss es wissen.
Louise Ist mir egal.
Simon Oldfield Wie war deine Anhörung?
Louise Eigentlich willst du doch was ganz anderes wissen.
Simon Oldfield Du siehst geschwächt aus.
Louise Bin ich auch. Ich habe seit wer weiß wie vielen Tagen nichts mehr gegessen, um glaubwürdig zu wirken.
Simon Oldfield Und, hat es funktioniert?
Louise Rate mal.
Simon Oldfield vorsichtig Ja?
Louise Antrag zurückgewiesen.
Simon Oldfield Was?
Louise Abgelehnt.
Simon Oldfield Das ist nicht dein Ernst?
Louise Abgeschmettert, ausgespuckt.
Simon Oldfield Aber ... Hast du alles richtig gemacht? Warst du überzeugend? Ich habe dir doch gesagt, bei einer anderen hat es geklappt, also ...
Louise Fick dich.
Simon Oldfield NEIN! Aber, aber ... Was ... Was machst du jetzt?
Louise Was machen wir jetzt, mein Lieber, was machen WIR? Glaubst du, ich lasse dich in Ruhe? Wirklich? Glaubst du, ich werde brav sein? Mich unterordnen, tun, was du sagst? Und woher weißt du überhaupt, dass meine Anhörung bereits stattgefunden hat?
Simon Oldfield Jemand war gestern bei mir und hat es mir gesagt.
Louise Lässt du mich etwa überwachen!?
Simon Oldfield Nein.
Louise Du lässt mich überwachen! Du bist echt krank!
Simon Oldfield Nein, nein! Ich mache mir Sorgen, ich, ich ... Ich suche nach einer Lösung. Lass uns mal brainstormen.
Louise Brainstormen? Ich habe eine Idee: Ich hungere mich zu Tode. Ich habe eh nichts mehr zu verlieren, also kann ich mich auch einfach umbringen. Was meinst du? Wäre doch viel einfacher, oder? Ich schlucke Tabletten oder noch besser, du zahlst mir einen Gasofen und ich stecke den Kopf rein!
Simon Oldfield Hör auf! Das bringt uns nicht weiter! (Pause.) Ich will dir einen Vorschlag machen.
Louise Schon wieder? Ist er so gut wie der vorige?
Simon Oldfield Lass mich ausreden. Bitte.

Louise Du hast dir alles schon überlegt, stimmt's? Warum überrascht mich das nicht.
Simon Oldfield Ich kümmere mich um alles. Okay? Ich übernehme deine Miete, deine Ausgaben, alles. Du trägst das Kind aus ...
Louise, fällt ihm ins Wort Fick dich ins Knie!
Simon Oldfield Warte!
Louise fällt ihm wieder ins Wort Ich werde nicht mein Leben auf Stand-by setzen, dumm rumsitzen, den Mund halten und dann kalben wie eine Hochleistungskuh! Nur um dich zu schützen! In was für einer Welt lebst du eigentlich?
Simon Oldfield In derselben wie du! Lass mich ausreden! Wir sprechen hier von der Zukunft. Lass uns visionär sein! Wir stehen vor einer riesigen demografischen Herausforderung, das ist ein echtes gesellschaftliches Problem! Ich träume von einem Programm, das schwangere Frauen im Namen des Gemeinwohls motiviert, das Kind auszutragen. Was sind schon ein paar Monate gegen eine lebenslange Absicherung?
Louise Ich fasse es nicht!
Simon Oldfield Das hat doch Vorteile für alle Seiten! Der Staat bekommt einen neuen Steuerzahler, ein kinderloses Paar bekommt einen Säugling, und eine Frau ohne Universitätsabschluss bekommt ein Stipendium, um zu studieren. Das wäre doch mal ein Pilotprojekt!
Louise Du willst Frauen also dazu zwingen, Leihmütter zu werden.
Simon Oldfield Das ist eine verkürzte Darstellung.
Louise Es wird nicht weniger Abtreibungen geben, sie werden nur unter wesentlich gefährlicheren Umständen passieren, du Idiot!
Simon Oldfield Das werden wir noch sehen.
Louise zu sich selbst Ich bin so müde.
Simon Oldfield Eben. Überlass es mir. Ich kümmere mich um alles. Du trägst das Kind aus ... Dann lässt du »Vater unbekannt« in die Geburtsurkunde eintragen, gibst das Kind zur Adoption frei, und im Gegenzug biete ich dir ein Stipendium an, um dein Studium zu Ende zu bringen. Überraschend, nicht? Wie gesagt: Ich bin jemand, der andere gern überrascht.
Louise Du bist eine Gefahr für andere.

21. Die Vorsorgeuntersuchung

Im Geburtshaus.

Sylvia Sie scheinen ja gute Connections zu haben, Ihr Name stand plötzlich ganz oben auf der Warteliste. Ich mache heute Ihre Vorsorgeuntersuchung. Wenn Sie damit einverstanden sind. (Pause.) Haben Sie Fragen zum Geburtshaus?

Louise Wenn ich Krebs habe, kann ich dann die Chemotherapie verweigern?
Sylvia Äh ... Ja ... Niemand darf gegen seinen Willen behandelt werden.
Louise Wenn ich will, kann ich also entscheiden zu sterben?
Sylvia Ich weiß nicht, worauf Sie hinauswollen ... Haben Sie Krebs?
Louise Sterben darf ich, aber nicht abtreiben, das ist doch krank. Dabei ist das mein Wunsch. Nicht die Vorsorgeuntersuchung.
Sylvia Okay. Aber für einen ... Schwangerschaftsabbruch, müssen Sie ...
Louise Vor ein verdammtes Komitee, ja. Mein Antrag wurde abgelehnt.
Sylvia Also sehen Sie ... keinen Ausweg?
Louise Die Leute dürfen frei entscheiden, ob sie nach dem Tod ihre Organe spenden. Jede Leiche hat mehr Rechte als ich.
Sylvia Wenn Sie wollen, kann ich Ihnen Informationen zu ...
Louise Schon gut, ich bin informiert.
Sylvia Sie können gern noch mal in Ruhe darüber nachdenken. Ob Sie die Vorsorgeuntersuchung wollen.
Louise Oder ... ich könnte versuchen, allein abzutreiben.
Sylvia Tun Sie das nicht.
Louise Werden Sie mich anzeigen?

Pause.

Sylvia lügt Ja.
Louise Mir egal.
Sylvia Tun Sie das nicht. Das Risiko ist zu groß.
Louise Mir egal. Wenn dieses Ding in mir weiterwächst und mich aussaugt, werde ich ein Scheißjahr haben und ein Scheißleben. Dann drehe ich durch.
Sylvia Okay.
Louise Alles ist im Arsch.
Sylvia Okay.
Louise Schockt Sie das?

Pause.

Sylvia lügt Ja.
Louise Mir egal. Die Welt ist total krank. Du bist total krank.
Sylvia Ich?
Louise Du willst mich untersuchen? Meinen Bauch begrabschen? Mit meinem Zellhaufen reden? Dir vorstellen, was für ein Leben mein Zellhaufen haben wird? Willst du ihn haben? Dann hol ihn dir! Komm schon! Friss ihn, wenn du willst. Mein Körper gehört euch.
Sylvia Sie brauchen Hilfe ...

Louise Allerdings. Ich mache dir Angst, oder?
Sylvia Vielleicht kann jemand Nahestehendes Sie abholen?
Louise Das hättest du gern, was? Ehrlich gesagt weiß ich nicht, wen ich anrufen sollte. Ich weiß nicht mal mehr, wer mir überhaupt »nahesteht«. Ich habe mit niemanden darüber geredet. Nicht, weil ich mich schäme. Sondern weil ich keinen Raum habe. Man weiß ja nie, was die Leute darüber denken. Selbst die, die einem nahestehen. Ich habe keinen Raum zum Nachdenken. Keinen Raum zum Diskutieren. Keinen Raum, von Menschen, die ich liebe, enttäuscht zu werden. Kapierst du das? Diese Welt ist krank. Nach meiner Anhörung ist mir eine Frau hinterhergelaufen. Sie hat kein Wort gesagt, hat mir nur einen Zettel in die Hand gedrückt. Mit einer Telefonnummer. Ich rufe da an, voller Hoffnung, endlich Hilfe! Und lande bei einem Friseursalon. Einem verdammten Friseursalon. Ein neuer Haarschnitt, da fühlt man sich gleich besser, stimmt's? Das tut gut, stimmt's? Du hast recht, ich brauche Hilfe. In dem Punkt sind wir uns einig.
Sylvia Eine Frau, die wichtige Arbeit geleistet hat, ist tot, weil ich Angst hatte und weggelaufen bin. Ich habe immer noch Angst. In dem Punkt sind wir uns einig. Wir haben beide Angst. Wir fühlen uns beide allein. Ich belüge alle Menschen um mich herum. Ich belüge den Menschen, den ich am meisten liebe. Und ich werde ihn für immer belügen müssen.
Louise Warum erzählst du mir das?
Sylvia Weil wir uns nie wiedersehen werden.

```
Pause. Sie blicken sich an.
```

Louise Okay ...
Sylvia Dieser Friseursalon. Ruf da nochmal an. Frag, wie viel eine Dauerwelle bei Lise kostet.
Louise Und dann ... sehen wir uns nie wieder?
Sylvia Nein. Man weiß nie, was die Leute darüber denken.
Louise Eine Dauerwelle. Bei Lise. Eine Dauerwelle. Bei Lise. ```(Sie steht auf und geht zur Tür.)``` **Danke.**

22. Das Daigle-Urteil

```
In der Kanzlei nach Ende der Besprechung.
```

Vera Haben Sie kurz Zeit?
Olivier Warum reden Sie immer erst nach den Besprechungen mit mir?
Vera Sie sind gereizt.
Olivier Was wollen Sie mir erzählen?
Vera Was wollen Sie von mir wissen?

Olivier   Also schön. Am frühen Morgen des 8. Februar haben Sie der Polizei gegenüber ausgesagt, Sie wären alleine mit Marie McDuff gewesen …
Vera   Ja. Als ich mit ihr gekämpft habe. Das habe ich ausgesagt. Warum?
Olivier   Und ist das … die Wahrheit?
Vera   Das ist eine merkwürdige Frage.
Olivier   Sie haben recht. Das tut nichts zur Sache. Das sprengt den Rahmen.
Vera   Soll ich trotzdem antworten? (Pause.) Nehmen wir einmal an, es wäre noch eine andere Person dagewesen … Was würden Sie dann wissen wollen?
Olivier   Ich würde wissen wollen, warum Sie es nicht der Polizei erzählt haben?
Vera   Interessant. Wenn ich dort einer anderen Person begegnet wäre … Vielleicht hätte ich gespürt, dass sie mir wirklich helfen will, so wie Sie, und deshalb beschlossen, sie zu schützen. Ich hatte schon genügend Kollateralschaden angerichtet, finden Sie nicht? Aber das ist natürlich eine reine Hypothese.
Olivier   Ja. Und das wird es auch bleiben?
Vera   Ich werde weiter die Wahrheit sagen.
Olivier   Dass Sie mit Marie McDuff alleine waren.
Vera   Als wir miteinander gekämpft haben, ja.
Olivier   Gut. (Pause.) Was wollen Sie eigentlich von mir?
Vera   Sie sind anderer Meinung als Ihr Chef, das merkt man, auch wenn Sie es gut verstecken. Ich will wissen, warum.
Olivier   Wenn Sie mir im Gegenzug sagen, warum Sie mit der Presse geredet haben, ohne sich mit uns abzusprechen … Das wird Ihnen vor Gericht schaden!
Vera   Was habe ich denn Ihrer Meinung nach gesagt, was mir schaden wird?
Olivier   Dass Sie vor Gericht einen zweifachen Mord gestehen wollen. So funktioniert unser Justizsystem nicht.
Vera   Ich weiß.
Olivier   Warum haben Sie es dann gemacht?
Vera   Wegen der Publicity.
Olivier   Das ist nicht der wahre Grund.

Pause.

Vera   Warum stört es Sie, dass Ihr Kollege gesagt hat, ich soll in Ruhe darüber nachdenken?
Olivier   Weil er was anderes gesagt hat: »Denken wir in Ruhe darüber nach, und in drei Tagen sprechen wir uns noch mal.« Er hat gesagt, dass er ebenfalls darüber nachdenken will.
Vera   Und was ändert das?

Olivier Ich weiß es nicht genau, aber das ergibt keinen Sinn. Der Richter würde eine unzulässige Anklage zurückweisen. Worüber will er also noch nachdenken. Ich verstehe nicht, was er damit bezweckt. Und ehrlich gesagt, stört es mich auch, dass er Sie davon abhalten will, sich schuldig zu bekennen. Vielleicht sollte ich kündigen.
Vera Nein, bitte nicht, Sie sind von allen hier der Netteste! Sagen Sie mir ruhig, was Sie wirklich denken. Sie wollen doch sowieso kündigen. Warum sollte ich mich schuldig bekennen?
Olivier Damit es gar nicht erst zu einem Prozess kommt, wir mit der Staatsanwaltschaft verhandeln können und Sie mit einer Bewährungsstrafe davonkommen.
Vera Ich habe nur einen Mord begangen, den an dem Kind.
Olivier Da war noch kein Kind.
Vera Meinen Sie.
Olivier Das ist eine juristische Tatsache.
Vera Das müssen Sie mir erklären.
Olivier »Solange nicht anderweitig präzisiert, wird der Status einer natürlichen Person mit der Geburt erworben.« Das ist ein Auszug aus dem Urteil Daigle gegen Tremblay.
Vera Was ist das für ein Urteil?
Olivier 1989 verklagte Jean-Guy Tremblay Chantal Daigle, weil sie eine Abtreibung vornehmen lassen wollte. Tremblay erwirkte vor Gericht eine einstweilige Verfügung, um sie daran zu hindern. Er war ihr Ex und der Erzeuger und wegen häuslicher Gewalt vorbestraft. Ein paar Wochen später setzte das Oberste Gericht die einstweilige Verfügung außer Kraft. Daigle hatte kurz vorher in den USA abgetrieben. Das Urteil ging damals durch alle Medien, und seitdem gilt der Rechtsgrundsatz: Niemand kann dazu gezwungen werden, seinen Körper in den Dienst einer anderen Person zu stellen, selbst wenn das Leben dieser Person dadurch gefährdet ist.
Vera
Also sind Föten Personen.
Olivier Nein, aber das ist eine komplexe Frage. Die Quebecer Grundrechtecharta enthält keine Definition der Begriffe »Mensch« und »Person«.
Vera Also könnten Föten irgendwann Personen werden.
Olivier Im Prinzip schon.
Vera Das ist eine große Chance.
Olivier Das ist eine Gesetzeslücke.
Vera Hm. Schade, dass wir nicht dieselben Werte haben. Sonst hätte ich Ihnen angeboten, mein Kind zu adoptieren. Wollen Sie Vater werden?

Pause.

Olivier Da ist noch kein Kind.

23. Gewonnen

Demonstrant*innen skandieren Pro-Choice-Parolen. Simon kommt aus dem Parlament und tritt vor die Presse.

»My voice, my choice!«
»Finger weg von meiner Gebärmutter!«
»Meine Eierstöcke gehören mir!«
»Mein Bauch braucht eure Gebete nicht!«
»Selbstbestimmt Mutter werden!«
»Ich gebäre nur Wunschkinder!«
»Rage against the Machismus!«
Simon Oldfield Heute ist ein historischer Tag. Als Abgeordnete vertreten wir die Bürgerinnen und Bürger, und sie haben heute ihre Meinung kundgetan. Ich bin sehr erleichtert, dass der Schutz von Leben in unserer Gesellschaft einen hohen Stellenwert hat, und ich möchte allen Abgeordneten danken, die sich bei der Abstimmung auf die richtige Seite der Geschichte gestellt haben.
Journalist*in Angesichts der Tatsache, dass die Mehrheit der Bevölkerung für das Recht auf Abtreibung ist, überrascht Sie das Abstimmungsergebnis?
Simon Oldfield Wie im Sport hat man in der Demokratie erst gewonnen, wenn das Spiel vorbei ist! Aber nein, ich bin nicht überrascht. Wenn es um moralische Fragen geht, wagen die Unentschlossenen oft nicht, sich öffentlich zu äußern. Doch tief in ihrem Inneren wissen sie, was richtig und falsch ist, und wenn es ums Ganze geht, verschaffen sie sich Gehör! Heute hat die schweigende Mehrheit ihre Stimme erhoben.
Louise »Wer schweigt, hat schon verloren!«
Journalist*in Was sagen Sie zu den Hunderten von Demonstrant*innen, die aus ganz Kanada hergekommen sind?
Simon Oldfield Ich freue mich, dass ... die Kälte sie nicht abgeschreckt hat! (Lacht.) Spaß beiseite, ich freue mich, dass sie ihr Recht auf freie Meinungsäußerung ausüben. Schließlich leben wir in einem freien Land! Und deshalb habe ich ihnen tatsächlich etwas zu sagen: DANKE, DASS IHR GEKOMMEN SEID! WAS FÜR EIN SCHÖNER ANBLICK, SO VIELE FRAUEN AUF EINEM HAUFEN!
Louise »Vasektomie ist Solidarität!«

Simon erkennt Louise in der Menge.

Simon Oldfield Na ja, ich ... Ich nehme das mal nicht persönlich. (Lacht. Dann ins Ohr seiner Pressesprecherin.) Hol die da mal raus. (Wieder an die versammelte Presse.) Ich bin sogar bereit, mit den Demonstrantinnen zu diskutieren. Das ist das Problem in diesem Land, wir scheuen die Diskussion.

Die Pressesprecherin drängt sich zu Louise durch.

Pressesprecherin Sie wollen Ihre Meinung zum Ausdruck bringen? Ich biete Ihnen die Möglichkeit dazu. Unter vier Augen.
Louise Sind Sie seine Leibwächterin?
Pressesprecherin Kommen Sie mit.

Sie entfernen sich von der Gruppe Demonstrierender.

Louise Ich darf in den VIP-Bereich? Ich weiß nicht, wie Sie das aushalten.
Pressesprecherin Wie ich was aushalte?
Louise Für dieses Arschloch zu arbeiten.
Pressesprecherin Mehr haben Sie nicht zu sagen?
Louise Wenn ich mit ihm sprechen will, habe ich seine Telefonnummer und seine Adresse.
Pressesprecherin Das klingt wie eine Drohung. Seien Sie vorsichtig.
Louise Ich wollte ihm nur Angst machen. Ich glaube, es hat funktioniert.
Pressesprecherin War's das jetzt?
Louise Nein. Ich komme wieder.
Pressesprecherin Haben Sie schon mal was von Stalking gehört?
Louise Ach was, er würde mich niemals anzeigen.

Simon kommt dazu.

Simon Oldfield zu seiner Pressesprecherin Ich dachte, du würdest dich um die Sache kümmern.

Louise Die Sache.
Pressesprecherin Sie wollte gerade gehen.
Louise zu Simon Weiß sie eigentlich Bescheid? Ich habe abgetrieben. Illegal. (Zur Pressesprecherin.) Es war sein Sperma. Er wollte auch, dass ich abtreibe, trotz allem, was er so hochtrabend hinausposaunt. Ich nenne keine Einzelheiten, aber es ist schon faszinierend, wie gut diese Frauen organisiert sind. Ich habe selten so eine Solidarität erlebt. Trotzdem hatte ich Angst. Eine Scheißangst. Das war echt hart. Und wie geht es dir so, Simon?
Simon Oldfield Du hast abgetrieben?
Louise Ja.
Simon Oldfield Du bist nicht mehr schwanger?

Pause.

Louise Nein.

Louise geht. Die Pressesprecherin folgt ihr.

Simon Oldfield Ich fühle mich so ... so ... erleichtert. Ah! (Er stößt einen Freudenschrei aus.) AAAAH! Was für ein schöner Tag!

Simon entfernt sich leichten Schrittes.

24. Die letzte Besprechung

In der Kanzlei.

Olivier Sind die anderen spät dran, oder was?
Vera Die Besprechung hat schon stattgefunden.
Olivier Was?
Vera Ohne Sie.
Olivier Wieso hat mir niemand Bescheid gesagt?
Vera Ich hatte darum gebeten.
Olivier Okay ... Warum?
Vera Weil.
Olivier Vertrauen Sie mir nicht mehr?
Vera Es mussten Entscheidungen getroffen werden.
Olivier Entschuldigung, aber warum erzählen Sie mir das? Wieso haben mir meine Kollegen nicht Bescheid gesagt?
Vera Sie wären nicht einverstanden gewesen.
Olivier Ich fasse es nicht! Was ist hier los? Haben Sie entschieden, doch vor Gericht zu gehen? (Vera antwortet nicht.) Das ist in Ordnung. Ich respektiere Ihre Entscheidung!
Vera Wir gehen nicht vor Gericht.
Olivier Warum haben die anderen mir nichts gesagt?!
Vera Sie hätten uns bei unserem Plan im Weg gestanden. Das ist eine einmalige Gelegenheit.
Olivier Welchem Plan? Werden Sie sich schuldig bekennen?
Vera Ich werde weiter öffentlich fordern, dass ich wegen zweifachem Mord angeklagt werde. Wir sind uns alle einig.
Olivier Bei so was würde die Kanzlei nicht mitmachen! Wollen Sie mich verschaukeln?
Vera Nein. Ihr Kollege hat sogar extra eine PR-Firma beauftragt, die mir helfen wird.
Olivier Ich fasse es nicht! Er darf nicht gegen die Interessen seiner Mandantin handeln, das ist ein klarer Verstoß gegen den Berufskodex!

Vera Sie haben Ihrem Kollegen erzählt, dass ich zu einer Organisation gehöre. Ich hatte Sie gebeten, das für sich zu behalten. Das war meine einzige Bedingung.
Olivier Das wäre unprofessionell gewesen. Ich darf keine wichtigen Aspekte, von denen ich Kenntnis erlange, für mich behalten.
Vera Ach. Interessant. Aber Sie haben Ihren Kollegen nicht verraten, dass vielleicht noch jemand am Tatort war ... Das bleibt Ihr kleines Geheimnis, das respektiere ich. Ich bin Ihnen auch nicht böse. Die Kanzlei hat nämlich die Organisation kontaktiert. Ich bin froh, Unterstützung zu bekommen. Das macht mir Mut. Wenn hochrangige Mitglieder bei so einer Besprechung auftauchen, dann nur, weil sie sicher sind, dass sie etwas davon haben. (Pause.) Mein Fall wird dazu dienen, die Rechte von Föten zu stärken.
Olivier Scheiße.
Vera Ich wusste, dass Sie das nicht gut aufnehmen würden.
Olivier Das wird nicht funktionieren.
Vera Macht nichts.
Olivier Macht nichts?! Merken Sie nicht, dass Sie ein Bauernopfer sind? Dass man Sie für politische Lobbyarbeit missbraucht?!
Vera Deswegen mag ich Sie.
Olivier begreift Wow. Das ist also der Plan. Tun Sie das nicht.
Vera Sie haben gesagt, das Strafrecht spiegelt die Werte der Gesellschaft wider. Also kann es sich auch weiterentwickeln, richtig?
Olivier Ich habe mich von Anfang an in den Fall reingehängt. Und jetzt machen die alles kaputt. Sie werden die Leidtragende sein.
Vera Vielleicht. Aber dahinter steht die Idee, dass wir die Anklage wegen zweifachen Mordes nutzen, um auf eine Gesetzeslücke hinzuweisen. Und in naher Zukunft ... kann dann ein Gesetz verabschiedet werden, das die Begriffe »Person« und »Mensch« in der Grundrechtecharta definiert ... (Pause.) Ich hätte Sie lieber auf unserer Seite gehabt. Das wissen Sie, oder?
Olivier Sie wollen das Urteil des Obersten Gerichts kippen.
Vera Wenn die Gesellschaft so weit ist. Jetzt stellen wir erst mal die Weichen dafür. (Pause.) Hätte ich den Krankenwagen ein wenig früher gerufen, wäre Marie McDuff gestorben und das Kind hätte überlebt.
Olivier Eine tolle Geschichte, um die öffentliche Meinung zu manipulieren. Aber ihr werdet nicht das letzte Wort haben.
Vera Genau das ist euer Problem. Ihr Babymörder seid immer in der Defensive. Die Welt ist im Wandel, Olivier. Ihre Überzeugungen beruhen auf Lügen. Sie wollen das bloß nicht sehen, weil Sie sich mühsam ein Wertesystem aufgebaut haben. In fünf oder zehn Jahren wird der öffentliche Diskurs ein anderer sein. Die Zeiten ändern sich. Ich wünsche Ihnen viel Glück.

Olivier Ist Ihnen bewusst, was das für ein Rückschritt ist? Was kommt als Nächstes? Wollen Sie Frauen das Wahlrecht entziehen? Diese Leute instrumentalisieren Sie! Warum sollte ich bei der Besprechung nicht dabei sein? Warum wollten Sie nicht, dass ich dabei bin? Hatten Sie Angst, ich könnte Ihre Entscheidung ins Wanken bringen?
Vera Ich mag Sie, das wollte ich Ihnen gern persönlich sagen.

25. Vollmond

Es ist spät in der Nacht, eigentlich schon früher Morgen. Um Olivier herum liegen ein Haufen Dokumente und unleserlich bekritzelte Seiten. Sylvia zuckt zusammen, als sie ihn sieht.

Sylvia Olivier? Was machst du da?
Olivier Ich habe Anträge für alles ausgedruckt, was man offiziell unterschreiben muss, Führerschein, Krankenversicherungskarte, Reisepass ... Du musst sie ändern.
Sylvia Was?
Olivier Deine Unterschrift. Du musst sie ändern.
Sylvia Warum?
Olivier Nur ein Buchstabe. (Pause.) S. (Pause.) So kannst du nicht mehr unterschreiben.

Sylvia hält Oliviers Blick stand. Angespanntes Schweigen.

Olivier Ich werde nichts von dir sagen.

Sie begreift, dass er Bescheid weiß. Die beiden umarmen sich lange.

26. Die allerletzte Aufzeichnung

M betritt die kleine Küche. Sie hat ihr Diktiergerät in der Hand.

M, drückt auf die Starttaste
Eine hat von ihrer Großmutter den Rat bekommen, ein Senfmehlbad zu nehmen, damit ihre Menstruation wiederkommt. Eine hat sich Desinfektionsmittel in die Scheide gespritzt und ist bewusstlos geworden. Eine hat eine Freundin gebeten, ihr mehrere Plastiktüten in den Uterus zu stopfen, um die Wehen auszulösen, was zu einer schweren Infektion geführt hat. Eine hat sich ins heiße Badewasser gelegt, eine ganze Fla-

sche Gin getrunken und ist ins Koma gefallen. Eine hat sich einen Staubsaugerschlauch eingeführt und sich dabei versehentlich den Uterus aus der Beckenhöhle gesaugt. Eine hatte es mit einem Kleiderbügel versucht, sie hielt ihn immer noch umklammert. Eine ist bei dem Versuch gestorben.

Die unebenen Bodendielen. Die kleine Arbeitsplatte. Der Tisch. Der Riss im Türrahmen. Wach bleiben. Nicht einschlafen. Wie in den Nächten, als ich mich um euch gekümmert habe. Als ich euch gefüttert, gewickelt, getröstet habe. In all den Nächten, als ihr gezahnt habt, als ihr Fieber oder Alpträume hattet, als ich mit euch gekuschelt habe. Mein Großer, meine Große, (zu ihrem Bauch) und du da drin, die du erst noch zur Welt kommst ... Ich hoffe so sehr, dass ihr mich verstehen werdet. Dass ihr das hier nicht mehr erlebt, dass ihr so nicht leben müsst. Dass ihr frei sein könnt. Zwei Tassen. Ein Löffel. Der Tisch. Kein ruhiger Moment.

```
Man hört den Kaffee durchlaufen.

Ende.
```

Marina Skalova

Erinnerst du die Sätze

(Originaltitel: Tu te souviens des phrases)
aus dem Französischen von Annina Haab

Der Text wurde mit der Aide à la création von ARTCENA
(Centre national des arts du cirque, de la rue et du théâtre)
ausgezeichnet.

Die Autorin bedankt sich bei Nadia Plungian, Olga Ahmetova,
Pro Helvetia Moskau, der Leenaards Stiftung und La Marelle.

Deutsche Übersetzung mit freundlicher Unterstützung der
Schweizer Kulturstiftung Pro Helvetia
Die Übersetzerin erhielt ein Arbeitsstipendium des Deutschen
Übersetzerfonds.

schweizer kulturstiftung
prohelvetia

Collage
dramatisches Gedicht
(oder was ihr wollt)

Erinnerst du die Sätze die du hörtest
Du warst ein Kind und dann am Kindheitsrand am Saum der Jugend
Und schließlich ganz und gar in der Jugend angelangt

Čto smotriš' v zerkalo, čto ty nadeeš'sja tam uvidet'?
Was hast du im Spiegel anzuschauen, was hoffst du dort zu finden?

Du warst das zu kleine kleine Mädchen das sich für einen Jungen hielt
Du trugst alte Turnschuhe und Jeans
Deine Locken kurzgestutzt
Zwischen deinen Beinen sprossen unversehens blonde Haare
Plötzlich fing auf deiner Brust das Fleisch zu quellen an
Man hätte es für Mückenstiche halten können
Dann für eine Mückenstichallergie
Das quoll das schwoll das war rot

Man erzählte dir Liebesgeschichten
Deine Mutter. Deine Großmutter auch?
Sie waren nicht gerade glücklich
Die Geschichten
In der Sowjetunion hatte es kein Hollywood gegeben
Die Liebe war oft rücksichtslos und lächerlich
Sie fand unterm Hochgras statt im Sommer
Im Umland der Datschen
Schwamm man in den Seen
Fiel in die Brennnesselbüsche
Ließ sich von Insekten stechen

Da gab es ulkige Geschichten
Gemopste Räder
Säufer aus der Nachbarschaft die Milch schluckten
                                        Babymilch
                                        nach der Liebe kamen
                                        die Babys
Wo du in diesen Liebesgeschichten hingehörtest
wusstest du nicht recht

Du glaubtest ein kleiner Junge zu sein   verirrt
                                                    in einen Mädchenkörper?

Du hättest es nicht sagen können
du warst verliebt in die Mädchen
                                in den Fernsehserien
Mit acht Jahren verliebtest du dich
in die Kommissarin Julie Lescaut

Du stelltest dir vor ihre Adresse zu finden
ihr zu schreiben deine Gefühle zu gestehen vor ihrer Tür auf sie zu warten
gemeinsam mit ihr zu ermitteln Kriminelle zu entlarven
                        du liebtest die Figur
                        nicht die Schauspielerin
                        du gelobtest ihr eine Liebe aufrichtig und
                        lächerlich

Du mochtest ihre Statur wie sie die Schultern hielt
ihren festen Händedruck und ihr Charisma
subtile Mischung aus beiden
eine resolute Frau
die Männer herumkommandierte
ihnen Befehle gab
                                diese Weltordnung gefiel dir

Du sahst dich als *Gentleman*
charmant wenn auch recht klein gewachsen
du würdest ihr Türen aufhalten
Liebesbriefe zustecken
Tulpen schenken

Du wolltest sein wie sie
Ließest dir Plastikfeuerwaffen schenken
Deinen Revolver trugst du im Lederholster
Am Gürtel deiner Jeans
                        liebtest du eine Frau weil du
                        diese Frau
                        werden
                        wolltest?

Du hattest dir die Haare abgeschnitten
Du trugst Turnschuhe Jeans und den Revolver
Du hattest beschlossen ein Junge zu sein
Und Jean-Marc zu heißen
So war das

Man sorgte sich um dich
nach ein paar Jahren
an jenem Tag an dem du dich in die Umkleide der Jungen schlichst
ihren Fuß- und Schweißgeruch entdecktest und vielleicht
die ersten Beulen unter ihren Hosen hat einer von ihnen
dich verraten

    – Ein Mädchen eine Eindringlingin   ENTDECKT ENTLARVT
                                                            ENTMÜNDIGT ENTFERNT

                                                            Ein Mann sein
                                                            Oder
                                                            Eine bewaffnete Frau

– MEIN MÄDCHEN
EIN MÄDCHEN WIRST DU SEIN
JUNGEN WIRST DU LIEBEN
DIE MARTER ERTRAGEN
ORDNUNG WIRD SEIN WIRD SEIN WIRD SEIN

                                                   Zwischen den beiden für dich
                                                 Nichts
Die Kraft der Jungs
fesselte
nein
sie versteinerte dich

Du mochtest den Sänger von IAM
und die Rapper mit kahlrasierten Schädeln und Kapuzen in den Videoclips

Eines Tages erklärte man dir
würdest du angeschaut
würdest du ausgewählt
würde ein von Liebe feuchter Blick
sich auf dich legen

Man sagte dir:

Nel'zja že molodogo čeloveka obidet'
        Du kannst doch diesen jungen Mann nicht kränken
Mužčinu smuščat' nel'zja
        Einen Mann darf man nicht beleidigen

Die Männer waren furchteinflössend
Sie kränken
sie beleidigen – bloß nicht
Die Frauen fügten sich
Sie waren ganz ganz klein

Einmal im Monat blutete ihr Uterus

   Terpi   Ertrage es
   Tebe nado terpet' Du musst es ertragen.

                    Bol'no potomu čto mnogo grjazi skopilas' vnutri
                    Es tut weh, weil sich der Schmutz darin
                    angesammelt hat

                    Nužno očistit' ženskie organy
                    Das weibliche Geschlechtsorgan muss gesäubert
                    werden

                    Ženskij apparat otčiščaet sebja
                    Der weibliche Fortpflanzungsapparat säubert sich

Das erste Mal als du ein Wochenende bei deinem Vater verbrachtest
hast du die Stinkbinden in
Klopapier gewickelt dann in
Plastiktüten verpackt und in
ein separates Fach deines Rucksacks gesteckt
um damit den Zug zurück zu nehmen
zweihundert Kilometer weit
bevor du sie in den Mülleimer warfst

Du konntest ja doch von deinem Vater
keinen Mülleimer verlangen

Stydno! Nekogda nekomu ne govori!
Das ist eine Schande! Sprich mit niemandem darüber!

Kakaja nežnen'kaja ty!   *Mužčina ne dolžen videt'*
Wie verzärtelt du bist   Männer sollen das nicht sehen

Kakaja nеženka!
Was für ein Zärtling

Nado terpet'
Kak rožat' budeš'?

Das musst du ertragen
Wie willst du gebären?

Andrer Tag gleiches Jahr
Du sitzt im Zug
An einem Samstagmorgen
Du erinnerst dich sehr gut
Du hast zwei Stunden Fahrt
Du bist geschminkt doch nicht zu sehr
Du trägst ein himmelblaues T-Shirt
Das liegt hauteng an deiner Brust
Dazu trägst du Baggy Pants und Sneakers
Seit kurzem übernimmst du Hiphop Codes
Du bist zwölf
Du kennst die große Stadt sehr gut
Als du jünger warst hast du in dieser Stadt gewohnt
Du hast noch Verwandtschaft hier
Deine Großmutter

An jenem Tag wirst du nicht deine Großmutter besuchen
Doch
Abends
Abends wirst du bei deiner Großmutter übernachten
Der Abend ist noch fern

Es ist zehn Uhr morgens
Du bist mit Freundinnen verabredet
Du hast deine Freundinnen noch nie im echten Leben getroffen
Du trafst deine Freundinnen im Internet
Damals traf man seine Freundinnen eher im echten Leben
Du nicht
Dir war es hinter Worten und Bildschirmen wohler
hinter Worten abgeschirmt

Mit deinen Freundinnen wirst du in Skaterläden gehen
Wie man sie in der großen Stadt findet
Läden die Markenklamotten verkaufen
Wo man Deutschrap hört

Du bist seit dreißig Minuten im Zug
Der Zug hält an mehreren kleinen Bahnhöfen

Ein Mann setzt sich neben dich
Er kaut Sonnenblumenkerne
Er will sich unterhalten
Du weißt nicht mehr was er zu dir sagt
Er fragt wie alt du bist
Vierzehn sagst du
In jener Zeit sagst du das oft
Er gibt dir eine Zigarette aus
Du nimmst sie an
Er öffnet seine Camel Box
Du rauchst seine Camel und schaust aus dem Fenster
Er erzählt dir von sich
Du nickst
Du tust so als hörtest du zu
Ihr raucht zusammen

Er legt seine Hand auf deine Brüste
Stößt du ihn zurück?
Du weißt nicht mehr
Du glaubst dass ja
Nein
Du stößt ihn nicht zurück
Er streichelt deine Brüste während er mit dir spricht
Du weißt nicht wovon er spricht
Für ihn ist alles normal

Er hat einen düsteren Blick
Das Weiß seiner Augen rot geädert
Ein roter düstrer Blick
Melancholisch und bestimmt
Er hat den Blick eines Verrückten
Oder vielleicht hat er bloß einen traurigen Blick

Er trägt Jeans
Alle Männer tragen Jeans
Dein Vater trägt Jeans
Sein Freund Kevin trägt Jeans

Der Mann neben dir erinnert dich an Kevin
Er erinnert dich an alle Männer

Männer faszinieren dich
Kraft fasziniert dich
Macht fasziniert dich

Er legt die Hand auf deine Hüfte
Du willst nicht unhöflich sein
Du traust dich nicht aufzustehen
Dann müsstest du ihm sagen dass er auch aufstehen soll und an ihm vorbei
Da ist nicht genug Platz
Das macht man nicht
Das ist umständlich

Er streichelt deine Hüfte
Du kannst nicht aufstehen
Du verwandelst dich in einen Stein

Er bietet dir noch eine Zigarette an
Du sagst nein
Sein Atem riecht streng
Seine Hände riechen nach Camel
Der Rauch hat einen scharfen Geruch
Etwas an diesem Geruch kratzt
An deinen Händen auch
Der Geruch ist überall
Ihr teilt diesen Geruch

Er hat seine Hand auf deiner Hüfte
Er streichelt seine Jeans
Unter seinem Hosenladen
An der Innenseite seines Schenkels
Hält er etwas fest
Er macht Bewegungen
Nahe am Schenkel

Das macht dich stutzig
Du schaust ohne zu schauen
Er wirkt nervös
Er ist ungeduldig
Man könnte meinen er sei müde
Er hat eine große Müdigkeit

Du hörst wie er den Hosenladen öffnet
Er kramt in seiner Hose
Er holt etwas heraus
Du kannst die Umrisse erahnen
Du drehst den Kopf schnell weg
Du schaust nicht hin
Du hast das noch nie gesehen
Du siehst nicht was er aus seiner Hose geholt hat
Du kannst Umrisse ausmachen aber du siehst es nicht wirklich
Du erkennst sein erigiertes Glied
Du weißt was es ist ohne es zu wissen
Das ist unwirklich
Ein unwirklicher Moment

Du schaust nach rechts aus dem Fenster
Seine Hand liegt noch immer auf deinem Schenkel
Dein Blick ist starr
Dein Blick ist Stein
Ihr fahrt rückwärts
Er nimmt deine linke Hand
Er legt deine Hand auf sein Glied
Du ziehst deine Hand zurück
Du schaust ihn nicht an

Du hörst ihn reiben diese Bewegung machen
Schneller immer schneller
Wie wenn man etwas schält
Das klingt wie ein Küchengeräusch
Als würde er sich die Haut schälen
Oder vielleicht raspelt er sich

Du hörst ihn schneller immer schneller atmen
Er beschleunigt noch
Kämpft sich verbissen ab
Als würd er was erwürgen
Ein Vögelchen vielleicht

Du ahnst was er da macht
Du sagst dir dass du nicht hinschauen darfst
Dass das bloß niemand mitkriegen soll
Dass das keiner wissen darf

Dass die Passagiere im Zug ihn nicht sehen sollen
wie er diese Bewegungen macht an seinem Glied
mit seiner Hand auf deinem Schenkel

Du tust nichts
Wenn du nicht hinschaust wirst du das Nötige getan haben

Als er fertig ist zieht er ein Taschentuch hervor
Du siehst es aus dem Augenwinkel
Er putzt ab und packt ein
Er schließt seinen Hosenladen
Er geht auf die Toilette
Du bleibst auf deinem Platz
Du schaust weiter aus dem Fenster
Felder Häuser Bahnhöfe
Alles ist normal
Das Wichtigste
ist so zu tun als wäre alles normal

                                          Poterpi, skoro projdët
                                          Ein wenig Geduld,
                                              bald ist es vorbei

Die erste Hand auf deinen Schenkeln   stank nach kaltem Rauch
Nein
Der erste Finger zwischen deinen Lippen   stank nach Wein und
                                                                  Drehtabak

Nein sagen
Du weißt nicht du weißt nicht wie   du könntest   du könntest
ihn kränken ihn verletzen ihn beleidigen

Der Mann gebietet
Pfoten wie ein Hund und stinkt aus dem Mund

            Das erste Mal Vergewaltigung das zweite Mal Vergewaltigung
            das dritte Mal Vergewaltigung

                  So sagt man doch   Nein?
              So sagt man doch   Ja?   Nein?
                  (wenn man nicht ja gesagt hat)   Ja?

Nu poterpi –
Ertrag es, sei geduldig
Uvažaj učitelja, slušaj staršich
Achte den Lehrer, gehorche den Älteren

Am 29. August 2016 schreibt die Journalistin
Ekaterina Krongaus in Moskau
dass ein pädophiler Lehrer in der Schule Nr. 57
sein Unwesen treibt,
dort, wo die Intelligenzija und die Elite Russlands
ausgebildet wird
Die Berichte in den sozialen Netzwerken
decken auf, dass es sich in Wirklichkeit um mehrere
Pädophile handelt
Der eine bevorzugt Mädchen, der andere Jungen
Die Lehrerschaft und die Eltern waren im Bilde,
deckten den Skandal seit einem Vierteljahrhundert

ČTO TY PRIDUMYVAEŠ'?
Was denkst du dir wieder aus?
DAVAJ NE NADO

Du bist vierzehn Jahre alt
Dieses Mal bist du wirklich vierzehn
Die Dinge haben sich verändert
Du wohnst nicht mehr im gleichen Land
Du hörst kaum noch HipHop
Du magst jetzt lieber Punk und Grunge und Ska
Du trägst Docs und eine Bondagehose
Eine Rote kariert
Wie ein schottischer Kilt
Mit aufgenähten Reißverschlüssen an den Beinen
Du hättest gerne Stil aber du bist vierzehn
Du trägst Docs und Bondagehosen
Für eine Vierzehnjährige hast du echt Stil
Übrigens sprichst du fast nie mit Mädchen in deinem Alter
Du gehst zum ersten Mal in ein besetztes Haus
Du erfüllst dir damit einen Traum

Das Haus ist schön dreckig und laut
Du bewunderst die Looks die aufgestellten Iros
Die bunten Mähnen die Lederjacken
Du saugst alles auf was du siehst
Du hast tausend neue Ideen für Looks
Die Musik schön dreckig und laut
Es wird heftig gepogt
Du schmeißt dich in die Menge bis dich ein Ellbogen vertreibt
Du gehst zurück in den hinteren Teil des Raums du Dreikäsehoch
Du tanzt in der Menge
Die Party wirbelt wie eine Discokugel
Du trinkst du lachst du rauchst
Biere Joints Biere Joints
Man drückt dir Schnapsflaschen in die Hand
Die Party wirbelt wie eine Discokugel
Ein Kerl drückt sich an dich
Er trägt Docs so wie du
Und eine schwarzweiße Bondagehose
Und eine Lederjacke
Der Kerl ist ein echter Punk
Das ist in etwa alles woran du dich erinnerst
Er hat lange schwarze Haare und ist schlecht rasiert
Was für ne Hackfresse
Er hängt dir die Zunge in den Hals
Sie schmeckt nach saurem Wein
Der Kerl zweimal so alt wie du
Seine Zunge ist rau wie seine Wangen
Der Kerl ist widerlich
Seine Stimme ist grob seine Hände sind grob
Du lässt die Dinge geschehen
Der Kerl zweimal so alt wie du
Er drückt dich an sich deine Schenkel deinen Po
Du stehst an ihn gelehnt
Er schiebt einen Finger in deine Unterhose
Zwischen deine Lippen
Du lässt ihn machen ohne was zu tun
Er geht auf eine Kippe raus
Du sagst dem Kerl nicht Tschüss
Du gehst mit deinem besten Kumpel heim
Er sagt dass der Kerl widerlich war

Als du zum ersten Mal
einen Penis siehst vollständig zum ersten Mal
Findest du ihn gewaltig viel zu gross
Du denkst an die Mündung einer Pistole
ein auf dich gerichteter Lauf
                      ist die Waffe gesichert?

Du nimmst ihn in die Hand
umschließt ihn mit der Hand
wie es sich anfühlt lässt dich erschaudern
deine Finger beben
                      sie beben?
Die Festigkeit ist schockierend
                      ein Lauf muss hinreichend belastbar sein
                      um die Hitze auszuhalten
                      im Inneren
                      im Moment der Entladung
Er zeigt dir wie vor und zurück
es macht keinen Spass du weißt nicht
wie du das anstellen sollst du
hast viel Respekt
vor der Sache
                      nein keinen Respekt
                      Hochachtung auf gut Deutsch
                      eine Verneigung vor dem Höheren?
                      eine Art Respekt vor dem Alter?
Ein Respekt der dich zerquetscht
dich ganz ganz klein macht   ein Entsetzen, würdest du heute sagen

Du willst nicht dass er auf dich kommt
in dich hinein das ist viel zu krass

Bist du feucht?
ICH BIN HART

Wirst du feucht?
ICH BIN HART
Na gut
Ich kann dich ohne Gummi nehmen dann geht es besser

Die Strukturen die Vergewaltigung ermöglichen
das heißt die Strukturen die   Vergewaltigung
als Möglichkeit andeuten und bedingen   sind Strukturen die Frauen beibringen
ihr Verlangen sei immer schon   dreckig schuldig befleckt und schändlich

Am nächsten Tag nimmst du die Metro und den Bus
du begegnest einer Bekannten du fragst sie nach einer Kippe
du gehst zu deinem besten Kumpel kiffen
du hörst ihm zu wie er dir von seiner Freundin erzählt dass
wenn sie auf ihm sitzt ihn reitet dass sie es nicht schafft
ihn zu ficken
ihn ordentlich zu ficken
er versteht nicht wieso
sie kann nicht richtig ficken darüber muss er lachen
sie bewegt zwar das Becken aber sie schafft es nicht
zum Glück ist er noch da
er erzählt dir wie er ihr
den Arsch knetet wie geil sie es findet
von ihm Haue zu kriegen

Nu parni prosto balujutsja!
Poterpi!
Jungs müssen sich austoben.
Reiß dich zusammen!

Da musst du durch
durch diese Betten diese Hoden diese Haare
diese Beine diese auf dir keuchenden Körper
diese Gewalt da das ist
erwachsen werden
eine Frau werden

Das ist ein Teilabschnitt

Dein Verstummen in jenem Moment
du wirst viel später erst erfahren wie man das nennt
Schockstarre
Schock Stock Stein Starre Stern

Sternenstarr   klingt schön
Wie beim Verlieben

Ein bisschen drüber, nicht?

Eine andere Frau, eine renommierte Journalistin
wird täglich nach der Schule, auf dem Heimweg
von einem Freund der Familie abgepasst
neben einer Mülltonne
zwingt er sie
mit ihm Sachen zu machen
das ist so
das ist ein Freund der Familie
Da muss man höflich sein
bloss nicht *ihn kränken*

DIE SEXUELLE FRAGE
Jedes männliche MITGLIED DER KOMMUNISTISCHEN JUGEND KANN und SOLL
seine sexuellen Bedürfnisse BEFRIEDIGEN.

Jedes weibliche MITGLIED DER KOMMUNISTISCHEN JUGEND ist zur ZUSAM-
MENKUNFT VERPFLICHTET, andernfalls gehört sie zur BOURGEOISIE.

– Mama
Warum hast du zugelassen, dass dieser Mann mich belästigt?
Du hast ihn zu uns nach Hause eingeladen
Mama
Du hast es extra gemacht
Du hast ihn angerufen
Er hat Blumen mitgebracht

– Davaj ne budem éto opjat'
Fang nicht schon wieder damit an!

My togda éto tak ne nazyvali
Damals hat man das nicht so genannt!

– Wir hatten einen Sportlehrer, der schaute den Mädchen in die Unterhosen
Proverjal rezinku
Er hat das Gummiband kontrolliert.

- Nu i čto? U vsech éto bylo!
Éto erunda!

Na und? Das ist allen passiert!
Das ist nichts!

On byl kuku!
Er hatte einen an der Waffel (kuckuck)!

```
Eine Generation von Frauen
Überlebende einer unermesslichen Gewalt
zuhause, in der Schule, auf der Straße
gewöhnt an die Übergriffe älterer Männer
so sehr traumatisiert, dass ihre Gewalt
sich auf die folgenden Generationen entlud

Frauen so gründlich kaputtgemacht
dass sie der Gewalt gegen Kinder zustimmten,
häufig gegen ihre eigenen Kinder
```

IHR WERDET EURE FEMINISTISCHE REVOLUTION
NICHT HINKRIEGEN
WIR HABEN SIE JA AUCH NICHT HINGEKRIEGT

Der Nächste den du siehst
schüchtert dich auch ein
er ist dick
aber vor allem ist er hässlich
der Typ ist schön
sein Schwanz ist hässlich

Er sagt du sollst ihm als Gegenleistung einen blasen
als Gegenleistung wofür
als Gegenleistung wofür verdammt wofür?

Du weißt nicht einmal
als Gegenleistung
weil eigentlich

ist das dein Freund
er ist nett zu dir
nicht wahr als du umgekippt bist
hat er dich in den Arm genommen
komm schon er ist fünfundvierzig Minuten neben dir hergelaufen
an einem Bahngleis entlang
weil kein Bus mehr fuhr

Du willst ja keine
schlechte Investition sein.

        Frage zwanzig Jahre später:
        Wo ist der Junge mit den kurzgestutzten
        Haaren hin?
        Warum hatte man ihn von der Bühne geholt?
        Hätte er sich weigern können ein Mädchen zu
        sein?

```
Im Sommer 2015 sitzen sich vor Gericht ein berühmter russischer
Dichter und seine Tochter gegenüber, die ihn der Pädophilie und
der häuslichen Gewalt beschuldigt

Ihr Vater hatte mit ihren Freundinnen geschlafen
sie waren vierzehn Jahre alt
Die Mütter der Freundinnen verteidigten ihn

Seine Frau deckte ihn:
Die Mädchen sind es, die ihn verführt haben
die wollten das

Nein, wieso das in der Schule melden?
Das wird den Mädchen Probleme bereiten,
```

Die Konflikte zwischen Individuum und Gesellschaft   sind wichtiger als
    die Konflikte innerhalb der Zelle der   Familie
      der heiligsten aller Zellen   es ist besser die Prügel
von seinem Mann zu bekommen anstatt von   der Polizei
      ungeachtet der Schläge   bleibt ein Vater ein Vater

                                     a known enemy

Komische Geschichte:
Während des Prozesses gegen einen Mann, der verurteilt wird wegen
Vergewaltigung und Ermordung von fünf kleinen Mädchen
in einem Sandkasten, fragt man ihn:
Warum haben Sie das getan?
Er antwortet: Sie waren da, am Spielen
im Sandkasten, schutzlos
ein X-Beliebiger hätte sie verprügeln oder vergewaltigen können,
also war es besser, wenn ich derjenige war

                Einem Mann seine Schläge zurückgeben

                Eines der größten Verbote in Russland
                das Hauptverbot in Russland

Die Familie hat das Recht, toxisch zu sein
Du hast nicht das Recht, die Familie zu verlassen
Das Recht der Familie ist ins Gesetz eingeschrieben
Du hast eine Schuld gegenüber deiner Familie

Der Gesetzesentwurf zur Entkriminalisierung häuslicher Gewalt
wurde von der Duma
am 27. Januar 2017
angenommen.

Dieses Gesetz entkriminalisiert
die sogenannte häusliche Gewalt
sprich Gewalt
gegen die »Nächsten«:
Partnerinnen, Eheleute, Eltern, Kinder, Großeltern.

Gemäß diesem Gesetz wird
Gewalt in der Beziehung oder der Familie
ohne gravierende gesundheitliche Folgen
künftig zu einer Ordnungswidrigkeit.
Schürfwunden, Blutergüsse, Quetschungen
Weichteilprellungen und oberflächliche Verletzungen
stellen keine Schädigung der Gesundheit dar.

Dieser Gesetzesentwurf wurde der Staatsduma
von der Abgeordneten Elena Mizulina vorgelegt.
Die strafrechtliche Verfolgung »häuslicher« Gewalt kann ihr zufolge
den familiären Beziehungen
irreparable Schäden zufügen.

                         Das erste Mal dass du eine Waffe siehst
      die echte Mündung einer Pistole   willst du dieselbe haben
           ein ungesicherter Lauf   du bist von Ulrike Meinhof fasziniert
                 das ist in Moskau   du träumst davon ein Attentat zu
     in der Schreibtischschublade   begehen
                     deines Vaters   einen bewaffneten Anschlag
             du bist achtzehn Jahre alt   auf die Duma den Elysee-Palast
                                                  den Bundestag

    DU SCHAUST DIE WAFFE AN DU BIST VON DER WAFFE FASZINIERT
        DU WICKELST SIE NICHT IN EINEN KISSENBEZUG
    DU VERSTECKST SIE NICHT IN DEN TIEFEN DEINER TASCHE
        DU MACHST NICHT KAPUTT WAS DICH KAPUTT MACHT

Du hast es ausgehalten ein Mädchen zu sein
du hast deine Regeln ertragen
du hast die Typen ertragen
du wirst eine Frau
Glanzpunkt am Ende des Weges: ein Baby

Hand in Hand, dein Kind und du
ihr geht am Strand entlang

war das dein Traum?
hattest du ihn wirklich geträumt
oder wurde er dir eingepflanzt?
wie eine Sicherung in einen Rachen?

                                 Devočka – das Mädchen
                                 Devuška – die junge Frau
                                 Babuška – die Großmutter
                                 zwischen den Dreien, nichts

DIE FRAUEN MÜSSEN ZURÜCKKEHREN
ZU IHREN URSPRÜNGLICHEN BIOLOGISCHEN AUFGABEN
sagt Gorbatschow im Jahre 1984
und die Duma
verliert ihre weiblichen Abgeordneten

Tebe pora!
Es ist höchste Zeit!

Skoro budet pozdno!
Bald wird es zu spät sein

meine Tochter liebe Tochter meine Liebe meine Tochter
ich bin deine Mutter ich die dich getragen und geboren
ich die dich gewickelt ich die dich ernährt und ich die dich erzogen
ich bin deine Mutter du bist meine Tochter du bist die die mir was schuldet
du schuldest mir alles weil ich alles ich hab alles für dich
jetzt ist es an dir jetzt bist du dran du du musst
ich habe Rechte und du du bist nicht du meine Tochter bist nicht
nicht nach meiner Vorstellung von Tochter nicht nach meinem Entwurf du
Enttäuschung
du du musst Tochter du Tochter musst empfangen nicht enttäuschen
die Familie wenn ich einmal tot bin wirst du es verstehen meine Tochter
du musst die Geschlechterfolge fortsetzen sollst der Stolz des
Vaternamens sein
verstehst du nun du Tochter uns den Gefallen tun und dich fortpflanzen
dein Bauch ist unser Kapital was haben wir für Summen ausgegeben
du unsere Anlage ich die dich getragen angelegt in meinem Bauch
und dann die Auslagen allmonatlich bis zu deiner Mündigkeit alles
was ich eingezahlt in dich das war doch eine Investition das
sollte sich auszahlen das sollte eine Rendite abwerfen ich will doch
nur dein Bestes ich werde meine Rechte geltend machen ich will
deinen Bauch für mich mein Kapital gib mir meine Dividende
ich habe dich auf die Welt gebracht und du enttäuschst sodass
ich die Gerechtigkeit anrufe gebt sie mir zurück die Monate und Jahre
mein Leben für die Mutterschaft vergeudet gebt es mir zurück
Investition zurück sofort!

Vremja tečet
Die Zeit zerrinnt

(zwischen deinen Beinen)

Du bist in seinem Büro, im Krankenhaus
Die Rollläden sind heruntergelassen
Es ist düster
Du hast Kopfschmerzen
Ein junger Mann in den Dreißigern
Groß 1 Meter 85 vielleicht, braungebrannt, blondes Haar
Sieht aus, als würde er sein Leben in einem Ski-Resort verbringen
In so einem Einteiler kannst du ihn dir gut vorstellen
Auf der Piste mit seinen Freunden und seiner Freundin
Du siehst ihre belanglosen Partys ohne Ausschweifungen
Siehst ihre Fondues
Ihre zu kleinen Säckchen voll mit zu teurem Gras
Die Karrieren seiner Freunde, Management, Human Ressources
Vielleicht eine Schweigeminute für einen Freund, der zu früh gegangen:
eine Abfahrt auf MDMA, ein Unfall auf der Piste

Du kennst die großen blonden jungen Männer dieses Schlags
Sie hören sich gern reden, feiern sich für ihre Eroberungen
Blonde junge Männer, die sich für ziemlich brillant halten
Du hast immer seltener mit ihnen zu tun
Du begegnest ihnen manchmal auf Partys
Du weichst ihnen aus
Du schwärmst für die Stillen, die Effeminierten, die Brüchigen
Dich berühren jene, die eine Scharte haben irgendwo
Die andern stoßen dich ab

Du bist sechsundzwanzig
Du bist Studentin an einer Kunsthochschule
Du bist eine relativ gutaussehende junge Frau
Dein Körper entspricht nicht den Kriterien des weiblichen Ideals
Du bist zu klein, zu rund, deine Oberschenkel sind zu dick
Er geht seinem Beruf als Gynäkologe nach
In seinen Augen bist du eine gewöhnliche Frau eine gewöhnliche Patientin
Du verspürst keinerlei Bedürfnis in seinen Augen etwas anderes zu sein

Er trägt einen langen weißen Kittel
Er geht seinem Beruf als Gynäkologe mit Stolz nach
Er will dich untersuchen
Hinter einem Vorhang ziehst du deine Strümpfe und deine Unterhose aus
Du trägst einen Rock
Um deine Nacktheit zu verbergen wenn du zum Gynäkologen gehst
Ein Ratschlag, den du, als Teenager in einem Frauenmagazin gelesen hast

Du hast deine Menstruation
Man hat dich aufgefordert während deiner Menstruation zu kommen
Du musstest deine Arbeit kurzfristig verlassen, um während deiner Menstruation zu kommen
Du ziehst vor ihm deinen blutigen Tampon heraus
Du gibst ihn ihm in die Hand
Er wirft ihn weg

Du setzt dich auf den Stuhl
Du presst die Beine zusammen
Er holt ein Kondom raus
Er rollt ein Kondom über die Ultraschallsonde
Er schmiert sie mit Gleitgel ein
Seine Bewegungen sind technisch
Du presst noch immer die Beine zusammen
Er will die Sonde einführen

Auf dem Bildschirm erscheint eine Mondlandschaft
Zerlöchert von Kratern
Krater um Krater zeigt er dir
Ihr schaut sie euch zusammen an

Dein Uterus ist ein beschädigtes Gebiet
Man entdeckt Verwerfungen konzentrische Falten
kleine erhobene Huckel
Schrunden

Das sind Eierstockzysten
Er verkündet, du seist ein Paradebeispiel

Für ihn ist der Fall klar
Er hat das Bild und hat die Deutung
Das ist hier keine Kunstgeschichte
Das ist hier keine Astronomie

Das Problem Ihrer Eierstöcke ist, dass sie faul sind
Sie haben keinen Eisprung
Ihre Eierstöcke erfüllen ihre Funktion nicht
Man müsste sie zum Arbeiten bringen

Mutterschaft ist ein ferner Wunsch
Alles andere als ein Lebensentwurf

Wir müssen schnell machen
sagt er
Wir müssen uns beeilen
sagt er

Infertilität, sagt er
ist keine Sterilität, sagt er

Er zieht seine Sonde heraus
Das Blut schießt zwischen deinen Beinen hervor
Der Schmerz krümmt dich zusammen

Infertilität
haben Sie verstanden?
Madame
sprechen Sie Französisch?
Madame
Infertilität nicht Sterilität Infertilität nicht Sterilität Infertilität
Madame
schauen Sie sich diese Skizze an
Madame
das ist die Gebärmutter das sind die Eileiter das sind die Eierstöcke
Sehen Sie?
Hier?
Verstehen Sie?
Hier?

Bis dreißig
haben Sie einen sehr guten Vorrat an Eizellen
Zwischen dreißig und fünfunddreißig verlieren Sie die Hälfte Ihrer Eier-
stockkapazitäten
Nach fünfunddreißig
wird es sehr schwierig

Etwas später wird der blonde junge Mann verkünden
deine Menstruationsschmerzen seien unwahrscheinlich

Er sagt dass man dir den Bauch aufschneiden muss
damit er die Wahrheit ausspuckt.

Männer schicken Sonden
in die Bäuche von Frauen
und ins All.

        Kakaja operacija? čto ty opjat' pridumyvaeš'?
        Eine Operation? Was denkst du dir wieder aus!

Rožat' nado, togda vsë proidët!
Gebäre und alles renkt sich wieder ein!

        Ljubiš' katat'sja, ljubiš' i sanočki vozit'
        Wer gern Schlitten fährt, lenkt auch gern die Kutsche!
                                    (den Kinderwagen)

Pora rožat'!
Zeit zu gebären!

        Kakaja ėgoistka!
        Was für eine Egoistin!

Kak žalet' budeš'!
Wie du das bereuen wirst!

        Nužny prodolžateli roda!
        Die Geschlechterfolge muss fortgesetzt werden!

Čelovečestvo vymret!
Die Menschheit wird untergehen!

        Požila dlja sebja i chvatit!
        Genug für dich allein gelebt!

Začem my togda voobšče živëm!
Das ist, wofür man lebt!

        Ėto smysl žizni!
        Das ist der Sinn des Lebens!

Ja choču vnukov!
Ich will Enkel!

        Choču pravnukov! Choču v raj!
        Wenn ich Urenkel bekomme, komm ich in den Himmel!

Davaj rožaj!
Na los, gebäre!

        Tebe pora!
        Deine Zeit ist gekommen!

VERLIEREN

Dir wurde gesagt, du sollst verlieren, sofort loswerden, den Bauch, die Schenkel, den Hintern, loswerden, zu verbannender Überschuss, abspecken; man hat niemals gesagt, du hättest gewonnen, alles abgeräumt, du seist eine Wucht, Größe, ein Erdbeben; doch diese Kraft, diese Kraft mit der du gepresst gedrückt hinausgeschleudert hast; aus deinem Unterleib, deinen Eingeweiden, durch dein Becken, auf allen Vieren, nackt vor ihnen allen; wie viele waren es, der Arzt war ein Mann, du hattest eine Frau verlangt, aber von deinen Wünschen wurde keiner respektiert; und seine Assistenzärztin und die Anästhesistin und die Hebamme, mindestens vier, aber irgendwann sind es fünf, sechs, sieben, acht; und dir ist es egal, dir ist es scheißegal, auf allen Vieren nackt, wie beim Doggy-style, wie wenn du fickst und da, während du presst, spritzt das Blut, besprüht sie, und du winselst und du knurrst aus den Tiefen deines Unterleibs, und du hörst ihnen nicht mehr zu, hörst die Anweisungen der Hebamme schon lange nicht mehr, und du heulst, und du brüllst, dein Schrei kommt aus dem Bauch, bricht hervor aus deinen niederen und edlen Teilen, von denen absolut alles abhängt, die gerade jetzt alles sind, was zählt, und du richtest dich auf, aus dieser Position, drehst dich, legst dich auf die Seite, gehst in die Hocke, willst ihre ganzen Schläuche zum Teufel schicken, das haben sie mit Absicht gemacht, sie haben dich festgebunden, dich fixiert, eine Nadel in deinen unteren Rücken gestoßen und eine Infusion in deinen Arm, Null Bewegungsfreiheit, du willst, dass sie alles abmachen, willst dich befreien, laufen und hinhocken, und du spürst stechend den Schmerz, in Wellen der Schmerz, wogt empor und du mit ihm, du wogst und tost mit ihm; und du fühlst dich zum ersten Mal, zum einzigen Mal vielleicht, ganz, wild, tierisch, Frau ganz und gar; du weißt, dass du zuschlagen, dass du töten könntest, nichts kann dir mehr Angst machen, du willst es zu Ende bringen, aber du willst auch, dass dieser Moment, diese Kraft, für immer anhält, nichts kann dir mehr Angst machen, das Mädchen mit baff offenem Mund, dem es angesichts der Männer die Sprache verschlug, ist tot, den Apparat, an den du angeschlossen bist, könntest du dem Arzt in die Fresse deppern, er ist Deutscher und sieht nett aus und du verabscheust ihn, du hasst sie alle, ganz und gar; und du presst noch immer, und plötzlich sind sie alarmiert und da tauchen noch mehr auf, und der Arzt zeigt dir sein Mitbringsel, sein Foltergerät, mit einem Anflug von Triumph und er versichert dir, dass es harmlos sein wird, und er beteuert, dass du das Recht hast, dich zu weigern, und wenn du dich weigerst, werden alle deine Mühen umsonst gewesen sein, alles, was du seit zwölf Stunden im Kreißsaal gegeben hast, das wirst du umsonst gemacht haben, Pest oder Cholera, du bist am Ende deines Widerstands, du hast keinen Willen mehr, du willst weiter pressen, man sagt dir, die Zeit sei abgelaufen, du weißt, dass du es fast geschafft hast, du willst weder Pest noch Cholera, aber die Zeit ist abgelaufen, du könntest jetzt stattdessen runter in die Chirurgie, dich vollnarkotisieren und dir den Bauch aufschneiden lassen, dich ausweiden lassen, denkst du, so ein Gemetzel ist dieser Moment, aber du weißt, dass du es fast geschafft hast, also gibst du nach, du schaust ihm zu, wie er es dir erklärt, du hast solche Lust, das zu glauben, du hast solche Lust, dass man dir nicht ins Gesicht lügt, aber warum sollte sie das scheren, sie haben achtundzwanzig, die hier gleichzeitig gebären und eine Taktung nach Sekunden, also kapitulierst du und legst dich auf den Rücken, mit gespreizten Beinen, in der gynäkologischen Position, eine Position, in der kein Mensch gebären kann, das sind die Gesetze der Physik, das Gewicht muss runter Richtung Boden sinken, es kann nicht waagerecht herauskommen, du unterliegst, lässt dich in diese Position bringen, zu allen Zeiten haben sich Frauen damit ficken lassen, zu allen Zeiten, eine Position, die weder fürs Gebären noch für Sex geeignet ist, eine Position für die Bequemlichkeit der Männer, sie dringen in deine Vagina und packen mit der Saugglocke den Kopf deines Kindes und du presst und du pustest und du presst noch mehr, da ist keine Wut mehr, das ist deine Kapitulation, du weißt, dass du dich hast kriegen lassen, dich besitzen und du tost, und du brüllst, und du stöhnst und du weinst; und es kommt, und alle sehen es, erspähen die Haare auf seinem Kopf, rufen entzückt, während du nichts siehst, nichts weißt, nur rätst, dir dein Kind vorstellst, das du nicht siehst, dir wird gesagt, du sollst pressen, ein letztes Mal, zwei letzte Male, drei letzte Male, vier letzte Male, da ist es;

man gibt es dir   und du bist entrückt   du streichelst es, du sprichst zu
ihm   und deine Stimme   plötzlich weich
von einer nie dagewesenen Weichheit   unerhörte   Zärtlichkeit

und während du es mit zarten Worten überschüttest, deinen Worten einer Liebe, die neu, die stark ist, und die du aus jenen Abgründen schöpfst, aus denen du es hervorgebracht hast; siehst du, wie sich eine mit Nadeln zwischen deinen Beinen zu schaffen macht, in deiner Pussy, es ist die Assistenzärztin, im grünen Kittel, sie ist jung und unangenehm und der deutsche Arzt gibt ihr Instruktionen, spielt mit seinem Nähfaden in der Luft wie ein Dirigent, zieht Schleifen und Arabesken, es wird ein Stück gespielt, das dir nicht mehr gehört, nichts in dieser Szene hier gehört mehr dir; man nimmt dir das Kind weg, es verschwindet mit seinem Vater und den Ärzten; nur dein Körper bleibt zurück, wird zu guter Letzt zerstückelt: du bist ein blutiges Stück Steak auf einem Operationstisch, das Kalb wurde ausgestoßen, jetzt werden die Reste zusammengeflickt, du bist eine alte Kuh, wirst es nicht mehr lange machen, man stückelt dich nur der Form halber zusammen, das Flickwerk ist allen egal, wen kümmert's, ob es genau gemacht wird, man muss bloß die Blutung stoppen, jetzt wirst du von Hand zusammengestrickt: und du fragst, was gerissen ist, und man antwortet dir, es ist deine Vagina, innerlich und tief, und sie sagen, dass das nicht ihre Schuld ist, nicht wegen des Instruments, das Kind wars, sagen sie, das Kind mit seinem Arm beim Herauskommen, und du fragst mit eisiger Stimme, ob du noch Sex haben können wirst; und sie sind erstaunt, von dieser Frage, in diesem Moment, dass sie auftaucht, präzis und spitz, und der junge deutsche Arzt sagt, dass er das hofft, mit einem Zögern, das alles sagt, und du hast nie mit solcher Klarheit gehasst; du könntest kotzen wüten toben sie niederknüppeln ihnen mit ihren eigenen Instrumenten die Hände abhacken; aber alle deine Kraft hat dich verlassen, du bist nicht mal mehr Restfleisch, nicht mehr als eine Kunststoffverpackung bist du, gefärbt vom Braun des Fleisches, blutverschmiertes Styropor, von dem es auf den OP-Tisch tropft, und alle gehen weg, die Hebamme kommt zurück, du bittest sie um ein Schmerzmittel, winselst und bettelst, dass sie dir ein Schmerzmittel gibt, aber sie verweigert es, sie sagt, dass du durchhalten sollst, versichert dir, dass die Schmerzen jetzt aushaltbar seien, sie kann nichts mehr für dich tun; und sie lässt mit vorwurfsvollem Ton fallen, dass sie dir doch etwas zu essen geholt hat, nach achtundzwanzig Stunden ohne Nahrung hast du dein Tablett noch nicht mal eines Blickes gewürdigt, deine Schmerzen sind zu groß; etwas anderes kann sie dir nicht geben, ein Medikament wäre schlecht fürs Stillen, für das Kind, du willst doch dein Kind nicht unter Drogen setzen; aber du hast niemals gesagt, dass du vorhättest zu stillen, und das ist der einzige Widerstand, der dir bleibt, der letzte, das Allerletzte, was du tun kannst, damit dein Körper dir gehört, dich zu weigern zu stillen, deinem Kind die Nahrung verweigern, um deinen Hass auf jene zu rächen, die dich hier sehen, heulend, gevierteilt, und du forderst Morphium und der ganze Rest bleibt weit weg, dein Kind und sein Vater sind weit weg, du willst nur, dass es aufhört. Aufhören zu spüren, nicht mehr dieser Körper sein, du wünschtest, man würde dich zusammen mit der Plazenta nach unten tragen und in die Mülltonne werfen, erwartest die Müllabfuhr, erwartest den Lift, jetzt seid ihr wieder zu dritt, sie sind zurückgekommen; happy family, das nagelneue Kind schläft, der Aufzug kommt nicht, ihr wartet eine Dreiviertelstunde, entkräftet und allein im Flur; und du bist an jenem Ort, wo du nicht mehr sprechen, nichts mehr sagen kannst, nur noch hassen.

Nacht

du sagst dass dir der Urin abgeht er rinnt deine Schenkel entlang man sagt dir nein das ist Blut du sagst Entschuldigung ich habe mich getäuscht

drei Stunden später bist du in einem Bett da kommt man wieder um dich zu fragen ob man deinen Uterus kontrollieren könne — *Schwill ab, Uterus – deinen Ausweis, Uterus!* — du sagst bitte lassen Sie mich schlafen und man sagt dir nein nicht jetzt du sagst warum fragt ihr dann macht doch was ihr wollt
sowieso nicht mehr mein Körper

Nachtzimmer fahle feuchte Joghurthaut Nachttisch umgekippt Kühlschrank darin ausgelaufen SCHLEIM LAPSCHA KASCHA KAKA deine Vagina eitrige Wunde schlieriges Blut schlägt ins Gelbliche um und klebt aufstehen ausgeschlossen scheißen willst du dir noch nicht mal vorstellen

Morgen

und sie kommen und gehen Hebammen Krankenpflegerinnen Hilfskräfte sie ziehen den Vorhang nichts als ein kümmerlicher beiger Vorhang um dich vom Uterus deiner Nachbarin zu trennen in diesem Isolationszimmer ohne die geringste Isolation – du hast eben entbunden du hast seit 72 Stunden nicht geschlafen 96 Stunden vielleicht mehr und du wirst lange nicht mehr schlafen – deine Vulva das Operationsgebiet eine blutige Kloake – *ich komme Ihr Bett richten – welches Menü für die Woche? Montag Pferd oder Kaninchen? Und Dienstag Pferd oder Kaninchen? Und Freitag Rind oder Fisch? Und Samstag? Nein nein da werden Sie noch nicht entlassen sein nein nein das wissen wir noch nicht wann wir Sie entlassen werden da müssen Sie die Arztvisite morgen abwarten* – der Uterus blutet in Klumpen – Schmerzen vom Brustkorb bis zur Pussy – unmöglich dich aufzurichten unmöglich dich hinzusetzen unmöglich es in deinen Arm zu nehmen zu tragen zu wiegen unmöglich – der Schmerz BOHRT und DURCHBOHRT BOHRT und DURCHBOHRT DURCHBOHRT und ZWINGT UND DICH DURCHDRINGT UND DICH DURCH

– dich zunichtemacht

Tags darauf
– guten Tag ich komme um die Kontrollen durchzuführen

– guten Tag ich werde Ihre Narbe untersuchen – vaginales Austasten – Abtasten des Uterus – Kontrolle der Brüste

– ja Madame es ist ein Riss zweiten Grades

– zweiten Grades das ist nichts

– vier Zentimeter das ist nichts

– vier Zentimeter im Innern und vier Zentimeter außerhalb das ist nichts

– acht Zentimeter das ist nichts

– vier Zentimeter bei einer Vagina von acht Zentimetern das ist nichts

– vielleicht erleben Sie das anders aber glauben Sie mir das ist nichts

– davon erholt man sich prächtig

– wir haben Studien wir haben Statistiken nach dem ersten Kind steigt die sexuelle Erfüllung so ein gedehntes Gewebe macht die Beziehung stabiler

– möchten Sie uns erzählen wie Sie es erlebt haben?

– Sie wirken empfindlich Sie sind müde übermüdet sind Sie empfindlich

– nein wir haben nicht respektiert worum Sie gebeten haben nein
– nichts respektiert nein gar nichts nichts ja so ist das das ist das Verfahren

– nicht anders möglich das verstehen Sie doch Madame nicht wahr Sie können uns verstehen?

– sprechen Sie Französisch Madame?

– Sie sind zu müde um sich um Ihr Kind zu kümmern Sie wirken empfindlich zu müde um entlassen zu werden wir werden Sie noch eine zwei drei vier fünf sechs sieben Nächte hierbehalten

– ich möchte nur dass man mich schlafen lässt schlafen ohne das Geschrei der ganzen Abteilung zu hören das Quietschen der Wägelchen das Keuchen der Milchpumpen all diese Frauen die man zum Melken zwingt das dröhnt wie eine Armee fickender Asthmakranker – eine Fabrik voll Asthmakranker unter Zwangsarbeit – industrielles Melken Brustzitzen – Nippel – unsere Geburtenrate die Stärke der Nation

– Zeit zu stillen
Zeit zu stillen
Zeit zu stillen

– Madame möchten Sie uns erzählen wie Sie es erlebt haben?

– Sie sehen empfindlich aus wir haben spezialisierte Bindungspsychologinn*en Belastungspsychiater

– ach Sie wollen nicht mit uns sprechen was soll das heißen nicht mit uns?

– auf einer Skala von 0 bis 6 wie würden sie ihr Vertrauen in jene Ärzt*innen einschätzen die ihnen die Vagina zerstückelt haben?

– ein sicherer Eingriff statistisch gesehen zuverlässig und sicher statistisch gesehen mit einer Zufriedenheitsrate von 98%

– haben Sie Fragen?

– Sie haben Fragen

– Ja, eine Frage, nur eine Frage:
wenn man Ihnen nun die Erektionsfähigkeit reduzieren würde, wären sie dann damit einverstanden, Kinder zu bekommen?

– Madame haben Sie verstanden?

– Madame wir möchten sicherstellen dass Sie wirklich verstanden haben

– Madame wir möchten sicherstellen dass Sie wirklich verstanden haben dass wir nur Ihr Bestes wollen

– und das Beste für Ihr Kind

– Madame wir möchten sicherstellen dass Sie wirklich verstanden haben dass wir nichts anderes wollen als das Beste für Ihr Kind und für Sie selbst

> wenn man nun Ihnen ein Stücklein von Ihrem Pimmel abschneiden würde, würden Sie dann Kinder haben wollen?

– weil Sie Ihr Baby lieben?

– sorgen Sie sich um Ihr Kind?

– Ihrem Baby geht es gut Ihre Vagina werden Sie nicht mehr benötigen

– die Natur ist gut eingerichtet das Gewebe vernarbt

– Madame das wird Narbengewebe

– Madame Ihre Vagina ist eine Narbe

– guten Tag ich komme um die Kontrollen durchzuführen

> – man soll ihnen Hormone verabreichen – Fortpflanzungshormone Stillhormone Gebärhormone Beruhigungshormone Stillhormone

> – Zeit zu stillen

> – Zeit zu Melken Zitzen vorbereiten und dann pressen pressen Salatblätter Tonerdenwickel das Produzieren von Milch ist ein kreativer Prozess ein freudiges Moment körperlichen Ausdrucks!

Anmerkung der Übersetzerin:
Die russischen Passagen wurden gemäss DIN 1460 transliteriert.
Dabei wird ë wie jo, anlautendes e wie je und anlautendes ė wie e
ausgesprochen.
Bei den Zischlauten:
ž wie sch und z wie s – beide stimmhaft.
č wie tsch und š wie sch – beide stimmlos.

Die Schriftart Gräbenbach kennzeichnet die Stimme der Erzählerin.
Die Schriftart Parry Light kennzeichnet Sätze, an die sich die Erzählerin erinnert.
Die Schriftart JetBrains Extralight kennzeichnet Passagen, die aus
Zeitungsartikeln oder Archiven stammen.
Die Schriftart Maax regular kennzeichnet Stimmen, die aus Zeugenaussagen stammen.
Die Schriftart JetBrains Medium Italic wird in erster Linie für theoretische oder juristische Texte verwendet.

Die Verwendung von **Fett**- und *Kursiv*schrift ermöglicht Variationen
und Modulationen zwischen diesen verschiedenen Polen.
Die russischen Sätze, in lateinischer Schrift geschrieben, wurden
von der Erzählerin gehört.

Marcos Caramés-Blanco

Gloria Gloria

(Originaltitel: Gloria Gloria)
aus dem Französischen von Sula Textor und Pauline Fois

Der Text wurde mit der Aide à la création von ARTCENA
(Centre national des arts du cirque, de la rue et du théâtre)
ausgezeichnet.

Die Übersetzerinnen erhielten ein Initiativstipendium des Deutschen
Übersetzerfonds

Figuren
Gloria ist eine Frau.
Rita ist ihre beste Freundin.
José ist ihr Typ.
Paule ist ihre Chefin.
Marine Le Pen ist eine faschistische, rechtsextreme Politikerin.
Bedienung ist ein Beruf.
Jemand ist ein Unbekannter.
Fahrer ist eine Funktion.

Die zentrierten kursiven Passagen sind eine Zeitlupe.

Playlist
DANIEL BALAVOINE, Aimer est plus fort que d'être aimé (1985)
LOU REED, Perfect Day (1972)
AYA NAKAMURA, Djadja (2018)
BRITNEY SPEARS, Work Bitch (2013)
LYDIA LUNCH, Atomic Bongos (1980)
ARCA & ROSALÍA, KLK (2020)
PNL, À l'ammoniaque (2018)
PATTI SMITH, Gloria: In Excelsis Deo (1975)

und eines Tages
als sie das Haus verlässt
ist es
ohne ersichtlichen Grund
dunkel draußen

`Rita` Da, jetzt, jetzt gleich, jetzt gerade.

`Stille`

Es ist gestern. Jetzt.
Gestern.
Heute ist gestern. Gestern ist der `Stille` Tag, von dem ich rede.
Heute rede ich von gestern.

`Stille`

Wie ein Gewitter bist du bei mir aufgetaucht, komplett wahnsinnig hast du ausgesehen, wirklich komplett wahnsinnig, stehst auf einmal da, klopfst an der Tür, ich mach auf und du bist wie blöd am Schwitzen, total crazy, deine Schminke voll am Laufen, sieht echt gruselig aus, lustig, als hättst in die Steckdose gelangt oder so, du bist knallrot und dir stehn überall die Härchen ab im Gesicht, erst hab ich gedacht, du weinst, aber das hab ich mir wohl eingebildet, keine Ahnung, weil du weinst normal nie, nie, nie, nie, du weinst echt nie, und dann nehm ich dich in den Arm und du fragst, ob du bei mir übernachten kannst, und ich sag natürlich ja, klar kannst du bei mir übernachten, gehts noch, klar kannst du, klar, also kommst du rein, stellst deinen Kram ab, gehst duschen und danach machen wir einen richtig fetten mega saftigen Schokokuchen, setzen uns vor die Glotze und essen ihn wie die Schweine mit drei Tonnen Sahne drauf, und dann, tja, keine Ahnung, wir reden nicht viel, wir sind am Fernsehen und du `Stille` nein nichts, nichts nichts nichts, nichts `Stille` ok, Gloria, Süße, ich red jetzt nicht lang drum herum, ich will bloß verstehen, also, keine Ahnung, ich will bloß verstehen, was bei dir abgeht, also wie du tickst, keine Ahnung, vielleicht versteh ichs nie, kann sein, aber ich würd halt gern, und wenn ichs am Schluss immer noch nicht kapier, lass ichs halt bleiben, dann geh ich spazieren, was trinken, was weiß ich, geh einkaufen, denk an was anderes, keine Ahnung, vielleicht geht das auch voll nach hinten los, aber ich geh jetzt alles nochmal genau durch, ich will wissen, was ich hier nicht versteh, wo ich den Faden verloren hab, weil keine Ahnung, aber jedes Mal, wenn ich was verloren hab, sagst du, ich soll alles nochmal genau durchgehen und was Besseres fällt mir jetzt auch nicht ein, den Heiligen Antonius fragen vielleicht, ach was weiß ich, ich weiß überhaupt nichts mehr, ich bin total aufgeschmissen, oder keine Ahnung, ich weiß es nicht, ich will doch bloß verstehen wie du tickst, Gloria, also ich mein, was in dir vorgeht, weil ich hab gedacht, ich weiß es, aber Stille ich weiß nicht, also ich wills bloß verstehen sonst nix, ich will nur wissen, ob ich geträumt hab Stille oder ob das echt war, weil, also, vielleicht bin ich nicht mehr ganz dicht, kann sein, vielleicht hab ich – Stille scheiße, ich glaub das war alles gar nicht echt, Stille überhaupt nicht echt, Stille der ganze Tag war nur ein Alptraum, oder ein Traum, ja ich glaub es war – es war – ein Traum, ein Stille übertrieben echter Traum, ja ein Traum Stille genau, ein Traum Stille oder keine Ahnung, ich weiß nicht –

lange Stille

Gloria?

lange Stille

Ok...

Stille

Dann fang ich jetzt an.
Los gehts.
Ich versuch einfach, ganz genau zu sein.

Stille

Ich muss einfach ganz genau sein.

lange Stille

Ok...

Stille

Los.

und eines Tages
als sie das Haus verlässt
ist es
ohne ersichtlichen Grund
dunkel draußen
sie hat den Rest Chlorreiniger mitgenommen
auf dem Rückweg von der Arbeit
die Flasche ist zu
es ist Winter
es ist schon Abend
sie schiebt die Mülltonnen vor dem Haus in eine Reihe
es ist kalt
sechs Stück sind es
ganz dicht aneinander
sie ist in Eile, wie immer
eine nach der anderen macht sie die Tonnen auf
es liegt Schnee
sie holt Zeitungspapier aus der Handtasche
es ist schon Nacht
der Boden ist gefroren
aus der Zeitung formt sie große Kugeln
viel sehen kann sie nicht
sie stopft sie in die Tonnen
holt ein Fläschchen Alkohol aus der Handtasche
ein Schritt

Rita   Dein Tag, Gloria, beginnt jeden Morgen erstmal mit einer langen Stille.

Die Uhr tickt.
5 Uhr 30 morgens.
Alles läuft genauso ab wie jeden Tag, in derselben Reihenfolge wie jeden Tag und in derselben Stille wie jeden Tag.
Erstmal eine lange Stille.

`lange Stille`

Und dann klingelt auf einmal der Wecker.
Radio RFM.
José hört nichts.
Er schläft wie ein Stein, sagt er immer.
Wie ein Stein.
So fängt sie an, deine *morning routine*.

5 Uhr 31.
Du machst die Augen auf.
Du streckst den Nacken, hebst den Kopf, hörst hin.
Du setzt dich auf.
Muskelschmerzen.
Ein Blick zu José. Der schläft.
Du hörst das Lied, das im Radio läuft, noch bis zum Ende an.

L'AMOUR TE PORTE DANS TES EFFORTS.[1]

Daniel Balavoine.

5 Uhr 35.
Das Lied ist vorbei.
Du streckst den rechten Arm, stellst den Radiowecker aus, lässt den Arm gestreckt, holst Tabak, Blättchen und Filter vom Nachttisch.
Du drehst dir eine.
Steckst sie an.
Erleichterter Seufzer.
Du summst vor dich hin.

AIMER EST PLUS FORT QUE D'ÊTRE AIMÉE.

5 Uhr 45.
Du steigst aus dem Bett.
Muskelschmerzen in den Beinen.
Du gehst ganz langsam Richtung Küche, setzt Kaffee auf, gehst zum Klo, hebst dein Nachthemd hoch, ziehst den Schlüpfer runter, setzt dich auf die Schüssel, urinierst, stehst wieder auf, ziehst den Schlüpfer hoch, lässt das Nachthemd runter, gehst zurück in die Küche.
Du drehst dir eine.
Steckst sie an.
Erleichterter Seufzer.

5 Uhr 55.
Der Kaffee ist fertig.
Du schenkst dir ein.
Zwei Stück Zucker.
Du nimmst zwei Scheiben Zwieback, direkt aus der Packung, tunkst sie in den Kaffee, isst sie auf.
Du lächelst kurz.

[1] DANIEL BALAVOINE, »Aimer est plus fort que d'être aimé«, Sauver l'amour (1985).

Drehst dir eine.
Steckst sie an.
Du hustest.
Erleichterter Seufzer.

6 Uhr.
Du bewegst dich langsam Richtung Bad.
Du stellst dich auf die Waage.
Du gehst kurz unter die Dusche, rasierst dir Achseln und Beine.
Du kommst wieder raus.
Du fasst dir an die Wangen, machst die Schublade auf, holst die Gesichtsenthaarungscreme raus.
Du trägst sie auf.
Wartest.
Du betrachtest dich im Spiegel, wischst Creme und Härchen ab.
Erleichterter Seufzer.

6 Uhr 20.
Du gehst ins Schlafzimmer, ziehst den Schlüpfer und das Nachthemd aus, holst dir was aus dem Schrank und fängst an, dich anzuziehen, erst ein schwarzes Langarmshirt, du überlegst kurz, dann ein Schlüpfer, eine Strumpfhose, du ziehst den Bauch ein, schlüpfst in einen Rock, hältst die Luft an, schön anhalten, knöpfst den Rock zu, atmest auf.
Du krümmst dich ein bisschen.
Bauchschmerzen.
Du steckst das Shirt in den Rock, nimmst eine Paracetamol, ein Antidepressivum, deine Hormone, hustest.
Seufzer.
Du drehst dir eine.
Steckst sie an.
Musst nochmal husten.
Seufzer.

6 Uhr 30.
Du gehst nochmal aufs Klo, machst eine neue Binde rein, kommst wieder raus.
Du drehst dir eine.
Steckst sie an.
Seufzer.

6 Uhr 40.
Du gehst nochmal ins Bad, putzt dir die Zähne, holst dein Makeup raus, betrachtest dich im Spiegel, lachst.

Du lachst wieder, jetzt ein bisschen lauter, spritzt dir Wasser ins Gesicht, tupfst es vorsichtig wieder trocken, trägst die Grundierung auf, betrachtest dich im Spiegel, massierst dir die Wangen, die Stirn, die Schläfen, atmest tief ein.
Gelöster Seufzer.
Make-up auf den Hals und ins Dekolleté.
Erleichterter Seufzer.
Du trägst Concealer auf, dann Rouge, schön pink, du grinst, nimmst dir einen schwarzen Stift, malst dir mit einem kräftigen Strich die Augenbrauen nach, malst dir wieder ein Gesicht, tiefblauer Lidschatten, Eyeliner, deine Handgriffe sind schnell aber sorgfältig, Mascara, schön verteilen, noch eine Schicht, schön verteilen, Highlighter für das Strahlen, Labello für die Feuchtigkeit, Lippenstift schön rot, Lipgloss für den Glanz.
Du betrachtest dich.
Du atmest aus.
Das wars mit Schminken.
Langer erleichterter Seufzer.
Du drehst dir eine.
Steckst sie dir vor dem Spiegel an.
Noch ein erleichterter Seufzer.
Du nimmst Parfum, besprühst dir den Hals, sprühst ins Zimmer, auf die Handgelenke – wirfst einen Blick zur Tür – sprühst in den Schlüpfer.
Langer Seufzer.

6 Uhr 55.
Du gehst ins Schlafzimmer.
Und sagst die ersten Worte des Tages.

Gloria   José, wach auf.

Lange Stille

Es ist Zeit.

Stille

José? Jojo?

Stille

José?
José   Ja?
Gloria   Es ist Zeit. Wach auf.
José   Hmmmmm. Rrrrrr. Pffffff. Chhhhh. Rrrrr. Zzzzzz.

Stille

Gloria He.
José Ja?
Gloria Wach auf.

Stille

Gloria HEEEEEEEEEEEEE.
José JA?
Gloria WACH JETZT AUF VERDAMMT.

Stille

HEEEEEEEEEEEE HAAAAAAALLOOOOOOOOOO.

Stille

HE.

Stille

JEDEN TAG DIE GLEICHE SCHEISSE.

Stille

HE WACH JETZT AUF VERDAMMT jeden Tag jeden Tag JE–DEN Tag ziehst du die gleiche Scheiße ab du sagst ich soll dich wecken *weck mich bitte weck mich bitte bitte bitte blablabla* und dann JEDEN Morgen das Gleiche du gehst mir auf den Sack ohne Scheiß HE DU GEHST MIR AUF DIE EIER WACH JETZT AUF WACH AUF WACH AUF WACH AUF DU STÜCK SCHEISSE.

José Ich bin ja schon wach, bin schon wach.
Gloria Glaubst du, mir macht das Spaß, so rumzuschreien, wenn ich grad erst aufgestanden bin grad –

Stille

HOCH JETZT DU ARSCH.
José Ist ja gut ist ja gut ist ja gut ist ja gut.
Gloria Nein, nix ist gut. Du machst mich fertig.
Rita Er will dich in den Arm nehmen.
Du schiebst ihn weg.

José Komm her.
Rita Er fängt an, dich anzufassen.
Du musst dich irgendwie rausreden.
Gloria José, ich hab meine Tage.
José Du bist eklig.
Rita Er steht auf, zieht sich an, geht aufs Klo, pisst mit offener Tür, kommt raus, geht in die Küche, setzt sich auf einen Stuhl.
Du gehst hinterher, schenkst ihm Kaffee ein, trinkst auch noch einen.
Gloria Hast du heute ein Vorstellungsgespräch?

Stille

Ich rede mit dir.
José Was?
Gloria Ob du heute ein Vorstellungsgespräch hast?

Stille

Hallo?

Stille

Jemand da?
José Geh mir nicht auf die Eier.

Rita Er stürzt den Kaffee runter, geht ins Café, um dort den nächsten zu trinken.
Lange Stille und tiefer Seufzer.
Du drehst dir eine.
Steckst sie an.

7 Uhr 10.
Du machst die Glotze an.
Frühstücksfernsehen.
Du breitest deine Nagellackfläschchen auf dem Sofatisch aus, kannst dich erst zwischen zwei nicht entscheiden, suchst dann einen aus und trägst ihn auf, mehr schlecht als recht, obwohl du dir Mühe gibst.
Im Fernsehen spricht Marine Le Pen.

Marine Le Pen Frankreich ist kein Hotel.
Gloria Du bist lustig, Marine.
Rita Während du dich mit ihr unterhältst, beschmierst du alles mit Nagellack.

Marine Le Pen Der Staat hat das Recht, zu entscheiden, wer zu uns kommen darf ... und wer zuhause bleiben muss.
Rita Nagellack auf dem Tisch.
Gloria Nein, also, ein Hotel ist Frankreich nicht, ist ja klar.
Rita Nagellack auf den Kanten.
Marine Le Pen Wenn ein Ausländer eine Gefahr darstellt ...
Rita Nagellack auf den Fingern.
Gloria Ein Hotel... die spinnt ja wohl.
Rita Nagellack auf den Klamotten.
Marine Le Pen ... egal was für eine ...
Rita Nagellack auf der Nase.
Gloria Na klar, türlich, klar ist das kein Hotel hier, ist ja wohl klar.
Rita Nagellack auf den Möbeln.
Marine Le Pen ... hat auf unserem Staatsgebiet nichts verloren.
Rita Nagellack auf den Zähnen.
Gloria Natürlich, klar, klar, schon klar, da hat sie recht, die hat schon recht, ein Hotel ist das bestimmt nicht hier.
Rita Du schaust auf deine Nägel: alles verschmiert.
Marine Le Pen Unser Land ist kein Hotel.

Rita Du machst den Fernseher aus.
Gloria So, tschau Marine, bye bye, ein vergammelter alter Zeltplatz ist das hier, höchstens, schön zum draußen in der Natur übernachten, auf dem Boden, ohne Matratze, mitten im Dreck, so was ja, ein Hotel, Frankreich, ein Hotel, die ist gut, diese Marine, die ist lustig, kein Hotel, ach was, wirklich, nein, ein Vier-Sterne-Hotel ist das ja wohl nicht, schon klar.
Rita Du betrachtest deine Finger.
Gloria Die gefällt mir, guter Witz, die meint, das wäre ein Vier-Sterne-Hotel.
Rita Du lachst.
Du singst.
Gloria *AIMEEEEER EST PLUUUS FORT QUE D'ÊTRE AIMÉÉÉÉEE.*
Rita Du wartest nicht, bis der Nagellack trocken ist.
Du drehst dir eine.
Steckst sie an, samt Nagellack.
Erleichterter Seufzer.
Du stehst auf.
Gloria AUA.

Rita 7 Uhr 25.
Du stellst die Wäsche an.
Du drehst dir eine.
Steckst sie dir vor der Waschmaschine an.
Du hustest.

Dir ist schlecht.
Es stinkt.
Erschöpfter Seufzer.

7 Uhr 35.
Du schaltest dein Handy ein.
Du öffnest Facebook, Snapchat, Instagram, MyBank, schaust nach, wie viel noch übrig ist, lachst, steckst deine Kopfhörer rein, schnappst dir den Staubsauger, steckst den Stecker rein, und während du ihn anschaltest, wählst du wie jeden Morgen meine Nummer.
Während du saugst, brüllst du drauf los.

Gloria HALLO HALLO JA HI NA DU FETTSAU WIE GEHTS JAA JA JA HAHA JAA NEIN JAA GENAU ACH RED KEINEN BLÖDSINN IST DOCH NICHT WAHR WAS DU MIR IMMER FÜR ZEUG ERZÄHLST REICHT DIR DAS NICHT MAL ACH KOMM HÖR AUF HAHAHAHA SCHEISSE DU BIST MIR JA EINE JAA AHA JA NEIN JA AH JA JAA JA AHA JA JA JA AH JAJAJA DAS HAB ICH IHM AUCH GESAGT WEISST DU MIR STEHTS EH SCHON BIS HIER DAS WIRD EIN SCHÖNER SCHEISSTAG ICH MERKS SCHON AUSSERDEM HAB ICH ACH EGAL NEIN NEIN WARTE NEIN SOLL DAS HEISSEN DU GLAUBST DAS HÄ JA KLAR DAS HAB ICH IHM AUCH GESAGT WAS WAAAS ICH HÖR DICH NICHT HALLO HALLO HÖRST DU MICH MIT DEM STAUBSAUGER TUT MIR LEID ABER BEVOR ICH MICH ZWISCHEN DEM STAUBSAUGER UND DIR ENTSCHEIDEN MUSS NEHM ICH LIEBER BEIDES ICH HAB JA KEINE ZEIT HÄ WIE DAS SAG ICH DIR DAUERND DU MACHST MICH ECHT FERTIG HAHAHAHA ABER HAST DU NICHT GEWUSST NEIN WAS WAS SAGST DU HAHAHAHA SCHEISSE BIST DU WITZTG ICH KANN GLEICH NICHT MEHR MIT DIR DU FETTSAU DU HAHAHAHAHAHAHAHA WEISST DU WAS ACH ECHT SCHEISSE JA UND WEISST DU DA SAGT DIE ZU MIR MADAME DAS GESCHIRRTUCH ECHT WENNS IHR GRAD IN DEN KRAM PASST SAGT SIE MADAME ABER SONST HALLOO WAS JA ICH MUSS HEUT ARBEITEN NA IMMER NOCH BEI PAULE DIE ANDERE IST JA ABGEKRATZT WAS SOLL ICH MACHEN JA JA ABER WEISST DU DA SPIELT DIE SICH IMMER AUF WIE SONSTWAS MACHT EINEN AUF SCHICKIMICKI UND ALLES ABER SCHEISST SICH DEN GANZEN TAG LANG EIN WEISST DU WAS ICH MEIN NAJA DOCH DOCH ICH SCHWÖRS DIR DIE SCHEISST UND PISST SICH ECHT IN DIE HOSE TJA ABER WAS SOLL ICH MACHEN MUSS HALT IRGENDWIE WEIL MIT JOSÉ WEISS ICH GRAD MANCHMAL ECHT NICHT WIE ICH WAS ZUM ESSEN AUF DEN TISCH KRIEGEN SOLL JA IM CAFÉ IST DER JA DER GEHT MIR ECHT AUF DEN SACK NAJA JA ICH MUSS JETZT SCHLUSSMACHEN MUSS LOS DOCH JA ICH MUSS ECHT LOS JA HAHAHAHA ICH GEH JETZT JA ICH GEH JETZT NEIN LEG DU AUF NEIN

LOS MACH SCHON HAHAHAHA ICH MACH MIR GLEICH IN DIE HOSE NA
WIR SIND JA ZWEI MAN KÖNNT GRAD MEINEN ZWEI ALTE LESBEN
HAHAHA ICH LIEB DICH LIEB DICH RITA SÜSSE ICH LIEB DICH SOO SEHR
HAHAHAHA NEIN DU LEGST AUF HAB ICH GESAGT EY LEG JETZT
AUF LOS ICH WILL NICHT OK SCHLUSS JETZT TE QUIERO AMIGA TE
QUIRO MUCHÍSIMO BIS SPÄTER FROHES SCHAFFEN KÜSSCHEN MUA
MMMUAA MMMUUAAAAAAAA

Rita Du legst auf.
Du ziehst den Stecker raus.
Du setzt dich eine Minute aufs Sofa, schaust nach links, schaust nach rechts, steckst die Hand in den Schlüpfer, fängst an dich anzufassen, hörst aber gleich wieder auf.
Du musst grinsen.
Gloria So ein Quatsch.
Rita Tiefer Seufzer.
Du stehst auf, lachst.
Du singst laut los.
Gloria *AIMEEEEEEEEER EST PLUUUUUUUUS FORT QUE D'ÊTRE AIMÉÉÉÉÉÉÉÉÉÉEEEEE.*

Rita Du schaust auf deine Armbanduhr: 7 Uhr 55.
Du gehst ein letztes Mal aufs Klo.
Du schaust nach deiner Binde, urinierst.
Du sprichst dein Morgengebet.
Gloria Gegrüßet seist du, Maria, du fette Schwarte.
Rita Du lachst.
Gloria Der Herr ist mit dir.
Bitte Maria, sei so lieb.
Mach, dass es nicht so ätzend wird heute.
Mach, dass sie mir nicht ständig auf die Nerven gehen.
Du siehst ja, ich kann nicht mehr.
Mir stehts bis hier.
Bitte.
Maria.
Süße.
Bitte.
Bitte.
Jag einfach alles in die Luft.
Bitte.
Tus für mich.
Mach doch mal.
Jetzt.

Jetzt und in der Stunde meines Todes.
Hab dich lieb, meine Süße.
Amen.

Rita Du putzt dich ab, drückst auf die Spülung, stehst auf, ziehst den Schlüpfer hoch, dann die Strumpfhose, knöpfst den Rock wieder zu, steckst das Shirt rein, gehst raus in den Flur.
Du schaust auf die Uhr, ziehst einen Mantel an, schlüpfst in deine Pumps, schnappst dir die Mülltüte, knotest sie zu, hebst sie hoch.

8 Uhr
Auf klackernden Absätzen gehst du zur Arbeit.
Lange Stille im Haus.

ein Schritt
sie öffnet das Fläschchen
noch ein Schritt
sie passt gut auf, sonst rutscht sie noch auf den Absätzen aus
sie öffnet die Flasche mit dem Chlorreiniger
schnell
sie kippt das Fläschchen in die Flasche
immer noch diese Kälte
sie verschließt die Flasche
immer schön aufpassen, dass keiner kommt
sie schüttelt
sie schaut nach rechts
sie schüttelt
sie schaut nach links
sie schüttelt
sie öffnet die Flasche
wenn sie jetzt jemand sähe, gäbe es Ärger
sie übergießt das Ganze
die Leute würden losbrüllen
sie tränkt das Zeitungspapier
die Medien berichten
sie schaut, ob alles auch schön durchnässt ist
die Polizei anrücken
sie verschließt die Flasche

Rita 8 Uhr 15.
Du bist auf dem Weg.
Die Zeit läuft.

Endlos gehst du die immer gleiche Straße entlang, immer zu Fuß, jedes Mal, wenn du irgendwo hinmusst.
Zur Arbeit, eine halbe Stunde Fußweg.
Zum Einkaufen, zwanzig Minuten.
Für alles andere eine gute Stunde.
Jeden Tag durchquerst du die verlassene Gegend auf dem Land.
Eine Landstraße.
Eine schnurgerade Linie.
Kilometer für Kilometer ziehst du die Straße entlang.
Immer weiter.
Die Autos rasen vorbei.
Es gibt keinen Gehweg.
Du steckst die Kopfhörer rein, drehst dir eine Zigarette, schaust auf dem Handy nach der Uhrzeit, hustest, ziehst den Rock zurecht, gehst im Takt der Musik, immer weiter.

OH IT'S SUCH A PERFECT DAY, I'M GLAD I SPENT IT WITH YOU [2]

Du stellst dich den Blicken der Leute, die zu Fuß oder mit dem Auto vorbeikommen.
Du hältst den Blicken stand und beschleunigst den Schritt.

AIMER EST PLUS FORT QUE D'ÊTRE AIMÉE

Du gehst weiter, zügig, schwer atmend, immer geradeaus auf der geraden, klar markierten Linie.
Du schlägst den Rhythmus auf den Asphalt, mit geballten Fäusten.
Jederzeit bereit, loszurennen.
Die Linie, auf der du gehst, ist für die Leute meist nichts Besonderes.
Ist doch nichts Besonderes, sagen sie sich.
Nichts Besonderes.
Nur rausgehen, die Straße entlanglaufen, einen Job haben, pünktlich sein, nach Hause kommen.
Nur einkaufen, einen Typen haben, eine feste Beziehung, essen, schlafen, sich waschen.
Nichts Besonderes.
Total banal.
Aber du bleibst auf deiner Linie, jederzeit fluchtbereit.
Du gehst.
Es gibt öfter mal Beleidigungen.

---

2 LOU REED, »Perfect Day«, *Transformer*, 1972.

Stille

Sie prallen an dir ab.
Sind dir egal.
Du hast es eh eilig.
Also gehst du weiter.

AIMER EST PLUS FORT QUE D'ÊTRE AIMÉE

8 Uhr 35.
Du stehst bei Paule vor der Tür.
Du gehst rein.
Sie ist nicht da.
Paule Gloria?
Rita Du hörst nichts.
Du hast noch die Stöpsel drin.
Paule Gloria?

Stille

Bist du da?

Stille

Gloria? Gloria!

lange Stille

GLOOOOORIIIIIAAAAAAAAAAAAAAA!

Gloria Was?
Paule AH SIE SIND DA ANTWORTEN SIE DOCH WENN ICH RUFE ICH WAR SCHON GANZ BEUNRUHIGT.
Gloria Tut mir leid.
Paule ICH KREISCHE UND KREISCHE ICH MACH MICH GANZ LÄCHERLICH.
Gloria Ja, das stimmt.
Paule WIE WAS STIMMT WAS?
Gloria Nichts nichts.
Paule DASS ICH MICH LÄCHERLICH MACHE?
Gloria Nein nein, Madame.
Paule WO BIST DU? UNTEN?
Gloria Ich hatte meine Kopfhörer drin, tut mir leid.

Paule BIST DU UNTEN?
Gloria Ja, Madame Paule, ja, ich bin grad angekommen.
Paule GLORIA GLORIA LIEBES ICH BIN JA SO FROH DASS DU DA BIST.
Gloria Ähh naja, ich bin aber nur zum Arbeiten da, Madame.
Paule NEIN ALSO WEIL ICH BRAUCHE SIE JETZT SOFORT ICH –
Gloria Wo sind Sie denn?
Paule IM SCHLAFZIMMER ICH SITZE FEST.
Gloria Aha.
Paule KOMM.
Gloria Ja, gleich gleich.
Paule NEIN NICHT GLEICH GLORIA SOFORT ICH KANN JETZT NICHT MEHR.
Gloria Ja ja, ich komm ja schon.

Stille

Paule GLORIA!
Gloria Ja was?
Paule KOMMEN SIE JETZT.
Gloria Ja aber wohin?
Paule INS SCHLAFZIMMER GLORIA DAS HABE ICH DOCH GERADE GESAGT.
Gloria Aber Madame, was machen Sie denn noch im Bett –
Paule GLORIA JETZT KOMMEN SIE DOCH MIR IST EIN MALHEUR PASSIERT.
Gloria Och nein.
Paule DOCH DOCH.
Gloria Och nein, Sie haben schon wieder –
Paule JA. KOMM.
Gloria Sie haben sich schon wieder –
Paule JA JA GENAU JA.
Gloria Sie haben –
Paule JA GLORIA ICH HAB MIR –
Gloria Ja?

Stille

Paule IN DIE HOSE GEMACHT.
Gloria Versteh ich nicht, was haben Sie gemacht?

Stille

Was haben Sie gemacht, Madame Paule?

Lange Stille

Alles ok, Madame?
Paule KAKA GLORIA. KAKA. KA. KA. ICH HAB MICH EINGESCHISSEN UND ICH KOMM NICHT AUS DEM BETT RAUS SEIT ZWEI STUNDEN SITZ ICH HIER FEST ICH HAB RÜCKENSCHMERZEN UND ALLES IST VOLL MIT SCHEISSE DU MUSST JETZT KOMMEN UND MIR RAUSHELFEN UND DANN WIEDER ALLES SAUBERMACHEN.
Gloria Ah ok, alles klar.
Paule WAS?
Gloria OK MADAME OK ICH KOMME.

Lange Stille

Paule ICH HAB MICH EINGESCHISSEN SO BIST DU JETZT ZUFRIEDEN ICH HABS GESAGT BIST DU JETZT ZUFRIEDEN?
Gloria Ja, Madame, ja, sehr sehr zufrieden.

Rita Du gehst ins Schlafzimmer.
Du tust, was du tun musst.
Du hebst sie hoch.
Du wechselst die Bettwäsche.
Du desinfizierst.

Paule Guten Morgen übrigens, Gloria.
Gloria Was haben Sie gesagt?
Paule Guten Morgen, Gloria.
Gloria Wie bitte?
Paule GUTEN MORGEN.
Gloria Guten Morgen, Madame.
Paule Es ist schön, Sie zu sehen.

Rita Du gibst ihr eine Packung Feuchttücher.
Sie wischt sich ab.
Sie fasst sich wieder.

Paule Heute wären die Fußleisten mal dran.
Gloria Ah ja, ok.
Paule Die sind ganz staubig, davon bekomme ich Allergie, das ist wirklich fürchterlich, das werden Sie doch verstehen.
Gloria Schrecklich, wirklich.

Stille

Paule Können Sie mal lüften?
Gloria Ja.

Stille

Paule Gut.

Stille

Gloria Ja?
Paule Sie wischen erstmal die Bäder und machen dann mit der Küche weiter – der Herd könnte eine Ladung Scheuermilch vertragen –, das Schlafzimmer natürlich, und wenn wir dann noch Zeit haben, nehmen wir uns die Fenster vor, die Fußleisten und das ganze Drumherum. So.

Stille

Sie sind doch den ganzen Tag da, oder?
Gloria Ja ja, ja ja.
Paule Auch über Mittag?
Gloria Ich mach Ihnen was zu essen, aber in der Pause geh ich zu mir.
Paule OH NEIN DASS DARF DOCH NICHT WAHR SEIN da hab ich mich so darauf gefreut, gemeinsam mit Ihnen zu essen, wirklich, Gloria, Sie –

Stille

MOMENT MAL, sagen Sie jetzt nicht, Sie gehen heim, um Ihrem Mann was zu essen zu machen.
Gloria Er ist nicht mein Mann.
Paule ALSO WIRKLICH GLORIA, ich dachte, Sie wären eine EMANZIPIERTE, eine UNABHÄNGIGE Frau, aber Sie lassen offenbar zu, dass man auf Ihnen herumtrampelt.
Gloria Auf mir trampelt niemand rum.

Stille

Paule Kann der sich nicht selbst was kochen?

Stille

Für solche Männer fehlen mir wirklich die Worte.
Gloria Ach ja?

Stille

Paule   Naja...

Stille

DANN MAL RAN AN DEN STAUB, SCHÄTZCHEN! Stille HA! HA! HA! HA! HA! HA! HA! HA!

Stille

Rita   12 Uhr 30.
Der Weg zurück.
Die Nudeln im kochenden Wasser.
Das Küchensieb.
Du kommst zuhause an und machst José was zu essen.
Du versuchst dich mit ihm zu unterhalten.
Gloria   Hast dun Job gefunden?

Stille

He Arschloch, hast dun Job gefunden?

Stille

Scheiße, hast dun Job gefunden oder nicht?
José   Schon wieder Nudeln.
Gloria   He, antworte mir. Hast du jetzt was gefunden, oder nicht?
José   Die sind echt widerlich, deine Nudeln, Dickerchen.
Gloria   Hast dun Job gefunden?
José   Ich sags dir, ich hab die so satt deine blanken trockenen Nudeln, echt, die hängen mir schon zum Arsch raus.
Gloria   Antworte mir jetzt.

Stille

Hast dun Job gefunden?

Stille

ALTER ICH SAGS NICHT NOCH HUNDERTZWANZIGTAUSENDZWÖLF-HUNDERT MAL.
José   Manchmal würd ich dich echt am liebsten umlegen.

Gloria Wie bitte? Sag das nochmal.

Stille

Komm, sag das nochmal. Los, mach schon.
José Meinst du, ich hätt dir nix gesagt, wenn ich was gefunden hätte?
Gloria Was weiß ich, du sagst ja nie was, Scheißkerl.

Stille

José Echt, manchmal würd ich dir wirklich gern die Fresse einschlagen.

Stille

Du kannst schon froh sein dass du so einen netten Kerl wie mich abgekriegt hast echt weil ich machs natürlich nicht aber wenn ich deine Fresse seh und dann den Teller Nudeln ganz blanke trockene Nudeln hab ich vielleicht nix Besseres verdient nicht mal ein bisschen Butter nicht mal ein bisschen Tomatensoße nicht mal irgendwas nichts du stehst nur rum und nervst mich mit deinen Scheißfragen nein ich hab keinen Job gefunden.
Rita Du lachst.
Gloria Ha! Du warst ja doch bloß den ganzen Morgen im Café, und nicht beim Arbeitsamt.
José Ja.
Rita Du lachst.
Gloria Ha! ha! ha! ha! ha! Ja im Café oder ja beim Arbeitsamt?
José Ja ich war im Café und zum Arbeitsamt geh ich nicht mehr.
Gloria Ha! ha! ha! ha! ha! ha! ha! ha! ha!
José Hör auf zu lachen, du blöde Kuh.
Gloria Jetzt beruhig dich mal, Arschloch.
Rita Er fängt auch an zu lachen.
Gloria Gut, also die Alte bezahlt mich später, dann kauf ich was ein und mach heute Abend Tomatensoße zu den Nudeln, mein Spätzchen.
José He he he. Du bist ein Engel, ein Glück, dass ich dich hab.
Gloria Ich bin schon nett, ja stimmt, echt, weil mit dir.
José Jaja, jaja.

Stille

Gloria Du hast schon echt Glück, dass ich dich mag.
José Ich lieb dich auch, Dickerchen.

Stille

Gloria Weißt du, dass die sich heute Morgen schon wieder eingeschissen hat?

Stille

Das war echt widerlich, ich hab gedacht, ich muss kotzen.

lange Stille

José Ok, ich hau ab.
Rita Er steht auf.
Er geht.
Dann ist es wieder still.
Du machst Kaffee.
Du drehst dir eine.
Steckst sie an.
Du trinkst den Kaffee, dann musst du wieder los.
Seufzer.

lange Stille

Komisch, dass sich niemand irgendwas denkt.

Stille

Komisch, dass sich bei dir nie, nie, niemals jemand was denkt.
Niemand denkt sich was bei Lippenstift, bei einem Schmerzmittel, ein bisschen Progesteron, einer Zigarette, bei Make-Up, ein bisschen Chlorreiniger, einem Schlafmittel, einem zu fettigen Essen, mit zu viel Zucker, zu viel Salz, bei einem Antidepressivum, bei Lidschatten, einem Schlüpfer, ein paar Pumps
Niemand denkt sich was bei dir, Gloria.
Du denkst dir ja selbst nichts.
Ich auch nicht.
Wirklich niemand denkt sich irgendwas.
Lange Stille im Haus.

sie verschließt die Flasche
ein Glück, dass keiner kommt
sie wirft die leere Flasche in eine der Tonnen
sie holt ihr Feuerzeug raus
sie holt eine vorgedrehte Zigarette raus
zündet sie an
zieht ein paar Mal dran
ein Glück, dass keiner kommt
Stille
sie wirft die Zigarette mitten rein
Stille
Feuer

Rita 13 Uhr 30.
Du machst dich wieder fertig für die Arbeit.
Bevor du zurück zu Paule gehst, rufst du mich an.
Du redest immer sehr laut.
Gloria HALLO HALLO JA JA HAHALLO NOCHMAL DU SÜSSE KLEINE FETTSAU DU WIE GEHTS DIR JAA JA JA TJAA NEIN JA GENAU WIE IMMER HALT JA JA JA ÄH NEIN UND WARTE UND WARS AUCH NICHT ZU STRESSIG BEI DIR HEUTE MORGEN NEIN OHH JAA AH HA HA HA HA HA OH NEIN DU ARME TUT MIR ECHT LEID FÜR DICH DU ARME JA SCHEISSE ABER BEI MIR WAR DIE STIMMUNG AUCH TOLL HEUTE MORGEN WIE ICH ANKOMM HAT DIE SICH EINGESCHISSEN JAA JA NEIN AH DU MUSST LOS OH NEIN DU ARME JA ICH HÄTT GERN NOCH MEHR ZEIT MIT DIR GEHABT JA WIR TELEFONIEREN SPÄTER JA JA JA JA OHH JA JA JA TOTAL KLAR JA TOTAL JA KLAR JA HAST RECHT JA OK DANN TELEFONIEREN WIR SPÄTER WIEDER JA OK KOMM WIR LEGEN AUF TE QUIERO AMIGA TE QUIERO MUCHÍSIMO BIS SPÄTER FROHES SCHAFFEN KÜSSCHEN MUAA JAA DANKE MMMUUAAAAAA
Rita Du machst dich wieder auf den Weg.

OH IT'S SUCH A PERFECT DAY, I'M GLAD I SPENT IT WITH YOU

Du drückst weiter.

HELLO PAPI MAIS QUE PASA? J'ENTENDS DES BAILS ATROCES SUR MOI[3]

Weiter.

---

[3] AYA NAKAMURA, »Djadja«, *NAKAMURA*, 2018.

*YOU WANT A HOT BODY? YOU WANT A BUGATTI?
YOU WANT A MASERATI? YOU BETTER WORK, BITCH* [4]

Weiter.

*I AM BONGO CRAZED WITH THE CRAZY BEAT,
MAKES ME STAMP AND SHOUT, GET UP ON MY FEET* [5]

14 Uhr.
Du bist wieder bei Paule vor der Tür.
Du nimmst die Kopfhörer raus, trittst deine Kippe draußen aus, machst auf.
Paule sitzt in einem Sessel.
Sie trägt einen Morgenmantel aus dünner Seide.

Paule Guten Mittag, meine Liebe, wie geht es Ihnen seit heute Morgen?
Gloria Kalt ist es, kalt.
Paule Das stimmt.
Gloria Sie werden sich noch was holen, Madame Paule, so wie sie angezogen sind.
Paule Nein also, das ist, weil –
Gloria Ich geh Ihnen den Abwasch machen.
Paule Nein also, warten Sie, warten Sie, das können Sie später machen. Möchten Sie einen Kaffee?
Gloria Nein nein, ich hatte schon einen, schon gut, schon gut.

Stille

Paule Gut also, ich wollte nämlich gern ein Bad nehmen.
Gloria Aha.
Paule Nach allem was heute Morgen passiert ist da werden Sie doch verstehen dass ich da ein kleines bisschen mehr Hygiene vertragen kann übrigens das tut mir wirklich wirklich sehr leid das alles das ist mir ein wenig unangenehm naja kommt vom Alter das kleine Inkontinenzproblemchen und so weiter aber du bist ja zum Glück so lieb und so verständnisvoll und so großherzig stimmt schon du bist so menschlich ein Glück dass Sie hier bei mir sind und Sie –
Gloria Ja ja.
Paule Nein wirklich, heute Mittag nach dem Essen habe ich sogar ein kleines Gebet für Sie gesprochen.

---

4 BRITNEY SPEARS, »Work Bitch«, *Britney Jean*, 2013.
5 LYDIA LUNCH, »Atomic Bongos«, *Queen of Siam*, 1980.

Gloria So so.
Paule Und Sie brauchen das ja nicht herumzuerzählen, ja.
Gloria Ja Madame, ja ja.
Paule Gut.

```
Stille
```
Gloria?
Gloria Ja?
Paule Lassen Sie es mir einlaufen, ja, sei so lieb.
Gloria Ja.

Rita Es geht alles ganz schnell.
Das hat dich am meisten überrascht.
Eins führt zum anderen.
Du drehst im Bad den Wasserhahn auf.
Du spülst den Boden der Wanne aus.
Du prüfst die Wassertemperatur.
Du steckst den Stöpsel in den Abfluss.
Du wartest, während die Wanne sich füllt.
Du holst Handtücher und einen Badehandschuh raus.

Paule Macht es Ihnen etwas aus, wenn ich heute nackt reingehe?

```
Stille
```

Ich schaff das heute nicht mit dem Badeanzug.
Gloria In Ordnung, Madame, in Ordnung.
Paule Sind Sie sicher?
Gloria Mir ist das egal, Madame, ich bin ja nicht lesbisch.
Paule Das mein ich nicht. Es könnte Ihnen aber unangenehm sein.
Gloria Ach was, machen Sie schon, mir ist das total egal.
Paule In Ordnung. Ich bin froh, dass ich Sie habe.
Gloria Ja Madame, ja ja.
Rita Sie stützt sich auf dich, um die Wanne zu stiegen.
Erst ein Bein, dann das andere.
Du stützt ihr den Rücken, damit sie sich hinsetzen kann.
Sie sitzt.
Du machst ihr die Haare nass.
Paule Ahh, das ist heiß, heiß, Gloria, heiß.
Gloria Tut mir leid, Madame, tut mir leid.
Rita Du drehst die Temperatur runter.
Paule Wissen Sie, Gloria, Ich mach Ihnen ja nicht gerne Vorwürfe.
Gloria Ja?

Paule Das mag ich gar nicht. Das bricht mir das Herz, weil ich Sie doch so gern mag, das wissen Sie.
Rita Du schäumst ihr die Haare ein.
Paule Du gehörst auf jeden Fall zu dem Schönsten, was mir in den letzten Jahren passiert ist.

Stille

Gloria Ja?
Paule Also gut.
Gloria Was denn?
Paule Folgendes, Gloria, Folgendes.
Gloria Folgendes, Folgendes.
Paule Wieso sprechen Sie mir denn nach?
Gloria Nein, nichts nichts.
Paule Also gut.

Stille

Gut.
Gloria Ja, Madame?
Rita Du massierst ihr die Kopfhaut.
Paule Gut, also eigentlich wollte ich vor dem kleinen Vorfall heute Morgen ein ernstes Wörtchen mit dir reden.
Gloria Ja?
Rita Du spülst die Haare aus.
Paule Naja also ich muss schon sagen bei den Diensten für die ich Sie bezahle gibt es ein paar Dinge die sind nicht ganz einwandfrei. Tut mir wirklich leid. Aber Sie kommen ständig zu spät das wär schonmal das Eine und dann ist auch nicht immer alles blitzeblank es ist staubig und manchmal muss ich Ihnen auch etwas zweimal sagen und –

Stille

Warten Sie mal, ich sehe gerade –
Gloria Ja?
Paule Das ist ja ekelhaft.
Gloria Ekelhaft?
Paule OH MEIN GOTT GLORIA.
Gloria MEIN GOTT?
Paule DAS IST JA TOTAL DRECKIG.
Gloria Total dreckig?
Paule DRECKIG JA DRECKIG IST ES OH MEIN GOTT SCHAUEN SIE

SICH DOCH MAL DEN WANNENBODEN AN DER IST TOTAL DRECKIG.
GLORIA DRECKIG JA DRECKIG.

Paule Schauen Sie doch mal, wie ekelhaft.

Gloria Jaa, wie ekelhaft.

Paule Warum plapperst du mir denn alles nach?

Rita Ganz schnell.

Ganz ganz ganz ganz schnell.

Paule Das ist ganz und gar nicht sauber.

Gloria Ganz und gar nicht sauber.

Paule Also jetzt plappern Sie mir doch nicht alles nach.

Gloria Plappern Sie mir doch nicht alles nach.

Paule Gloria!

Gloria Gloria!

Paule GLORIA BITTE!

Gloria GLORIA BITTE!

Paule JETZT HELFEN SIE MIR AUF ICH MUSS HIER RAUS.

Gloria JETZT HELFEN SIE MIR AUF ICH MUSS HIER RAUS.

Paule Sind Sie übergeschnappt, Gloria?

Gloria Sind Sie übergeschnappt, Madame?

Paule STOP AUFHÖREN STOP!!!!!

Gloria STOP AUFHÖREN STOP!!!!!

Paule Helfen Sie mir auf.

Gloria Helfen Sie mir.

Paule Stopp, Gloria.

Gloria Stopp.

Rita Du lachst.

Du lachst wie verrückt.

Ein wahnsinniges Gelächter.

Aus vollem Hals.

Gloria HA! HA! HA! HA! HA! HA! HA! HA! HA! HA! HA! HA! HA! HA! HA! HA! HA! HA! HA! HA! HA! HA! HA! HA! HA! HA! HA! HA! HA! HA! HA! HA! –

Paule HÖREN SIE AUF ZU LACHEN.

Gloria HA! HA! HA! HA! HA! HA! HA! HA! HA! HA! HA! HA! HA! HA! HA! HA! HA! HA! HA! HA! HA! HA! HA! HA! HA! HA! HA! HA! HA! HA! HA! HA!

Paule UND SEIEN SIE DOCH BITTE VORSICHTIG MIT DEM EINGESTECKTEN FÖHN DA DIREKT NEBEN DER BADEWANNE GLORIA.

GLORIA UND SEIEN SIE DOCH BITTE VORSICHTIG MIT DEM EINGESTECKTEN FÖHN DA DIREKT NEBEN DER BADEWANNE MADAME....

Stille HA! HA! HA! HA! HA! HA! HA! HA! HA! HA! HA! HA! HA! HA! HA! HA! HA! HA! HA! HA! HA! HA! HA! HA! HA! HA! –

Paule Gloria, ich will hier raus.

Gloria Madame, ich will hier raus.
Paule Aber wo denn raus, du redest ja völligen Blödsinn, hör auf, Gloria, stop stop stop.
Gloria STOP.

lange Stille

Rita Du beugst dich langsam vor, um ihr aufzuhelfen.
Paule Gloria Sie müssen sich jetzt ernsthaft beruhigen ich verstehe nicht was in Sie gefahren ist Sie führen sich ja vielleicht auf das sieht Ihnen gar nicht ähnlich obwohl zum Lachen bringst du mich ja trotzdem Sie sind schon lustig wie Sie so einen Blödsinn daherreden Sie sind wirklich witzig also was ich sagen –
Rita Du greifst nach einem Handtuch, der Föhn landet im Wasser.
Paule Was ich sa – a –

Rita Paules Körper fängt an heftig zu zittern.
Sie stößt kurze spitze Schreie aus.
Sie zittert.
Du schaust zu Paule, dann schaust du zur Steckdose, dann zum Föhn, dann wieder zu Paule.
Du rührst dich nicht.
Gloria Oh scheiße.
Rita Sie zittert.
Gloria Oh scheiße scheiße scheiße scheiße scheiße –
Rita Sie zittert.
Gloria scheiße scheiße scheiße scheiße scheiße –
Rita Sie zittert.
Gloria scheiße scheiße scheiße scheiße scheiße scheiße scheiße scheiße scheiße scheiße scheiße –
Rita Sie zittert, zittert, zittert, zittert, zittert, zittert.
Gloria scheiße scheiße scheiße scheiße scheiße –
Rita Sie zittert.
Gloria scheiße scheiße scheiße –
Rita Sie zittert.
Gloria Scheiße.
Rita Du rührst dich immer noch nicht.
Die Sicherung fliegt raus.
Funken.

lange Stille

Gloria Madame?

Stille

Madame?

sehr lange Stille

Rita Paule ist tot.
Gloria Fuck.

Stille

Na gut.

Rita Ganz schnell.
Du verlässt das Badezimmer.
Du schnappst dir deine Sachen.
Du machst die Schubladen auf.
Du nimmst dir Bargeld raus.
Du steckst die Kopfhörer rein.
Du ziehst deinen Mantel an.
Du nimmst deine Handtasche, gehst nochmal ins Badezimmer, schnappst dir den Rest Chlorreiniger und ein Fläschchen Reinigungsalkohol.

Du gehst raus.

lange Stille

15 Uhr 45.
Du machst dich wieder auf den Weg.

I AM BONGO CRAZED WITH THE CRAZY BEAT, MAKES ME STAMP AND SHOUT, GET UP ON MY FEET

Feuer
alles geht in Flammen auf
sie schaut zu
die Temperatur steigt
sie lächelt
es ist heiß
sie macht ein Selfie mit dem Feuer
sie schreibt PYROMANIN
der Schnee beginnt zu schmelzen
sie wirft einen Pflasterstein auf ihr Haus
ihre Füße sind nass
sie wirft ein Fenster ein
der Körper des Mannes ist drinnen
feuchte Erde
sie macht sich auf den Weg
der Körper von ihrem Typ ist drinnen
die Vorderseite ihres Hauses fängt Feuer
der Körper ist im Haus geblieben
macht sich auf den Weg
das Feuer liegt hinter ihr
sie geht
sie weiß nicht ob der Körper noch Körper ist
niemand hat sie gesehen
der Körper schläft
sie beschleunigt den Schritt
er schläft
sie weiß nicht ob der Körper von ihrem Typ schon eine Leiche ist
sie geht weiter
sie atmet
sie atmet
sie atmet
sie atmet

Rita Ein Kilometer zu Fuß.
Zwei Kilometer.
Drei.
Vier.
Fünf.
Sechs.
Es ist schon dunkel.

16 Uhr 30.
Mitten an der leeren Straße liegt ein McDonald's.

Du überquerst die Fahrbahn und bleibst davor stehen.
Es ist nicht viel Betrieb.

Du drehst dir eine.
Steckst sie dir auf dem Parkplatz an.
Du gehst rein.
Du stellst dich in die Schlange.
Seufzer.

Bedienung Guten Tag, Monsieur, willkommen bei McDonald's. Was darf es sein?
Rita Du betastest deine Wangen, fasst dir in die Haare.
Du schaust ihr in die Augen.
Sie hat ein strahlendes Lächeln aufgesetzt.
Gloria Madame.
Bedienung Ja?
Gloria Nein, Madame.
Bedienung Was hätten Sie gern?

Stille

Gloria Erstmal, dass Sie Madame zu mir sagen. Dann sehen wir weiter.
Bedienung Ah, Madame, ja. Sorry.

Stille

Ha! ha! Jaa. Verstehe. Verstehe. Madame, alles klar.

Stille

Was darf es sein, Madame?

Stille

Rita Du schaust ihr direkt ins Gesicht.
Gloria Ein McMenü Big Tasty Bacon mit Pommes und Cola.
Bedienung Elf Euro siebzig, bitte.

Stille

Gloria Ich bin noch nicht fertig.

Stille

Bedienung Entschuldigung. Darf es noch etwas sein?
Gloria Chicken Nuggets.
Bedienung Wie viele?
Gloria Was gibts denn?
Bedienung Vier. Sechs. Neun.

Stille

Gloria Neun.
Bedienung Soße?
Gloria Barbecue. Süßsauer. Senf.
Bedienung Sie können nur zwei nehmen.

Stille

Gloria Barbecue. Süßsauer. Senf.

Stille

Bedienung Ok. Gut.

Stille

Bedienung Das wärs?
Gloria Nein.

Stille

Bedienung Was wollen Sie noch?
Gloria Weiß nicht.

Stille

Bedienung Ha! ha! ha! –

Stille

Gloria Einen Cheeseburger ohne Gurke. Einen McChicken. Und zum Nachtisch einen McFlurry.
Bedienung Mit was?
Gloria Schokolinsen und extra Karamellsoße.
Bedienung Wollen Sies später abholen?
Gloria Nein, jetzt.

Bedienung Ok.

Stille

Das wärs, ja?

Stille

Gloria Das wärs, ja.

Stille

Bedienung Wollen Sie das alles essen?
Gloria Was?

Stille

Bedienung Wollen Sie –

Stille

Ok gut, das macht dann neunundzwanzig Euro und fünfzig Cent, bitte.
Rita Du bezahlst mit dem Geld, das du dir bei Paule genommen hast.
Du nimmst dein Tablett, gehst dich hinsetzen.
Du entfernst die Papierhülle von dem Plastikstrohhalm und steckst ihn in den Deckel des Bechers.
Beim Quietschen des Strohhalms schüttelt es dich.
Seufzer.
Du machst die Burgerschachtel auf, tust die Pommes in das rechte Fach, machst den Ketchup und die Mayo auf, bedeckst die Pommes damit, machst die Schachtel mit den Chicken Nuggets auf, die Soßen, Barbecue, Süßsauer, Senf, tunkst einen Nugget in eine der Soßen, beißt rein. Dasselbe mit den anderen Nuggets, abwechselnd in jede Soße.
Dann machst du dich über die Pommes her.

Du betrachtest den Big Tasty Bacon.

Gloria Du siehst aber nicht so gut aus wie auf dem Foto, du.
Rita Du beißt rein.

Gloria Gut aussehen tust du nicht aber du bist echt hammergeil im Hammergeilsein bist du echt der Hammer die sind gut mit ihrem Werbespot Komm wie du bist ja ja dich muss man nehmen wie du bist mein kleines

Steak sonst sind wir erledigt Komm wie du bist das haben die schon gut hingekriegt mit ihren Drecksburgern die Idioten mit ihrer Billigscheiße oder was weiß ich Komm wie du bist da komm ich hier an und die blöde Kuh so wollen Sie das alles essen MONSIEUR wollen Sie das alles essen Alter Jesus Maria und ob ich das alles ess Schätzchen vielleicht nehm ich mir sogar noch nach die spinnt ja wohl ja verrückt ist die verrückt Komm wie du bist jaa wie du bist aber mit Geldbeutel bitteschön soweit kommts noch ihr Arschficker –
Rita Du isst deinen Burger auf, beschmierst dich komplett mit Soße, grinst. Du stürzt dich auf den Cheeseburger, dann auf den McChicken.
Gloria Jetzt bin ich reich jetzt kann ich tonnenweise Steak essen wenn ich das Jo erzähle –

Stille

Nein Nein nichts nichts von wegen ich sag dem gar nix dem der soll sich mal ficken und soll erstmal einen Job finden echt ich bin ja nicht Mutter Theresa was glaubt der denn dass ich das ganze Geld von der blöden Kuh Madame Paule mit ihm teile der spinnt ja wohl der –

Stille

Jetzt red ich schon mit mir selbst, ich hab sie ja nicht mehr alle.

Stille

Ich muss mich beruhigen.

Rita Du machst dich an das Eis.
Verzückter Seufzer.
Gloria Ist das gut, Alter.
Rita Auf einmal steht jemand hinter dir.
Der Jemand legt seine Hand auf deine Schulter.
Jemand Oh ja, ist das gut, Alter.
Rita Mit drei schnellen Bewegungen packst du seine Hand, ziehst seinen Arm nach vorne, verdrehst ihm das Handgelenk.
Es kracht.
Jemand HEEEEEEEEE AAAAAAAAUUUUUAA WAS AU WAS WAS WAS SOLL DAS DU SCHLAMPE WAS IST FALSCH MIT DIR SCHEISSE TUT DAS WEH SPINNST DU ICH BRING DICH UM SCHEISSE DICH LEG ICH UM
Gloria Komm zeig her. Was fasst du mich an hä? WAS SOLL DAS? WAS? WAS. FASST. DU. MICH. AN. DU. BAS. TARD. HÄ? WAS SOLL DIE SCHEISSE?

Jemand ICH LEG DICH UM DAS SCHWÖR ICH DIR ICH LEG DICH UM.
Gloria LOS DANN PROBIERS DOCH. NA LOS.
Rita Die Bedienung kommt auf euch zu.
Bedienung Gibts ein Problem, Monsieur?
Gloria UND MIT WEM REDEST DU JETZT?
Rita Der Jemand fängt an zu weinen.
Jemand DIE SCHLAMPE DA HAT MIR DAS HANDGELENK GEBROCHEN DIE HAT SIE NICHT MEHR ALLE ICH KANN MEINEN ARM NICHT MEHR BEWEGEN OH SCHEISSE SCHEISSE SCHEISSE ALTER DAS TUT SO WEH EHRLICH DAS TUT SOO WEH –
Bedienung Wie bitte, Madame, was haben Sie –
Gloria Tschau, bye bye.
Rita Du wirfst dein Tablett auf die Bedienung, das Eis auf den Jemand.
Bedienung HEEEEEEEEEEE.
Jemand HEEEEEEYYYYYYYYYYYYYYY.
Rita Du rennst weg.
Jemand HE AUA HE KOMM ZURÜCK ICH MACH DICH KALT JA KOMM VERSTECK DICH JAA DA KRIEGT MAN JA ANGST SO HÄSSLICH WIE DU BIST JAA DIE IST JA KRANK TOTAL KRANK IST DIE.
Bedienung ICH RUF DIE POLIZEI ICH RUF DIE POLIZEI ICH RUF DIE POLIZEI DU FETTE SAU.
Rita Du rennst.
Du steckst die Kopfhörer rein.

ESTOY VIVIENDO LA VIDA, AY, COMO YO QUERÍA[6]

Rita Du brichst in Gelächter aus.
Gloria HA! HA! HA! HA! HA! HA! HA! HA! HA! HA! HA! HA! HA! HA! HA! HA! HA! HA! HA! HA! HA! HA! HA! HA! HA! HA! HA! HA! HA! HA! HA! HA! HA! HA!
Rita Du haust ab.
Du rufst mich an.
Ich geh nicht ran.
Du sprichst mir aufs Band.
Gloria HALLO HALLO HAAAALLOOOO BIST DU DA AH NEIN SCHEISSE DER ANRUFBEANTWORTER.
Rita Du gehst.
Ein Kilometer zu Fuß.
Zwei.
Drei.
Vier.

6 ARCA & ROSALÍA, »KLK«, *KiCk i*, 2020.

sie atmet
sie ist zuhause angekommen
sie atmet
sie hat ihre Sachen gepackt
sie atmet
sie beeilt sich
außer Atem
sie hat eine Tomatensoße gekocht

Rita Es ist stockdunkel.
Du bist auf dem Weg nach Hause.
Um 18 Uhr 15 kommst du beim Laden vorbei.

Du gehst rein.
Du steuerst das Gemüseregal an, nimmst dir ein Dutzend Tomaten, wiegst sie, gehst zur Kasse, bezahlst, gehst wieder raus.

Du versuchst nochmal, mich anzurufen, aber ich gehe wieder nicht ran.

Gloria HALLO JAA GEHST DU JETZT VIELLEICHT MAL RAN AMIGA JA KOMM RUF MICH ZURÜCK WENN DU KANNST KÜSSCHEN MUAA
Rita Du drehst dir eine.
Steckst sie an.
Erleichterter Seufzer.
Du gehst weiter.

19 Uhr.
Wieder zuhause angekommen machst du was zu essen, wie mittags.
Wie versprochen machst du jetzt eine Tomatensoße zu den Nudeln.
Irgendetwas ist anders.
Fast unmerklich.
Wie solltest du auch glücklich sein in genau diesem Moment an diesem Tag.
Wie solltest du auch glücklich sein in genau diesem Moment in deinem Leben, während du wie sonst auch die Tomatensoße kochst, lächelnd den Tisch deckst, gut aussiehst, das Gespräch anleierst, weiterlächelst, den Tisch abräumst, den Abwasch machst, lächelst, zu José ins Bett gehst, lächelst, Geschlechtsverkehr mit ihm hast, wenn er will, lächelst, schläfst, um 5 Uhr 30 aufstehst, weiterlächelst, während du die Scheiße wegwischst.
Dafür ist es jetzt nämlich zu spät.
Es ist zu spät.

Stille

Aber gut, du ziehst eine Schürze an und wäschst die Tomaten.
Du gibst sie in den Topf und lässt sie köcheln.
Das dauert dann eine Stunde.
Du drehst dir eine Zigarette.
Steckst sie an.
Panischer Seufzer.
Während die Tomaten köcheln, gehst du ins Schlafzimmer, schnappst dir einen Koffer, holst alles aus dem Schrank, was du in die Finger kriegst, stopfst den Koffer so voll wie es geht.
Du setzt dich drauf, um ihn zusammenzupressen, und machst ihn zu.
Du kippst die Kosmetikprodukte in eine Handtasche.
Deine Sachen sind fast fertig gepackt.
José kommt nach Hause.

Gloria Scheiße scheiße scheiße scheiße scheiße scheiße scheiße –
José Gloria?
Gloria scheiße scheiße scheiße – JA MEIN SPÄTZCHEN?
José Das riecht aber lecker.
Gloria Danke, mein Schatz, ich bin auf dem Klo, ich komm gleich.
José Lass dir Zeit, lass dir Zeit.
Gloria Danke.

Rita Ganz schnell.
Du stellst alles zurück.
Du packst im Eiltempo wieder aus.
Du räumst alles zurück in die Schränke, verstaust den Koffer, gehst zurück in die Küche.
José Wie war dein Tag heute?
Gloria Geht so.

Lange Stille

José Na, da fragt man einmal nach.

Stille

Gloria Ich muss die Tomaten purieren.

Rita Ganz schnell.
Du gehst ins Bad, schnappst die Schachtel Schlaftabletten, kommst wieder in die Küche, leerst die Schlaftabletten in den brodelnden Topf, holst den Puderzucker, kippst eine ordentliche Ladung rein, schnappst dir den Pürierstab, drückst fest auf den Knopf, fängst an zu pürieren.

Gloria Oh scheiße, die Nudeln.
Rita Du holst noch einen Topf, füllst ihn mit Wasser, gibst Salz dazu, stellst ihn bei höchster Stufe auf den Herd.
José KLAPPTS MEIN DICKERCHEN?
Rita Du pürierst.
José BRAUCHST DU DIE STARKEN ARME EINES MANNES?
Rita Du pürierst, pürierst, pürierst, pürierst, pürierst.
José Ok…

Stille

BIST JA NICHT SEHR GESPRÄCHIG HEUT ABEND.

Rita Du pürierst pürierst pürierst pürierst pürierst.
Du willst nicht, dass man noch Tablettenstücke in der Soße sieht.
Knallrot soll sie sein.
Du mahlst das Weiß ganz fein.
Blutrot soll sie sein.
Das Nudelwasser kocht.
Du tust Spaghetti rein.
Du drückst wieder auf den Knopf vom Pürierstab, immer fester, ohne Pause.
Der Pürierstab überhitzt.
Du lässt ihn abrupt los.
Gloria KACKE.
Rita Ein verbrannter Geruch und ein kleines Rauchwölkchen verbreiten sich in der Küche.
Gloria Kacke, verdammt.

Rita Du machst ein Fenster auf, rührst mit einem Kochlöffel die Soße um, schaust genau hin.
Du flüsterst.
Gloria Sieht nicht schlecht aus.
Rita Es ist 20 Uhr.
Du schnappst dir eine Tischdecke, zwei Teller, zwei Gabeln, zwei Messer, zwei Gläser, eine Flasche Rotwein ganz hinten aus dem Schrank, deckst ruck zuck den Tisch.
José Hmm riecht das gut das lass ich mir gefallen.

Stille

Wow, du hast ja sogar den Rotwein rausgeholt, gibts was zu feiern?
Rita Die Nudeln sind fertig, du gießt sie in das Sieb.
José Scheiße, hast du heute Geburtstag?

Stille

Nein...

Rita Du machst zwei Teller voll, erst mit den Spaghetti, dann gibst du deine Soße drüber.
Du stellst sie auf den Tisch.
José Gloria, ich bin der glücklichste Kerl auf der Welt.
Gloria Guten.
José Danke, meine Hübsche. Du bist die Beste.
Rita Er küsst dich auf den Mundwinkel.
Du weichst ihm aus.
Er versucht es nochmal.
Gloria Iss, sonst wirds kalt.
José HHHHHMMMMMM.
Rita José isst.
Du rührst deinen Teller nicht an.
Du schenkst ihm ein Glas Wein ein.
Du wartest.
José Isst du gar nix?
Gloria Mir ist ein bisschen komisch.

lange Stille

José Das ist ja saulecker, was ist denn da drin?

Stille

Ich hab übrigens ein Vorstellungsgespräch morgen, auf dem Bau haben sie nämlich jemanden gesucht, morgen geh ich hin, wird bestimmt nett, wieder arbeiten zu gehen, ich hab mich da ja nicht so.

Stille

Und das hab ich ohne die Trottel auf dem scheiß Amt rausgefunden, tja, siehst du mal –

Stille

Ich hab Rita im Café getroffen, hat sies dir erzählt –

Stille

Und, hat Paule sich wieder eingeschissen heute Nachmittag, oder nicht –

Stille

Ha! ha! ha! ha! ha! ha! Also echt die.

Stille

Gut…

Stille

Gut gut.

Stille

Gut, gut, gut.

lange Stille

HE WAS IST LOS ICH REDE MIT DIR UND DU SAGST ÜBERHAUPT NIX DU NERVST ALTER

lange Stille

UNGLAUBLICH ECHT DA SITZ ICH HIER UND *BLABLABLABLABLA* UND DU SCHWEIGST WIE EIN GRAB WAS WILLST DU DENN NOCH EY?

lange Stille

Gut.
Rita Er gähnt und du sagst nichts.
José Ich geh jetzt jedenfalls ins Bett.
Rita Er gähnt und du sagst nichts.
José Ich ess bloß noch meine Nudeln fertig und trink mein Gläschen.
Rita Er gähnt und du sagst nichts.
José Und außerdem –

Stille

Gloria Ja?
José Außerdem –

Stille

Gloria Ja?
José Die Sonne –

Stille

Vielleicht geht sie Stille gar nicht mehr auf Stille morgen wenn wir .... wenn wir die Uhr umstellen nach dem Abend- Stille stern... nein Stille glaubst du nicht das hab ich jedenfalls zu Rita gesagt als ich sie gesehen hab die hatte Stille einen Planet auf dem Auge weißt du weil bei der OP Stille hat sie ihre Ohren verloren sie hat gefragt ob du sie gesehen hast Stille wenn du sie siehst küsst du sie überall Stille du küsst sie überall überall überall hin Stille sie war so groß groß groß grrrrroooooo. Rrrrrr. Pffffff. Chhhhh. Rrrrr. Zzzzzz.
Rita José schläft ein.
Sein Kopf fällt in den Teller zu den Nudeln.

lange Stille

Du lächelst.
Gloria Jojo? José?

Stille

Wach auf, es ist Zeit.

lange Stille

Ja ja, wie ein Stein.

Stille

Gute Nacht, Arschloch

Rita Ganz schnell.
Du gehst zurück ins Schlafzimmer, packst den Koffer wieder voll, holst die Handtasche mit den Kosmetikprodukten, den Medikamenten.
Du ziehst einen Mantel an.
Du machst einen Schrank auf und holst einen Hammer raus, gehst zurück zum Tisch, setzt dich José gegenüber, den Hammer in der Hand.
Du betrachtest aufmerksam seinen Schädel.

Gloria Es ist so einfach, so einfach, so einfach, so einfach, so einfach, so einfach, so –
Rita Das Telefon klingelt.
Ich bin dran.
Gloria JAA HALLO HI KLEINE FETTSAU JAA NA ENDLICH RUFST DU MAL ZURÜCK JA DU ACH KOMM JETZT SPIEL DICH NICHT AUF NEIN ALLES GUT JAA JA AH AHA JAA JAA STIMMT GUT ALSO ICH MACHS KURZ KANN ICH GLEICH BEI DIR VORBEIKOMMEN ICH MUSS NÄMLICH MAL EIN BISSCHEN AN DIE FRISCHE LUFT JAA NEIN JA NICHTS SCHLIMMES JAA NEIN JA NEIN EHRLICH MIR STEHTS NUR GRAD ECHT BIS HIER WEISST DU NEIN ECHT JETZT KEINE SORGE JA ALSO KANN ICH VORBEIKOMMEN HM NAJA SO IN EINER STUNDE WEIL ICH BIN NÄMLICH ZU FUSS UND BIS ICH DANN DA BIN UND SO JAA OK PERFEKT OK JAA KOMM DANN LEGEN WIR JETZT AUF TE QUIERO AMIGA TE QUIERO MUCHÍSIMO BIS SPÄTER JA ICH SAG DIR BESCHEID FALLS WAS DAZWISCHEN KOMMT UN BESO MUA MMMUAA MMMUUAAAAAAAA
Rita Du betrachtest immer weiter den Schädel von José.
Lange Minuten.
Sehr lange Stille.
Du stehst auf.
Du hältst den Hammer fest umklammert.
Du gehst näher ran.
Du betrachtest ihn.
Gloria Es ist so einfach.
Rita Du bleibst stehen.
Du schaust hin.
Du drehst dir eine.
Steckst sie dir an.
Du schaust hin.
Der Schädel.
Die Nudeln.
Der Hammer.
Seufzer.
Du starrst auf den Hammer.
Du willst ihm den Kopf auf dem Teller einschlagen.
Den Schädel zertrümmern.
Seufzer.

lange Stille

Du verstaust den Hammer in deiner Handtasche.
Du gehst.
Endlose Stille im Haus.

UND GENAU IN DIESEM MOMENT

ist es
als sie das Haus verlässt
ohne ersichtlichen Grund
dunkel draußen
sie hat den Rest Chlorreiniger mitgenommen
auf dem Rückweg von der Arbeit
die Flasche ist zu
es ist Winter
es ist schon Abend
sie stellt die Mülltonnen vor dem Haus in einer Reihe auf
es ist kalt
sechs Stück sind es
ganz dicht aneinander
sie ist in Eile, wie immer
eine nach der anderen macht sie die Tonnen auf
es liegt Schnee
sie holt Zeitungspapier aus der Handtasche
es ist schon Nacht
der Boden ist gefroren
aus der Zeitung formt sie große Kugeln
viel sehen kann sie nicht
sie stopft sie in die Tonnen
holt ein Fläschchen Alkohol aus der Handtasche
ein Schritt
sie öffnet das Fläschchen
noch ein Schritt
sie passt gut auf, sonst rutscht sie noch auf den Absätzen aus
sie öffnet die Flasche mit dem Chlorreiniger
schnell
sie kippt das Fläschchen in die Flasche
immer noch diese Kälte
sie verschließt die Flasche
immer schön aufpassen, dass keiner kommt
sie schüttelt
sie schaut nach rechts
sie schüttelt
sie schaut nach links
sie schüttelt
sie öffnet die Flasche
wenn sie jetzt jemand sähe, dann gäbe es Ärger
sie übergießt das Ganze

die Leute würden losbrüllen
sie tränkt das Zeitungspapier
die Medien berichten
sie schaut, ob alles auch schön durchnässt ist
die Polizei anrücken
sie verschließt die Flasche
ein Glück, dass keiner kommt
sie wirft die leere Flasche in eine der Tonnen
sie holt ihr Feuerzeug raus
sie holt eine vorgedrehte Zigarette raus
zündet sie an
zieht ein paar Mal dran
ein Glück, dass keiner kommt
Stille
sie wirft die Zigarette mitten rein
Stille
FEUER
alles geht in Flammen auf
sie schaut zu
die Temperatur steigt
sie lächelt
es ist heiß
sie macht ein Selfie mit dem Feuer
sie schreibt PYROMANIN
der Schnee beginnt zu schmelzen
sie wirft einen Pflasterstein auf ihr Haus
ihre Füße sind nass
sie wirft ein Fenster ein
der Körper des Mannes ist drinnen
feuchte Erde
sie macht sich auf den Weg
der Körper von ihrem Typ ist drinnen
die Vorderseite ihres Hauses fängt Feuer
der Körper ist im Haus geblieben
sie macht sich auf den Weg
das Feuer liegt hinter ihr
sie geht
sie weiß nicht, ob der Körper noch Körper ist
niemand hat sie gesehen
der Körper schläft
sie beschleunigt den Schritt
er schläft
sie weiß nicht, ob der Körper von ihrem Typ schon eine Leiche ist

sie geht weiter
sie atmet
sie atmet
sie atmet
sie ist zuhause angekommen
sie atmet
sie hat ihre Sachen gepackt
sie atmet
sie beeilt sich
außer Atem
sie hat eine Tomatensoße gekocht
sie hat ihren Koffer in der Hand
sie geht weiter
sie atmet
sie hat alles püriert
sie schaut geradeaus
sie atmet
die Mülltonnen
sie atmet
sie weiß nicht, ob der Körper von José schon eine Leiche ist
sie atmet
auf klackernden Absätzen geht sie weiter
sie postet das Selfie
sie atmet
das Feuer breitet sich aus
sie postet das Selfie auf social media
sie geht weiter
PYROMANIN
sie geht
sie hat kein Zuhause mehr
sie atmet
PYROMANIN
sie atmet
PYROMANIN
sie hat kein Zuhause mehr
sie atmet
GLORIA
atmet
PYROMANIN
atmet
GLORIA
PYROMANIN
atmet

GLORIA
sie atmet
GLORIA KILLERIN
sie atmet
TÖTEN
sie geht weiter
TÖTEN
sie geht weiter
JOSÉ
sie atmet
PAULE
sie atmet
TÖTEN
TÖTEN
TÖTEN
G
TÖTEN
L
TÖTEN
O
TÖTEN
R
TÖTEN
I
TÖTEN
A
TÖTEN
social media
TÖTEN
TÖTEN
sie schreibt drunter
GLORIA HAT GETÖTET
sie schreibt drunter
GLORIA HAT GETÖTET
es ist kein Unfall
TÖTEN
es ist kein Unfall
GLORIA HAT GETÖTET
sie atmet
GETÖTET
sie geht weiter
SEHR LANGE STILLE

Rita Es ist Mitternacht.

Stille

Wir liegen in meinem Bett.
Du in meinem Arm.
Dein Kopf ruht in meiner Achselhöhle.
Dein Arm liegt neben meiner Brust.
Es ist warm und deine Härchen kitzeln mich sanft.
Du schmiegst dich an mich.
Du hüllst mich ein.
Dein Körper umschließt mich und ich fühle mich gut.

Stille

Ich fühl mich gut so, mit dir.
Ich fühl mich gut.
Lange Stille.

lange Stille

Gloria Rita.

Stille

Rita Gloria.

Stille

Gloria Rita?
Rita Ja, Gloria?

Stille

Gloria Rita, Süße Rita ich muss mir sicher sein.

Stille

Ich muss Stille Rita Rita, Süße ich muss wissen muss Stille wissen muss mir Stille sicher sein ich muss mir Stille sicher sein Rita ich muss mir Stille ganz sicher sein damit ich beruhigt sein kann ich muss wissen Stille was hier Stille gerade passiert ich muss Stille spüren was Stille passiert muss mich drauf verlassen können ich muss ich Stille

muss Stille ich Stille muss Stille muss Stille mir sicher sein.
Rita He, ganz ruhig Gloria, Süße, atmen, also, was ist denn Stille sicher, dass was sicher Stille dass was?
Gloria Sicher, dass Stille nein.
Rita Sicher, dass was Süße?
Gloria Sicher Stille ganz sicher.
Rita Dass was?
Gloria Ich weiß nicht, ich brauche Stille Gewissheit keine Ahnung ich muss Stille wissen muss mir ganz sicher sein Stille muss Stille wirklich sicher sein Stille muss –
Rita Sag.
Gloria Sicher, ob –
Rita Dass?
Gloria Ob du mich Stille liebst.
Rita Ob ich dich liebe?
Gloria Ob du mich liebst Stille ja.
Rita Aber Stille aber Stille Gloria, Süße, mein Leben du –
Gloria Was?
Rita Schau uns doch an.
Gloria Ja, mach ich doch Stille ich sehe Stille uns.
Rita Ich l... –
Gloria Rita Süße bevor ich zu dir gekommen bin hab ich ein paar schlimme Sachen gemacht ich hab was gemacht das war nicht gut nicht gut wirklich gar gar gar gar gar nicht gut ich hab Scheiße gebaut richtig fette Scheiße und jetzt sitze ich in der Scheiße richtig fett in der Scheiße in der Stille Rita Süße Stille ich brauche Hilfe und ich will mir sicher sein dass du mich liebst.
Rita Ich Stille liebe dich.
Gloria Ich liebe dich.
Rita Ich liebe dich.
Gloria Ich liebe dich.
Rita Ich liebe dich.
Gloria Ich liebe dich liebe dich liebe dich liebe dich liebe dich.

Stille

Rita Gut.

Stille

Und jetzt sag.
Gloria Ok.

Stille

Rita Du setzt dich auf.
Du streckst den Arm aus, holst dir Tabak, Blättchen, Filter.
Du drehst dir eine.
Steckst sie an.
Seufzer.

Stille

Gut...

Stille

Ich glaube, ich habe schon alles gesagt.
Aber weitergekommen bin ich nicht.
Du erzählst und wirst langsam schläfrig.
Du nickst ein, dann erzählst du weiter.
Es ist warm.
Rita Gloria aber Gloria aber Stille aber warum denn warum denn warum denn –
Gloria Einfach so Rita einfach so einfach so einfach so.
Rita Warum denn warum denn warum denn war –
Gloria Nichts. Nichts. Nichts.
Rita Hat er dich geschlagen?
Gloria Nein.
Rita Hat er was mit dir Stille gemacht, was du Stille nicht –
Gloria Nein.
Rita Hat er dich provoziert?
Gloria Nein.

Stille

Rita ABER GLORIA ALSO GLORIA, SÜSSE –

Stille

Gloria Ja?
Rita WIE KANNST DU DENN JETZT SCHLAFEN? WIE KANNST DU JETZT SCHLAFEN? Stille GLORIA? Stille HE!
Gloria Ja?
Rita Schläfst du?
Gloria Ich liebe dich.

Rita Schläfst du etwa?
Gloria Nein Stille ich ruh meine Augen aus.

Stille

Rita Aber –
Gloria Tut mir leid. Ich bin todmüde.

Stille

Rita Aber –

Gloria Ich fühl mich so gut grade.

lange Stille

Rita Aber Gloria, also man bringt doch nicht einfach so jemanden um, oder?
Gloria Ich weiß nicht, ob er tot ist oder nicht.

Stille

Rita MAN BRINGT DOCH NICHT EINFACH SO JEMANDEN UM MAN BRINGT DOCH NICHT EINFACH SO JEMANDEN UM MAN –

Stille

Aber also keine Ahnung bist du sicher dass er dir nix getan hat? Bist du sicher dass er dich nicht Stille KEINE AHNUNG WAS WEISS ICH WAS WEISS ICH dass er dir nix getan hat dass er –
Gloria Nada.
Rita Aber also aber –

Stille

Gloria Hätt er aber gekonnt.
Rita WAS?
Gloria Na, er hätt schon gekonnt.

Stille

Er hätts machen können.

Stille

Rita Dir wehtun?
Gloria Ja. Hätt er gekonnt.

Stille

Hätt ja sein können.

lange Stille

Rita Er hätte gekonnt.
Gloria Sie auch.
Rita Wie sie auch?
Gloria Na –

lange Stille

Rita Gloria.
Gloria Rita.
Rita Gloria.
Gloria Rita.
Rita GLORIA!

Stille

Gloria Du bist so zart. Deine Haut. Unglaublich. Ich liebe deinen Körper. Ich fühl mich so gut.

Stille

Ich fühl mich so gut.

lange Stille

Rita Ich fühl mich auch gut.

Stille

Ich glaub, ich –
Gloria Ich liebe dich Rita.
Rita Ich glaube, ich bin verliebt in dich.
Gloria Ich auch.

Rita Du küsst mich.
Ich küsse dich.
Wir küssen uns.
Rita Ich liebe dich liebe dich liebe dich liebe dich liebe dich liebe dich liebe dich liebe dich liebe dich –
Gloria Ich liebe dich liebe dich liebe dich liebe dich liebe dich liebe dich liebe dich liebe dich liebe dich –
Rita Die Nacht ist lang und löscht den Tag.
Mit meinem kleinen, zierlichen Körper umschlinge ich deinen, der groß ist und rund.
Alles ist dehnbar: die Zeit, die Umrisse, die Stille, das Grau der Nacht, das Schwarz der Nacht.
Du schmiegst dich ganz an das bisschen Fleisch an meinem Arm, meinem Bauch, meinen Schenkeln.
Jede Stelle unserer Körper ist vom Körper der Anderen bedeckt.
Die Haut und die Härchen formen ein neues Wesen.
Ganz von Schleimhäuten und Schweiß bedeckt.
Du wirst eins mit mir.
Ich zerschmelze.
Du küsst mich wieder.
Es ist wie Dampf.
Es ist super heiß.

Stille

Die Nacht ist lau und ruft ohne Schrei nach dem kommenden Tag.
Gloria Rita –

Stille

Rita Ja?
Gloria Es war so Stille einfach.

Stille

Es war so einfach Stille sich gut zu fühlen.

Stille

Rita Gehts dir gut Gloria, Süße?
Gloria Ich fühle mich gut.
Rita Es ist drei Uhr morgens und ich schlafe in deinen Armen ein.
Die Zeit vergeht zu schnell.

Die Zeit kotzt mich an.
Ich weiß nicht, ob du schläfst oder bloß deine Augen ausruhst, wie du sagst.

Stille

In meinem Traum fängst du an, dich zu vervielfachen, und bald seid ihr Tausende, Millionen, Milliarden Glorias.

Stille

Ab und zu mach ich ein Auge auf – deine Wange ist an meine gedrückt.
Du piekst.
Du bist schön.
Du bist schöner als die Milliarden Dus in meinem Traum.

Stille

Die Nacht ist lang und löscht den Tag.

Stille

Heute Morgen hat der Radiowecker um 5 Uhr 30 nicht geklingelt.

sehr lange Stille

Gloria?

Gloria HALLO HI KLEINE FETTSAU ICH SPRECH DIR MAL KURZ AUF DEN ANRUFBEANTWORTER ALSO ICH HOFFE ES IST ALLES OK BEI DIR DU SAHST SO SÜSS AUS ALS ICH AUFGESTANDEN BIN DAS WAR UNGLAUBLICH HA HA HA HA NAJA ICH WOLLT DIR NUR SAGEN DASS ICH BALD WIEDER DA BIN OK ES IST JETZT 5 UHR 30 MORGENS UND ICH GLAUB ICH DREH MAL NE RUNDE ALSO BLEIB DU RUHIG SCHÖN LIEGEN UND ICH VERSPRECH DIR ICH BIN GANZ SCHNELL WIEDER ICH BIN GANZ GANZ SCHNELL WIEDER DA PASS GUT AUF DICH AUF ICH BIN BALD WIEDER DA Stille GUT Stille BIS DANN ICH MACH LOS AMIGA TE QUIERO MUCHO TE QUIERO MUCHÍSIMO WIRKLICH DU HAST JA KEINE AHNUNG UND – AH UND ICH HAB DIR NOCH EIN BISSCHEN CASH UND EINEN MC DONALD'S GUTSCHEIN DAGELASSEN AUF DEM TISCH DANN HAST DU ERSTMAL EIN BISSCHEN DEINE RUHE OK ICH KÜSSE DICH GANZ FEST MEIN DICKERCHEN LIEBST BIS BALD BIS GANZ GANZ BALD KÜSSCHEN MMMUUAAAAAAAA MUA MUA

JE T'AIME (OUAIS OUAIS OUAIS OUAIS OUAIS)
À LA FOLIE (OUAIS OUAIS OUAIS OUAIS OUAIS)
PASSIONNÉMENT (OUAIS OUAIS OUAIS OUAIS OUAIS)
À L'AMMONIAQUE (OUAIS OUAIS OUAIS OUAIS OUAIS)[7]

JESUS DIED FOR SOMEBODY'S SINS BUT NOT MINE[8]

Gloria Darf ich einsteigen?
Fahrer Kommt drauf an wieso, ich bin nicht auf der Suche nach –
Gloria Ich bin keine Nutte, ich will nurn Stückchen mitfahren, ich bin total blank.
Fahrer Ich hab gar nichts gegen Sexarbeiterinnen, wissen Sie.
Gloria Na ich auch nicht, Alter. Das ist ja wohl klar klar klar. Nur bin ich echt nicht auf Kundenfang hier grad, sondern am Trampen.
Fahrer Alles klar, ok ok, tut mir leid. Wo wollen Sie denn hin?
Gloria Ich komm einfach mit. Setzen Sie mich ab, wenn ich Ihnen auf die Nerven geh.
Fahrer Steigen Sie ein.

PEOPLE SAY »BEWARE«!
BUT I DON'T CARE
THE WORDS ARE JUST
RULES AND REGULATIONS TU ME, ME

Gloria Das ist ja cool, was Sie da hören, gefällt mir.
Fahrer Patti Smith ist das.
Gloria Großartig.
Fahrer Die ist fantastisch.

Stille

Gloria Und was machen Sie hier mitten in der Nacht?
Fahrer Keine Ahnung. Ich fahre nur so rum. Ich musste mal richtig weit raus, also hab ich mich ins Auto gesetzt und jetzt fahr ich seit vierundzwanzig Stunden durch die Gegend.
Gloria Perfekt. Genau, was ich brauche.

Stille

Und sonst so?

---

[7] PNL, »À l'ammoniaque«, *Deux frères*, 2019.
[8] PATTI SMITH, »Gloria: In Excelsis Deo«, *Horses*, 1975.

Fahrer Weiß nicht, ob ich Ihnen das sagen soll.
Gloria Weißt du, ich hab heute Nachmittag meine Chefin abgemurkst, mich schockiert nix mehr.

Stille

Jetzt hab ich dich geduzt, sorry.
Fahrer Alles gut.

Stille

Ich trete auf. Ich bin Drag-Queen.
Gloria Nein.
Fahrer Doch doch.
Gloria In Paris?
Fahrer Ja.
Gloria Ich glaubs nicht.

Stille

Das ist doch verrückt der erste Typ der mich mitnimmt ist kein alter Sack der mir am Arsch rumfummeln will sondern eine QUEEN aus der Hauptstadt die gern mit einem Landei wie mir im Auto rumhängt. Echt also manchmal. Beste Leben ey. Nimmst du mich mal mit in eine von deinen Shows?
Fahrer Dann musst du aber mit nach Paris.
Gloria Ich hab Zeit. Bist du da losgefahren?
Fahrer Ja, aber ich glaub, ich fahr jetzt wieder zurück, ich muss morgen arbeiten.
Gloria Das ist aber ne ganz schöne Strecke.
Fahrer Es lebe die Umwelt. –
Gloria Und wie nennst du dich?
Fahrer Was?
Gloria Na auf der Bühne, wie heißt du da?

Stille

Fahrer Du wirst mich auslachen.
Gloria Sag trotzdem.
Fahrer Hole E. Mary.
Gloria ALTER WAS, HOLY MARY, BIST DU DIE JUNGFRAU MARIA?
Fahrer Ja, also, naja ich –

Stille

Im Prinzip, ja.
Gloria UNGLAUBLICH.

Stille

Na dann, gegrüßet seist du Maria, du fette Schwarte.

lange Stille

Fahrer Und du, wie heißt du?

AND HER NAME IS, AND HER NAME
IS, AND HER NAME IS, AND HER
NAME IS
G.
L.
O.
R.
I.
A.
G.L.O.R.I.A. (GLORIA)
G.L.O.R.I.A. (GLORIA)
G.L.O.R.I.A. (GLORIA)
G.L.O.R.I.A. (GLORIA)

Gloria Na, so schnell verrat ich dir das nicht.
Fahrer Ok.

Stille

Gloria Wir haben ja noch ein Stück vor uns.
Fahrer Ja.

Stille

Gloria He Maria –
Fahrer Ja?
Gloria Nein, nichts –

Stille

Kann ich eine rauchen?
Fahrer Ja ja, mach ruhig.

```
lange Stille
```

Gloria He Maria –
Fahrer Ja?

```
Stille
```

Gloria Danke.

```
Stille
```

Fahrer Willst du nicht lieber Amen sagen?

```
Stille
```

Gloria Amen, Amen.

```
lange Stille
```

He Maria, hast du vielleicht Lipgloss?

Fahrer Handschuhfach.

Gloria Mit Glitzer, meine Lieblingssorte.
Fahrer MEINE Lieblingssorte.

```
Stille
```

Gloria Oh, und weißt du was?
Fahrer Was?

```
Stille
```

Gloria Ahh, kein Bock.

G. L. O. R. I. A. (GLORIA)
G. L. O. R. I. A. (GLORIA)
G. L. O. R. I. A. (GLORIA)
G. L. O. R. I. A. (GLORIA)

Marthe Degaille

Beteigeuze

Originaltitel: Betelgeuse
aus dem Französischen von Yasmine Salimi

Für Nicole und ihre Töchter

Deutsche Übersetzung mit freundlicher Unterstützung
der belgischen Autorengesellschaft SACD Belgique

Prolog (Gedicht von Beteigeuze[1] 1)

Alle fragen sich, wann Beteigeuze explodieren wird
Vielleicht ist Beteigeuze schon explodiert und wir wissen noch nichts davon
Vielleicht lässt Beteigeuze gerade die Galaxie in ihrem Licht erstrahlen und vielleicht ist genau das für uns nicht zu sehen
Es ist für uns nicht zu sehen, weil Beteigeuze 600 Lichtjahre von unseren Sehnerven entfernt ist
Das heißt, Beteigeuze könnte vor 599 Jahren und 23 Tagen explodiert sein und wir hätten noch nichts davon mitbekommen
In einer Stunde dann allerdings schon
In einer Stunde ist Beteigeuze vielleicht schon explodiert und in ein paar Minuten sehen wir das vielleicht
Dann verwandelt sich Beteigeuze in eine Supernova
Werden wir ihre gigantische Fusions-Explosion spüren?
Werden wir durch dieses Ereignis verändert oder für die Welt und/oder für uns selbst anders werden?
Oder sind wir das längst, weil unser Bauch und unsere Gedärme schon wissen, dass Beteigeuze bereits vor langer Zeit explodiert ist, vielleicht sogar, bevor wir geboren wurden
Vielleicht hat uns das schon verändert oder vielleicht absolut nicht
Sind wir das? Verändert?
Manchmal in der Nacht, wenn der Mond scheint und die roten Laken ausbleicht, die an der Wäscheleine hängen, zwischen der Trauerweide und der Pinie
oder auch mitten am Nachmittag, wenn sich Stille in einem Gespräch breitmacht
oder auch ganz früh am Morgen in der trockenen Kälte mancher Wintertage
oder auch nach einer leidenschaftlichen, tränenfeuchten Umarmung
manchmal wüssten wir das gern
Eines Morgens waren wir um das Sterbebett des Patriarchen versammelt
Wir hatten Tränen in den Augen
Einige von uns hatten rote und heiße Gesichter vor lauter Kummer
In seinem weißen Bett wirkte der Patriarch winzig klein und sehr schwach
Das Reden fiel ihm schwer, und jedes Mal, wenn eine von uns näherkam, musste er ihr ganz fest die Hand drücken, als ob er sagen wollte, ich freue mich, dass du da bist, du bedeutest mir etwas

---

1 Anmerkung der Übersetzerin: Entgegen dem im deutschen üblichen Sprachgebrauch wird Beteigeuze hier mit dem grammatischen Femininum benannt, weil der Riesenstern in diesem Theatertext nicht nur im grammatischen, sondern auch im poetischen Sinne weiblich ist.

Alle waren sehr traurig, dass der alte Patriarch so schwach und von Maschinen umgeben war
Niemand traute sich, das übergroße Pflaster anzuschauen, das von seinem Schlüsselbein bis zum Ansatz seines Kiefers reichte, das übergroße Pflaster, das seine freiliegende Halsschlagader bedeckte, die allen Umständen zum Trotz noch schlug
Der alte Patriarch konnte nur noch schwer atmen und alles war ihm vergeben
Der alte, ganz und gar weiße Patriarch, ganz und gar nackt unter den weißen Laken seines ganz und gar weißen Zimmers
Er jammerte viel, er jammerte über sein Gedächtnis, das Aussetzer hatte, über die Worte, die sich grau färbten und deren Form er wahrnahm, die er sich jedoch nicht mehr in Erinnerung rufen konnte, er jammerte über seinen schwachen Körper und zählte seine Toten
Durch das Jammern fiel ihm das eine oder andere Wort wieder ein
und an diesem Morgen, als wir um das Sterbebett des Patriarchen versammelt waren, der unentwegt im Sterben lag, vernahmen wir laut und deutlich einen Satz
aus dem breiten Mund des Patriarchen
EIN 14-JÄHRIGES MÄDCHEN, DAS ANAL PENETRIERT WIRD, DA SOLL MIR MAL JEMAND SAGEN, DIE HÄTTE DAS NICHT GEWOLLT
Und da gerät die weiße Einrichtung des weißen Zimmers leicht ins Wanken
Den weißen Wänden läuft es kalt den Rücken herunter
Die weißen Laken stöhnen auf
Ein zweiter, ein dritter Satz dringt laut und deutlich aus dem Mund des Patriarchen
Das Ganze quillt als Wasserfall, als Lawine aus dem Mund des Patriarchen
Der Patriarch erbricht Sätze, die sich überstürzen und den ganzen Raum einnehmen, die uns durchbohren und durch die weit offenstehende Tür über den Boden gleiten und die Treppe hinabrasen wollen
Eine, an der die Hand des Patriarchen klammerte, macht sich sanft und entschieden von ihr los
Eine andere schließt leise die Tür
Wir alle schauen den Patriarchen zärtlich an
Von draußen dringt ein rotes Licht zu uns durch

Sicher ist Beteigeuze explodiert, denn der Himmel ist rot und Flüsse aus Blut strömen durch die Straßen
Wir sind so damit beschäftigt, durchs Fenster zu schauen, dass wir nicht bemerken, wie der Patriarch seinen letzten Atem aushaucht

Das war nicht Beteigeuze
Was über die Straße lief, war Blut

Was explodiert ist, war nicht der Himmelskörper
Aber was war es dann?
Wir erinnern uns nicht mehr genau daran, was da explodiert ist
Was das ganze Licht und das Fleisch verbreitet hat, am Todestag des alten Patriarchen
An die Beerdigung danach erinnern wir uns gut
Auch wenn keine von uns dort war – angesichts dieser ganzen besonderen Umstände –
Denn alle Zeitungen und Geschichtsbücher haben sie sehr genau dokumentiert
Anscheinend ist es sehr wichtig, jede Einzelheit über das Leben des alten Patriarchen zu kennen
Anscheinend ist es sehr wichtig, jede Minute im Leben des alten Patriarchen zu würdigen
Anscheinend ist es sehr wichtig, die großen Taten des alten Patriarchen in Erinnerung zu behalten
Damit der alte Patriarch und sein Lebenswerk nie den Geist aufgeben und in unserem Geist immer weiterleben
Dissidente Quellen erzählen, die Beerdigung wäre ganz und gar erfunden gewesen und der alte Patriarch hätte allein in einem Sammelgrab geendet
Sie sagen auch, eine Frau hätte sich bei lebendigem Leib in das Sammelgrab gestürzt, bevor der Bestattungsdienst vom Krankenhaus es wieder verschloss
Bisher wurde die Frau nicht identifiziert
Doch an dem einen oder anderen Abend kommt es vor,
dass wir uns fragen, wer von uns wohl die Entscheidung hätte treffen können, lebendig ins Grab zu springen

Liebe Beteigeuze,
vor einer Stunde habe ich erfahren, dass du explodieren wirst
und dass das für uns offenbar nicht gut ausgehen wird
Ich kann mir vorstellen, wie aufgeregt und ungeduldig du bist, diese neue Phase deiner Existenz zu beginnen
Wie schön du sein wirst, Geliebte
Ich verspreche dir, dass ich da sein werde, um dich anzuschauen
selbst wenn es mir die Augen verbrennen und das Trommelfell sprengen sollte
Ich will das ganze Ausmaß deiner Kraft auf meinem Körper spüren
(Insgeheim hoffe ich, dass du mich nicht tötest,
dass du deine Kunst des Verschlingens an mich weitergibst,
des Expandierens und einfach über alles hinweg Ziehens
und die Kunst des Verdauens und Sich-Vervielfachens)
Liebe liebe liebe Beteigeuze

Weit weg, ganz weit weg
Im Stillen
Expandiert etwas
Unter einer glatt wirkenden Erscheinung steckt eine Kugel
Es gelingt uns nicht, dieses Bild zu beschreiben oder zu erklären
Der Kosmos und die Himmelskörper sind eine Frage der Perspektive und daran mangelt es uns nicht
Ist das ein Monster
Ja, ist es
Ein brüllendes Monster inmitten einer kosmischen Stille
Wenn man genau hinschaut, sieht man, sein Gebrüll kommt von innen
Etwas Rundförmiges, in dem sich etwas bewegt
Als wäre da ein Wesen, das um sich schlägt
Die Kugel bekommt so viele Schläge ab, dass man meinen könnte, sie wird ihre Form ändern oder zerplatzen
Aber sie nimmt die Schläge unermüdlich entgegen
Die Kraft der Schläge steigert ihre Macht
Sie verstoffwechselt die Schläge
Sie inkorporiert sie in ihre Drehung und steigert ihre Macht
Je mehr sie die Schläge inkorporiert und ihre Macht steigert, desto mehr erschöpft sich die Triebkraft der Schläge, absorbiert von Beteigeuzes Körper ist das kein Kampf, sondern eher ein Tanz
es ist keine Schlägerei, sondern eine Übergabe
es ist auch ein tödliches Duell
aber an diesem Punkt haben wir den Tod vergessen da der Tod kontingent ist wie alles andere der Vorteil ist dass man nie mit dem eigenen Tod leben muss im Gegensatz zu all dem was im Leben zu ertragen ist der Vorteil ist dass es reicht die Augen zu schließen oder sich das Genick zu brechen noch einmal in Tränen auszubrechen und dann nichts mehr es wird schwarz ein schummriges Licht am Ende des Tunnels und dann nichts mehr und dann nichts mehr ein schummriges Licht am Ende des Tunnels und dann Ruhe
wenn Beteigeuzes innerer Kern komplett kollabieren sollte, hätte er dieses Privileg nicht, überdehnt leben mit kollabiertem Herzen, erschöpft leben mit flatterndem Herzen und verstopften Ohren, leben und leben und nochmals leben mit einer Nase voll Rotz, bedeutet denn in Ruhe zu leben nicht eigentlich sterben?

Beteigeuze
du hast dich damit abgefunden
du verzehrst dich selbst
und ich sehe deine Wut und mehr als einen Schrei

Wir sind fast so weit
Wir haben keine Lust über unsere Schulter auf den staubigen Weg zurückzublicken keine Lust zu weinen
da ist nichts aber auch gar nichts Besonderes an diesem Augenblick
Wir sind fast so weit und kein Trauma aus der Vergangenheit überwältigt uns wir sind einfach erleichtert
unsere Bleigewichte sind am Bretterboden des Ozeans geblieben
Dort ist es auch still und kalt
das ist ein guter Ort für Bleigewichte

Wir haben eine kosmische Adresse, einen Ort in einer Galaxie
Und wir spazieren durch diese Galaxie, unser Planet und unser Sonnensystem bewegen sich tatsächlich mit mehreren hunderttausend Stundenkilometern voran
Die Galaxien haben einen Ort im Universum
Und sie spazieren durchs Universum
In einigen Jahren – ein paar Millionen
Da werden die Galaxien zusammenstoßen
Sie werden sich ineinanderfügen
Und werden sogar durcheinander hindurchgleiten, um auf der anderen Seite wieder herauszukommen
Niemand kommt da unbeschadet raus, so viel ist sicher
Durch das ganze Zusammenstoßen werden die Galaxien alles verloren haben, was ihre primäre Identität ausmachte
Sie werden gar nicht mehr aussehen wie etwas Bekanntes
Sie werden Planeten mitschleifen, die nicht von ihnen sind
Sogar einige Planeten werden zusammenstoßen und explodieren, Lavaspritzer, Feuersprudel, Gammastrahlen, Wasserstoff, Uran, das wird knallen
Man kann schon sagen, das wird ein krasses Durcheinander, danach kennt sich da kaum mehr jemand aus
All das passiert ganz langsam, ganz ganz langsam, ein Menschenleben reicht nicht aus, um das zu mitanzusehen und dabei ist es unabwendbar, es kommt näher, es regt sich, es ist ständig in Bewegung
Nur weil wir es nicht sehen, weil wir es nicht spüren, soll das heißen, dass es so etwas nicht gibt? Dass es nicht so kommen wird? Dabei sind all diese Dinge bekannt und dokumentiert, aber wenn wir zum Beispiel zum Himmel schauen, um eine Antwort zu finden, würden wir dann darauf kommen, dass die Ordnung und der Ort der Sterne im Himmel in Bewegung sind, wie zu etwas anderem bestimmt, würden wir darauf kommen, dass die Phänomene, die wir beobachten, uns nie ihre letzten Ziele verraten, können wir das hinnehmen? Also all das passiert ganz, ganz langsam, aber wir sind uns ja einig, dass im Moment des Einschlags, egal mit welcher

Geschwindigkeit, etwas einschlagen wird, dass da etwas sein wird, ein Knall, und alles wird verändert sein oder die gesamte Materie quetscht sich einfach langsam zusammen, aber nein, da wir uns durchs Universum bewegen, sind wir sehr schnell, also werden, selbst wenn die Bewegung langsam ist, die Planeten mit den Sternen verschmelzen und die Sterne mit den Sternen und die Planeten an Planeten zerschellen und wir werden von einem gewohnten Phänomen, von dem, was wir gewöhnlich sehen, woran wir gewohnt sind, zu einem außergewöhnlichen Phänomen übergehen, allerdings gibt es kein Zurück mehr, und das Außergewöhnliche wird ganz schnell das Gewohnte werden
Niemand kommt da unbeschadet raus, so viel ist sicher

Die Erzählung (Kollektive Untersuchung der Varianten des Mikro-Metagens der Revolte)
Die Handlung der Erzählung spielt im Labor für multidisziplinäre In-vitro-Experimente der Revolte, wo Celeste, Molly und Zelda die Varianten des Mikro-Metagens der Revolte untersuchen. Das Labor befindet sich im Herzen von Rita.

Personen

Rita, spontanzeugende postverbale Riesen-Quantencomputerin, deren Hauptaufgabe es ist, ein Verzeichnis allen Lebens anzulegen, in dieser Geschichte ist sie die Welt, von der die menschlichen Figuren umgeben sind.
Claude, die kürzlich aus der 10. hergekommen ist, nachdem sie dort infolge einer Not-Kryokonservierung in einen 154-jährigen Schlaf versetzt wurde
Molly, zuständig für Rita und Methodologie-Ausschachtungen
Zelda, zuständig für die Rehydrierung der Observationsfelder
Celeste, zuständig für die Methodologie-Observationsfelder-Schnittstelle (Visionswächterin)
Nicole, Zeldas »Mutter«

Methodologische Ausschachtung der Sequenz Nr. 47

Celeste OK, los geht's, wie läuft's mit dem Zerebralstrahler? Alles eingestellt?
Zelda Eingestellt schon, aber er reagiert nicht so richtig
Celeste Das heißt?
Zelda Ist halt ungenau
Celeste Und wenn du die Nanoleiter switchst
Zelda Das ist es ja eben
Celeste Gibt's ein Lag?
Zelda Ist ziemlich uneindeutig
Celeste OK, Mist
Zelda Dabei sind das doch die adäquaten Grunddaten, oder Molly?
Molly Ja, von hier aus sehen die voll adäquat aus, es sei denn
Celeste Dann kann's ja losgehen
Zelda Ja nee, wenn der Input adäquat ist und der Output ungenau
Celeste Verstehe
Zelda Das könnte an diesem Punkt vor allem an der Zugeständnisschwelle kritisch werden
Molly Ah ja, da gibt's eine verbindungstechnische Schwachstelle
Celeste OK, das ist keine gute Neuigkeit, würde aber die Abweichung erklären
Zelda Und die Signalstörung
Celeste Was denkst du?
Zelda Ich denke, wir sollten zumindest auf eine trübe Störung kommen, weil mit einer vagen Störung
Celeste Vage im Sinne von langsam oder schnell?
Zelda Eher langsam, Tendenz schlaff
Celeste Ach OK, dann haben wir ganz klar ein Problem
Zelda Technisch gesehen ist das schon verwendbar, aber im Hinblick auf die Aussagekraft ist es riskant
Molly Wir müssen einen anderen Weg finden
Celeste OK, wo ist die Anomalie lokalisiert, was meinst du?
Molly Ich versteh nicht so ganz, wo es hakt, weil wirklich alles adäquat ist, die Merkmale sind erfüllt, die Äquivalenzbilanz stimmt, daher hab ich gedacht, es ist vielleicht ein Problem mit der Übertragung, aber ich hab die Nanoleiter nachkalibriert und die Schwachstelle bleibt in jeder Konfiguration bestehen, also hab ich mal die Ummantelung geprüft und da stimmt wieder alles total überein
Zelda Ja eben, stimmt halt alles total überein
Molly Wirklich
Celeste Ja gut, wenn alles übereinstimmt, aber nichts passiert

Zelda   Ich sag mal, es ist ungenau
Celeste   Das ist ja quasi nichts. Dann müssen wir ja, ich weiß nicht, ein Signalschema falsch interpretiert haben
Zelda   Da hab ich auch dran gedacht, aber ich kann dir echt keine transparentere Schemakette geben
Celeste   OK, wartet mal, das mag ja sein, dass alles adäquat, übereinstimmend und transparent ist, aber wenn das Grundsignal konform ist und die Übertragungsparameter adäquat sind und wir alles in allem nichts hören und nichts sehen, wegen dieser Schwachstelle, die quanten- und verbindungstechnisch betrachtet da nichts zu suchen hat, dann stecken wir irgendwann einfach in einer epistemologischen Sackgasse fest
Molly   Oder es ist gar keine Sackgasse
Celeste   Ja, aber warte mal, wenn das keine Sackgasse ist, was dann
Zelda   Wenn es keine Sackgasse ist, ist es strukturell bedingt
Celeste   Also methodologisch, OK, das würde die allgemeine Konformität erklären. OK
Molly   Das Prisma muss nachkalibriert werden
Zelda   Was sind die Hypothesen?

Kurze Pause

Celeste   Willst du vielleicht was sagen, Claude?
Zelda   Ach ja genau, Claude, was denkst du eigentlich?
Claude   Äh. Äh. Na ja, ich komm ja aus der 10., also daher, äh, hab ich. Das sind nicht wirklich die gleichen, ne. Also daher, was jetzt genau eure Situation angeht, da würde ich. Weiß nicht, können wir da vielleicht Rita fragen?
Molly   Na ja, Rita ist halt postverbal, also
Claude   Postverbal?
Celeste   Zwangsläufig, ja. Das Signal kommt von Rita
Molly   Das ist eine besondere Zugangsberechtigung zu ihrem Verzeichnis, daher ist Rita gerade am Limit, was die Kommunikation angeht
Claude   Ah ja, OK, postverbal
Celeste   Du weißt, was postverbal heißt?
Claude   Äh ja, glaub schon
Celeste   Du kommst aus der 10., oder?
Claude   Ja, warum?
Celeste   War mir nicht ganz sicher
Zelda   Also existiert die Schwachstelle
Molly   Zweifellos
Zelda   Im Hinblick auf die Hypothese mit dem Prisma scheint es mir vorrangig, davon auszugehen, dass die Schwachstelle existiert
Claude   Die Schwachstelle existiert
Celeste   Ja

Molly Und das System ruft die Schwachstelle selbst hervor
Zelda Genau
Celeste Ja
Zelda Also impliziert der Prismenwechsel
Molly Dass es biologisch bedingt sein muss
Zelda Wie, biologisch?
Molly Wenn das System die Schwachstelle selbst hervorruft, ist das System physikalisch
Zelda Ja
Celeste Aber wenn die atomaren Parameter OK sind, ist es keine Frage der Physik mehr
Molly Und die Schwachstelle muss geschlossen werden. Daher würde ich in dem Fall vorschlagen
Zelda Ach ja, du meinst echt
Molly Ja klar
Celeste Bist du dir sicher
Zelda Da kann man schon sagen, das ist jetzt wirklich nicht normkonform, von der Methodologie her
Celeste Na ja, das sowieso nicht, wenn man schon das Prisma ändert
Zelda Klar, wenn die Hypothese strukturell ist, muss man es versuchen, aber es ist trotzdem nicht normkonform
Celeste Claude, hast du vielleicht einen anderen Vorschlag?
Claude Also das, das tut mir ja leid, aber ich, ich versteh echt überhaupt nichts
Molly Was am meisten Sinn macht, und das ist echt nicht super normkonform, aber wenn es durch die Methodologie strukturell bedingt ist, sehe ich nicht wirklich eine andere Möglichkeit, als dass zumindest eine von uns die Schwachstelle schließt
Celeste Ja, das liegt ja wohl auf der Hand
Zelda Moment, das wird jetzt echt experimentell
Molly Nein, ist doch methodologisch
Zelda Moment, warte mal, schon klar, aber das ist ja echt, ich mein, wir haben es mit super intensiver telekinesischer Strahlung zu tun
Molly Technisch betrachtet strahlt da nichts und statistisch betrachtet dürfte das nicht modifizierend wirken
Celeste Das ist eh methodologisch bedingt
Molly Von der Verortung des Atomservers II weichen Typs und von der einwirkenden Kraft der telekinesischen Winde her müsste es meiner Meinung nach in diesem Radius bleiben
Celeste Und was den fraglichen Körper angeht, spuckt die Ausschachtung da ein paar Infos aus im Hinblick auf bestimmte biologische Eigenschaften
Molly Nee, nix, das Referenzsystem ist leer

Celeste   Ah OK, und wär das eine Option für dich, das Referenzsystem auszufüllen
Molly   Nein
Celeste   OK
Zelda   Das impliziert dann schon eine gewisse relationale Belastung
Molly   Ich verstehe deine Bedenken, aber das ist methodologisch bedingt
Claude   Sorry, kann ich euch kurz unterbrechen, Entschuldigung, das tut mir ja echt leid, aber könnt ihr mir vielleicht kurz erklären, was gerade passiert, ich glaube, ich habe nicht alles genau mitgekriegt
Celeste   Können wir jetzt bitte mal vorankommen?
Zelda   Die Methodologie ordnet keinen Körper zu
Claude   Ach und das heißt
Zelda   Genau
Celeste   Ja genau, das heißt, wir müssen jemanden auswählen
Claude   Und wer macht es dann?

Kurze Pause

Zelda   Neeneenee echt nicht
Celeste   Ich hab doch gar nichts gesagt
Zelda   Definitiv nein
Celeste   Aber
Zelda   Neeneenee
Celeste   Zelda, ich hab gar nichts gesagt
Zelda   Ich weiß schon, was du sagen wirst
Celeste   Du weißt schon, was ich sagen werde?
Zelda   Ich glaube, du irrst dich wirklich, was meine Rolle hier angeht
Celeste   Können wir vielleicht darüber reden
Zelda   Ach siehst du, du willst reden, immer willst du reden
Celeste   Zelda
Zelda   Da gibt's nichts zu bereden, ich bin zuständig für die Rehydrierung des Observationsfelds, das heißt noch lange nicht
Celeste   Ich weiß
Claude   Ich hab nicht ganz verstanden, was das
Zelda   Das heißt noch lange nicht, dass ihr mit mir tun und lassen könnt, was ihr wollt
Celeste   Aber es hat doch niemand gesagt, dass du es machen sollst
Zelda   Ja, aber irgendeine hier muss es ja machen, und zwar nicht ich
Celeste   Ich verstehe ja, dass du Bedenken hast, Zelda, wirklich, das kann ich verstehen, vor allem, weil du schon besonders schmerzhafte Rehydrierungen erlebt hast, da sind wir uns doch einig, Molly?
Claude   zu Molly Wie jetzt?
Molly   Irren ist menschlich, Claude

Celeste Genau, und auch wenn es stimmt, dass es manchmal vielleicht schmerzhaft war, ist es trotzdem nie wirklich schwerwiegend gewesen
Molly *zu Claude* Das stimmt
Celeste Im lebensbedrohlichen Sinne
Zelda *zu Celeste* Lass du dir doch mal die Bauchspeicheldrüse rekonstruieren, Celeste
Celeste Na ja
Zelda Ich fordere eine Änderung des Protokolls
Celeste So läuft das nicht, du kannst nicht jedes Mal, wenn dir etwas nicht gefällt, eine Änderung des Protokolls beantragen und dann
Zelda Also was dann, wollt ihr mich zwingen
Celeste Aber das hat doch niemand gesagt
Claude Sonst kann ich es auch machen
Celeste Ich würde dich gern nochmal darauf hinweisen, dass Protokolle strukturbildend sind
Zelda Ja
Celeste Ja also
Zelda Und das hier ist eben nicht protokollkonform
Molly Das stimmt aber auch nicht so ganz
Celeste Sagen wir mal, es ist nicht so normkonform wie sonst
Claude Dann kann ich es ja vielleicht versuchen? Ich meine, wenn es nur darum geht, dass mein Körper irgendwo hinmuss, und wenn es euch weiterhilft und dich beruhigt, Zelda
Zelda Das ist sehr nett von dir, Claude
Celeste Also das wäre dann aber wirklich nicht protokollkonform, denn Claude hat ja gar keine, also keine, also Claude, nichts gegen dich, aber du kommst hier gerade erst so reingeschneit und ich sag's nochmal, du kannst nicht einfach mal eben Protokolle ändern, Zelda
Zelda Und warum nicht? Jetzt in dieser Situation? Warum nicht?
Celeste Weil, weil mir das Gefährdungspotenzial sehr hoch zu sein scheint. Wir wissen nichts über Claudes Zellbiologie, wir kennen nicht ihre Vorgeschichte
Claude Also falls ich untersucht werden muss, ich sag euch, ich hab kein Problem mit Untersuchungen und ich bin da auch schambefreit
Zelda Na also, Claude ist einverstanden mit der Analyse und der Vorgeschichte
Celeste Das wird uns zu lange aufhalten
Molly Stimmt, die Zeit ist knapp, aber ich denke, für die Analyse wär noch ein Zeitfenster drin
Celeste Und was ist mit dem Risiko, die Sequenz zu verlieren?
Molly Das besteht, ist aber sehr geringfügig. Na ja, wir können immer noch eine andere Hypothese bilden
Celeste Aber die Zeit ist knapp

Molly Ja
Celeste Hast du die Wahrscheinlichkeit des Schwellenwerts für den Sequenzverlust?
Molly 88
Celeste Das ist schwach
Zelda Das ist nicht schlecht
Celeste Na ja
Molly Das ist sehr geringfügig
Celeste Ja?
Molly Wirklich sehr geringfügig
Celeste Na ja, OK. Ist dann OK für mich, das Protokoll für die Rehydrierung zu starten
Molly OK für mich
Zelda OK für mich. Wir erklären es dir, Claude
Claude Das ist sehr nett von euch

Rehydrierung des Observationsfelds der Sequenz 47

Celeste OK für dich, Claude?
Claude OK für mich
Zelda Du kennst auch die Risiken, Claude?
Claude Die kenne ich, ja
Celeste Wie sieht es mit der Verbindungstechnik aus?
Molly Die steht, ist aussagekräftig und adäquat, mit einer leichten Latenz vielleicht, aber das ist an diesem Punkt nicht signifikant
Celeste OK, also was sagst du zum kinästhetischen Protokoll
Molly Abgeschlossen und abgesichert
Celeste Sehr gut, dann kann es losgehen
Zelda Sollen wir das Verfahren nochmal durchgehen, Claude?
Claude Nee, ich glaube, es passt
Zelda Kannst du bestätigen, dass du darüber in Kenntnis gesetzt wurdest, dass du das Experiment jederzeit abbrechen kannst?
Claude Das kann ich bestätigen
Zelda Einvernehmlichkeitsprotokoll abgeschlossen
Celeste Rehydrierungsphase des Observationsfelds eingeleitet
Molly Spürst du etwas, Claude?
Claude Im Moment nichts

Kurze Pause

Zelda Ich hab einen Puls, aber keine Atemaktivität

Celeste   Es wäre wirklich gut, das zu beheben, fällt dir da was ein, Molly?
Zelda   Wenn das Gewebe abstirbt, kriegen wir einen Präzisionsverlust
Molly   Ich arbeite einen Distanzparameter aus
Celeste   Ja
Zelda   Ich glaube, wir sollten uns beeilen
Molly   Hier
Celeste   Kann das noch besser sichtbar werden?
Zelda   Ich hab die maximal mögliche Wiedergabe erreicht, aber der Horizont ist unscharf, viel mehr kann ich da nicht machen
Molly   An der Schwachstelle reagiert es schon mal ganz gut
Celeste   Immerhin
Zelda   Claude? Alles in Ordnung, Claude? Wir sehen hier am Bildschirm nichts Besonderes, wir warten nur darauf, dass die Signaldaten korrelieren. Ist alles in Ordnung? Moment, was ist denn
Claude, zu Zelda   Wie, was ist jetzt
Zelda   Ähm
Claude   Und warum läufst du schon wieder mit so 'ner bescheuerten Frisur rum?
Molly   Unglaublich
Claude   Das ist schon allerhand
Zelda   Also
Claude   Ich mein nur, wenn du so rumläufst, brauchst du dich ja nicht zu wundern, dass du immer noch Single bist, du könntest doch ein bisschen was aus dir machen, dir etwas Mühe geben, was weiß ich
Zelda   Ich weiß nicht
Claude   Du weißt nicht? Wie sieht's denn aus, hast du gerade jemanden?
Zelda   Ähm
Claude   Hast du jemanden?
Zelda   Na ja, also
Claude   Ah ja. Dann könntest du mich doch öfter mal besuchen kommen
Zelda   Es ist nur
Claude   Oder wenigstens mal anrufen
Celeste   Was passiert hier gerade?
Molly   Wir sind echt nochmal knapp davongekommen, Rita hat sich heftig überladen, das hat eine exponentielle Energieschleife hervorgerufen
Celeste   Was war das denn für eine Erscheinung, dieses, diese, das war doch eine Person, oder? Diese Person war nicht Claude, was war das
Zelda   Äh
Celeste   Zelda?
Zelda   Äh
Celeste   Hör jetzt bitte mal auf, Äh zu sagen und sprich in Wörtern
Zelda   Das war, na ja. Das war »meine Mutter«
Celeste   Deine was? Warte, was? Was ist denn das jetzt für ein Mist

Zelda   Na ja, das ist halt »meine Mutter«
Celeste   Claude?
Claude   Ja?
Zelda   Zurückgesetzt auf die Normalkonstanten
Claude   Von mir aus kann's losgehen, wie gesagt
Celeste   Anscheinend doch nicht zurück auf normal, Zelda, Claude hat hier gerade einen Gedächtnisverlust
Claude   Wie jetzt?
Zelda   Wie heißt du, Claude?
Claude   Na ja, Claude halt
Celeste   Also echt jetzt Zelda
Zelda   Ja, Entschuldigung
Celeste   Also Claude hat ihre oberflächlichen Funktionen wieder, das ist schon mal was. Molly, glaubst du, wir haben die Sequenz verloren? Am Bildschirm hat nichts reagiert
Zelda   Gar nichts, aber gerade eben war genau hier »meine Mutter«
Molly   Ich glaube, die Quantenbrise hat mit der Rehydrierung des Observationsfelds interferiert
Celeste   Das liegt ja wohl auf der Hand
Molly   Das Signal ist also sichtlich empathisch
Celeste   Das heißt?
Molly   Das heißt, das bestätigt die Hypothese des biologisch bedingten Prismenwechsels und den methodologischen Charakter der Schwachstelle, in dem Sinne, dass offenbar etwas fehlen musste, also in dem Sinne, dass das Signal sich nicht selbst völlig voraus ist, was wiederum Claudes transfigurierende Mutationen erklärt, und dementsprechend hat die Koppelung von Quantenbrise und Empathie dann einen Kurzschluss ausgelöst
Celeste   Und die Sequenz?
Molly   Na ja, Kurzschluss heißt ja
Celeste   Kurzschluss, hab ich verstanden, also ist die Sequenz hin. Wusste ich doch, dass das eine Scheißidee war
Molly   Ich seh das nicht ganz so, mir scheint, methodologisch betrachtet war alles adäquat. Das ist die absolute Empathie, das ist also
Celeste   Adäquat? Ich seh hier nichts Adäquates, wir hätten gerade um ein Haar, um ein Haar (macht die Geste dazu) einen nuklearen Druckverlust erlebt. OK, wir sichern Claude ab und machen dann Feedback

Absicherung von Claude

Zelda   Heb mal die Arme, Claude
Claude   Was passiert hier gerade?
Molly   Na ja, du hast die fleischliche Schwachstelle geschlossen und das

hat offenbar einen (sie zögert) methodologischen Unfall verursacht
Zelda   Kannst die Arme wieder runternehmen
Molly   Du bist die Dingens geworden, wie heißt es gleich?
Zelda   »Die Mutter«
Molly   »Die Mutter« von Zelda
Zelda   Nicole
Molly   Du bist Nicole geworden, »die Mutter« von Zelda
Celeste   Sinus-Scanner ist an, Umgebungsbereich frei machen
Claude   Ich, wie denn, Nicole, was denn, du meinst jetzt, ich bin Nicole, du meinst, ich bin nicht mehr ich, Claude, heißt das, ich bin jetzt eine andere Person
Molly   Nein gar nicht, sagen wir eher, das Signal hat dir so eine Art besondere Zugangsberechtigung zu Nicoles Alterität verschafft, mit besonders meine ich absolut, das war ein absoluter Zugang, der dir quasi ermöglicht hat, selbst Nicole zu werden
Zelda   Nicole ist »meine Mutter«
Molly   Nicole, »die Mutter« von Zelda zu werden
Celeste   Scan abgeschlossen, Zugang zum Umgebungsbereich freigegeben
Sinus-Temperatur konform
Claude   Ich, aber ich erinnere mich an gar nichts
Molly   OK, das macht nichts, das ist methodologisch betrachtet ganz konform
Celeste   Ich wüsste echt nicht, was daran ganz konform sein soll
Zelda   Das ist gesundheitlich bedingt
Claude   Gesundheitlich?
Molly   Gesundheitlich, weil es deinem Organismus ermöglicht, die radikale Alterität zu überleben
Claude   Zu überleben?
Zelda   Dreh mal den Kopf nach rechts
Molly   Ja, das ist etwas enttäuschend, aber dein Organismus hat wohl einige Kanäle gekappt (unter anderem das Gedächtnis), um zu verhindern, dass dein Nervensystem sich psychotisch überlädt
Zelda   Streck mal die Zunge links raus
Celeste   Bist du dir wirklich sicher, dass das Protokoll so stimmt, Zelda?
Zelda   Ja schon, warum
Molly   Bei dieser Sicherung gehen ganz schön viele Daten verloren
Zelda   Dreh den Kopf nach links. Streck die Zunge rechts raus
Celeste   Wer hat denn bitte dieses bescheuerte Protokoll erfunden
Zelda   Das ist das neurologische Protokoll bei methodologischen Unfällen, das steht so im Handbuch. Physischer Integritätsparameter vorhanden
Molly   Mentaler Integritätsparameter vorhanden
Celeste   Integritätsparameter vorhanden

Feedback nach dem methodologischen Unfall

Celeste Also offensichtlich haben wir die Sequenz 47 verloren. Die Rehydrierung des Observationsfelds ist gescheitert
Molly Ja
Celeste Also sind wir hier nicht protokollkonform
Zelda Echt?
Celeste Na ja, das liegt ja wohl auf der Hand, du sprichst nur noch über »deine Mutter«, Zelda, das liegt ja wohl auf der Hand, dass das nichts mehr mit, womit eigentlich, womit hat das hier eigentlich genau zu tun, jedenfalls nicht mit dem, was uns eigentlich hier zusammenbringt
Claude Und was bringt euch hier eigentlich zusammen
Celeste Was glaubst du denn, Claude? Was glaubst du, was wir hier machen?
Claude Na ja, ihr, ihr versucht so Signale einzufangen, äh also Signale, die von woanders herkommen, von Rita, und dann beobachtet ihr die
Molly Das kommt ungefähr hin
Celeste Was uns zusammenbringt, ist die Hoffnung, Claude, die Hoffnung und der Auftrag, ein Wissen weiterzugeben, etwas, das irgendwann einmal wiederverwendet werden kann, falls sich herausstellt, dass noch andere menschliche Gemeinschaften übrig sind
Molly Was statistisch gesehen schon wahrscheinlich ist
Claude Wie jetzt, schon wahrscheinlich?
Celeste Aber bisher noch nicht nachgewiesen
Claude Ach so, ich wusste nicht, dass
Celeste Was? Dass die Menschheit quasi ausgestorben ist, also abgesehen von uns, und vielleicht noch dem einen oder anderen geschützten Fleck
Molly Technisch gesehen sind wir halb ausgestorben
Claude Das macht was mit mir
Molly Es bleibt noch die Möglichkeit, dass es außerirdische Spezies gibt, die ein bisschen besser davongekommen sind, strukturell und systemisch gesehen, also das ist eine Hypothese, aber die sind noch nicht in Erscheinung getreten, daher denken wir, im Falle einer Begegnung könnten die sich für das interessieren, was wir hier machen
Celeste So ist es
Claude Und, also sorry nochmal, wenn ich nicht alles mitgekriegt hab, aber was ihr macht und worüber ihr mit denen sprechen möchtet, also wovon ihr denkt, dass die das interessieren könnte, das ist, äh, was ist das eigentlich genau
Celeste Unsere mikrozellulären Beobachtungen des Mikro-Metagens der Revolte
Claude Ach OK aber, ähm, was ist das denn
Zelda War »meine Mutter« hier, um mich zu sehen?

Celeste Ist das jetzt eigentlich deine Mutter oder ist das nicht deine Mutter? Kurze Pause. Was ist eigentlich nochmal eine Mutter
Molly In meiner schwammigen und entfernten Erinnerung scheint das eine Person zu sein, die ihren Uterus zu Fortpflanzungszwecken nutzt, also für die Befruchtung, und anschließend für die Entwicklung des Embryos, bis das Kind bereit für die Geburt ist, und wenn das Kind dann
Celeste Das ist ja echt eine ganz alte Praktik aus Urzeiten. Aber wie soll das gehen, wenn das Kind geboren werden soll, wie läuft das dann genau
Molly Dann muss es eben da durch, wo es durchmuss, denke ich mal
Celeste Moment, warte mal, das muss ja schrecklich schmerzhaft sein
Molly Ach, das kommt auf das Zeitalter an, also ich denke mal, bevor es zur totalen Externalisierung der Fortpflanzung kam, wurde das bestimmt durch verschiedene Techniken mehr oder weniger erträglich gestaltet, angesichts dessen, dass es generell eher bergauf geht, was eben den technischen Fortschritt betrifft
Celeste Erträglich? Ja vielleicht, aber so wie ich das sehe, ist das eine ganz klare Gefährdung, ich kann mir nicht vorstellen, wie man da unbeschadet rauskommt
Molly Meinst du das Kind? Oder die Mutter?
Celeste Beide, das liegt ja wohl auf der Hand
Molly Jedenfalls, wenn das Kind aus dem Körper raus ist, kümmert sich die Mutter darum und schwups, ist sie dann seine Mutter. Aber es ist auch möglich – in meiner Erinnerung jedenfalls – diese beiden Dinge zu trennen, also die austragende Rolle von der erzieherischen Rolle zu trennen
Claude Dann hätte die Mutter also etwas mit Liebe zu tun?
Celeste Wenn es austragend und erzieherisch ist, wüsste ich nicht, was das mit Liebe zu tun haben soll, das ist doch beides eher funktional
Molly Jedenfalls wird die Person in beiden Situationen als Mutter bezeichnet, also insofern wir uns hier für Nicole interessieren – bei der sicher eine der beiden Situationen zutrifft –
Celeste zu Zelda Also warum sagst du, dass sie deine Mutter ist? Hast du eine Mutter?
Zelda Ja nee
Celeste Warum sagst du dann, sie ist deine Mutter
Zelda Keine Ahnung
Celeste Wie jetzt, keine Ahnung
Zelda Na ja, ich glaube nicht, dass sie wirklich meine Mutter ist, da ich ja keine Mutter habe. Aber als der Kurzschluss passiert ist, habe ich hier so eine Art Explosion gespürt und seitdem habe ich das Gefühl, dass diese Geschichte in mir drinsteckt
Molly Das ist bestimmt eine generationelle Interferenz, das ist unglaublich

Celeste Also wie jetzt, die Interferenz hat eine Mutter in Zeldas Körper eingefügt, also falls man das so sagen kann
Molly Das ist so noch nicht vorgekommen, aber ich denke, so wird es gewesen sein
Zelda Ich spüre das alles, ich kenne die ganze Geschichte, das ist jetzt meine Geschichte
Celeste Also, mir scheint es jetzt erstmal vorrangig, dir diese Geschichte so schnell wie möglich aus dem Körper auszutreiben
Zelda Nein, das ist meine Geschichte, du treibst mir gar nichts aus
Celeste Aber du siehst doch, dass das eine Gefährdung darstellt
Zelda Ja vielleicht, aber das ist meine Geschichte und das ist meine Mutter. Das ist einfach so, ich kann es nicht erklären. Das ist meine Mutter
Celeste Das macht überhaupt keinen Sinn
Zelda Ich kann es nicht erklären
Celeste Aber es wird dich verändern
Zelda Das ist einfach so
Celeste Wir wissen überhaupt nicht, welche Folgeschäden das langfristig hat
Zelda Das ist einfach so
Celeste OK. Also zu jener Zeit wurden Personen damit beauftragt, Mütter zu sein
Molly Offenbar
Claude Ich wollte sagen, es ist mir eine große Ehre, »deine Mutter« zu sein, Zelda, ich habe gar keine Erinnerung daran, was du und ich zusammen erlebt haben, aber ich bin
Celeste Können wir bitte mal auf unser eigentliches Thema zurückkommen, das uns gerade beschäftigt, tut mir leid, aber ich versuche uns wenigstens ansatzweise eine klare Linie vorzugeben, irgendwas, das, keine Ahnung, halt annähernd Sinn macht, in dieser völlig chaotischen Welt voller Einsamkeit, Gewalt und Untätigkeit, ich weiß nicht, macht das Sinn, was ich sage?
Claude Mir tut es auch leid, ich glaube, ich bin nur gerührt, dass ich für kurze Zeit Zeldas Mutter war
Celeste Deine Befindlichkeiten sind mir scheißegal, Claude, hör mal, sowas von scheißegal. Was glaubst du denn, du kommst hier so an, fast zufällig, weil du dich entschieden hast, »die Etage zu wechseln«, aber das hier ist keine Etage, das ist unser Leben, OK? Und du kommst hier an und glaubst ernsthaft, wir interessieren uns für die Gefühle von Claude, die einen kleinen methodologischen Unfall durchmacht, das ist uns scheißegal, OK? Weißt du, woran wir hier arbeiten, ist das durchgesickert?
Claude Ähm, ja, das Makro-Mutadingsbums da, warte mal, sag nichts, das Nekro-Butagen, oh nein, tut mir leid, also echt das

Celeste Das Mikro-Metagen der Revolte. Und weißt du, wer das Mikro-Metagen der Revolte entdeckt hat?
Claude Ähm, nein
Celeste Niemand. Niemand hat es entdeckt, das Mikro-Metagen der Revolte ist in Erscheinung getreten und Forschende, die an was ganz anderem dran waren, haben seine Präsenz bemerkt und das ist mal wirklich zutiefst bewegend, das ist außergewöhnlich.
Komm mal mit, Claude

DAS MIKRO-METAGEN DER REVOLTE

Celeste Das ist jetzt also ein weicher und grüner Organismus. Was einen Organismus ausmacht, unabhängig von seiner Größe und Form, ob er menschlich oder zellförmig ist, was so einen Organismus ausmacht, ist, dass er an seinem Sein festhält. Also für diesen weichen und grünen Organismus hier ist es wichtig, dass, dass
Claude Dass er so weich wie möglich und so grün wie möglich ist
Celeste Weil er natürlich von der Struktur her genau das ist, nämlich weich und grün. Und im Umkehrschluss ist dann natürlich alles, was nicht weich und grün ist, eben vor allem eine potenzielle Bedrohung
Claude Das hat was mit dem Überleben zu tun
Celeste Zumindest mit einer bestimmten Vorstellung vom Überleben
Claude Und was ist mit dem Mikro-Metagen der Revolte?
Celeste Du hast hier also auf der einen Seite das Beispiel eines weichen und grünen Organismus. Und auf der anderen Seite hast du das Mikro-Metagen der Revolte, das zeige ich dir gleich danach. Es ist vor allem wichtig und wesentlich zu verstehen, dass es sich beim Mikro-Metagen der Revolte, wie bei jedem Mikro-Metagen, um ein schlafendes Mikro-Metagen handelt, das heißt
Claude Es kann entweder aufwachen oder nicht aufwachen
Celeste Noch etwas ist wichtig: Jede lebende Materie enthält ein Mikro-Metagen der Revolte und daher. Ich werde es dir zeigen. Also. Also äh. Es ist dann also. Kurze Pause. Also. Das. Kurze Pause. Boah kein Bock. Die Scheiße nervt.

Sie geht raus.

Claude Hab ich, hab ich irgendwas gemacht, was

Man hört Celeste mehrere Male sagen: Die nervt mich so, die ganze Scheiße, die nervt mich.

Wiedersehen

Molly Das ist eine Quantenbrise

`Celeste kommt rein.`

Molly Bestimmt hat der methodologische Unfall eine zyklische Bruchstelle verursacht, wir sollten uns vielleicht besser in Sicherheit bringen
Zelda Ich will meine Mutter sehen. Claude, bitte, bleib bei mir. Bleib bitte bei mir, Claude, ich muss meine Mutter wiedersehen
Claude Dieser methodologische Unfall hat mir einen Auftrag erteilt, Zelda, und ich werde ihn bis zum Ende erfüllen
Molly Die Stärke der telekinesischen Winde ist an diesem Punkt unvorhersehbar
Celeste Können wir vielleicht mal zwei Sekunden lang den Quatsch sein lassen und uns vor diesem Quantensturm in Sicherheit bringen?
Zelda Ach meine süße Mama. Hallo. Es tut mir so leid, ich war
Schon so lang nicht mehr bei dir
War dich so lang nicht mehr besuchen
Das ist blöd, oder?
Das ist blöd, aber so blöd ist es eigentlich gar nicht
Das alles
Was erzähle ich da eigentlich
Oder, meine süße Mama
Jedenfalls
Danke?
Danke danke danke danke danke danke
Für alles
Das war, das war
allerhand
Du und ich
Oder
Jedenfalls bist du ganz großartig
Du wirst mir fehlen?
Manchmal würde ich gern die Zeit zurückdrehen, und dann denke ich, nee, das ist doch blöd, also wirklich
Wir haben uns doch geliebt? Wir haben uns doch ganz doll geliebt, oder Mama?
Und jetzt bist du da, so völlig verstorben und ich rede mit dir und du wirst nicht mehr antworten
Das war's dann
Meine Mama, du alte Schachtel

Feedback über das Wiedersehen

Celeste Wie, das war's? So hört es jetzt auf? Das war alles? Das ist deine Geschichte? Weil das ist ja das Ende der Geschichte, da kommt jetzt nichts mehr

Molly Die gute Neuigkeit ist jedenfalls, dass die zyklische Bruchstelle nicht den Punkt von Ritas Maximalausdehnung erreicht hat

Celeste Ja, in unserem bescheidenen Maßstab ist das beachtlich, das stimmt

Claude Ich werde meinen Auftrag bis zum Ende erfüllen, Zelda, wenn du deine Mutter wiedersehen willst

Molly Du leidest an Gedächtnisverlust, Claude

Claude Schon wieder?

Molly Ja

Claude Wie unangenehm

Zelda Das ist gesundheitlich bedingt

Claude Und, hast du deine Mutter wiedergesehen, ist was passiert?

Zelda Mama ist tot

Molly Ja, dieser Begriff, »Mama«, ist mir aufgefallen, was ist das

Celeste Mama

Zelda Mama?

Molly Ja

Claude Was soll das heißen, Mama ist tot? Bin ich Mama?

Celeste Du warst tot und Zelda hat mit dir gesprochen

Molly Da du tot warst, hast du nicht geantwortet

Claude Das ist was ganz Sanftes, Mama. Mama. So ganz sanft. Wie ein Kosename

Molly Ach so, das ist eine Art Kosename. Bezieht der sich dann speziell auf Nicole?

Celeste Dieser Frage sollte man tatsächlich nachgehen

Molly Rita hat bestimmt etwas über Mama in ihrem Verzeichnis, wenn das aus Urzeiten stammt, ich muss mal die Lokalisierung berechnen und dann mache ich eine Expedition

Celeste Das erscheint mir ziemlich grundlegend, weil mir persönlich fehlt hier der Kontext

Claude Ich war tot?

Zelda Ja

Celeste Also Zelda spricht mit dir und du antwortest nicht

Molly Das war radikal

Celeste Kein Austausch von Strömen oder von Materie

Claude Der Tod

Celeste Genau

Molly Radikal

Claude Das Mikro-Metagen der Revolte
Celeste Halt die Klappe, Claude, halt einfach die Klappe

Ein Loch

Molly Wäre das jetzt nicht ein guter Moment für ein Meeting? Celeste?
Zelda Was stimmt mit dir nicht, Celeste?
Molly Celeste, Frust und Aggressionen sind die Hauptsymptome einer internen methodologischen Krise. Ich weiß, wovon ich spreche, und glaub mir, mit internen methodologischen Krisen ist nicht zu spaßen
Zelda Warum redest du nicht?
Celeste Ich hab Angst, dass alles zusammenbricht, wenn ich rede
Molly Das ist ganz typisch
Celeste Du meinst, wenn ich rede, bricht nicht alles zusammen?
Molly Nein, die Strukturen sind an ihrem Platz
Celeste Manchmal denke ich, ich habe eigentlich nichts verstanden. Nahezu überhaupt nichts. Eigentlich verstehe ich rein gar nichts. Eigentlich verstehe ich so dermaßen gar nichts, dass ich mich schon frage, ob ich überhaupt jemals irgendetwas verstanden habe. Neulich habe ich. Nein, das kann ich nicht erzählen
Zelda Die Strukturen sind an ihrem Platz, Celeste
Celeste Ich, ich habe mich, ich. Neulich war ich so überwältigt von diesem ganzen Nichts, da dachte ich, vielleicht, also ich dachte, vielleicht ist ja, ich hab mir meine Mikro-Metagene der Revolte angeschaut. Ich weiß nicht, warum ich das gemacht hab. Ich hab die ganze Nacht damit verbracht, bin alle Größenordnungen durchgegangen. Ich hab mir alles angeschaut. Und dann bin ich
Molly Und dann was?
Zelda Vertrau den Strukturen, sie sind an ihrem Platz
Celeste Na dann nichts. Rein gar nichts. In sämtlichen Größenordnungen. Rein gar nichts. Nicht die kleinste Bewegung. Nicht die Spur einer Zerrung, eines Kampfs. Nicht das geringste Nichts, rein gar nichts, überhaupt nichts. Alles in mir ist absolut normkonform. Seitdem, ich weiß nicht, ich komme mir vor, als wäre ich entweder eine Hochstaplerin oder eine Automatin, die Aufgaben ausführt, die genauso hohl und sinnentleert sind wie sie selbst
Molly Und da bist du dann in ein Loch gefallen
Celeste Ja
Molly Um dich herum sind die Ränder des Lochs?
Celeste Ja
Molly Du steckst komplett fest in diesem Loch, die Wände von dem riesigen Loch versperren dir komplett die Sicht?

Celeste Ja
Molly Nicht mal die Umrisse des Lochs waren zu erkennen, du hättest sogar vergessen können, dass du in einem Loch gelandet bist, du hättest es genauso gut vergessen und dich einfach mit dem Loch abfinden können?
Celeste Und ich muss sagen, es ist ein wirklich großes Loch voll Scheiße. Wo ich auch hinschaue, ist Scheiße, Scheißeschauer in Scheißeschwällen
Molly Celeste, bleib bei mir, schau mich an, Celeste, wo ein Loch ist, ist auch eine Wand
Celeste Ja
Molly Siehst du die Wände des Lochs
Celeste Äh ja
Molly Das ist jetzt der Moment, wo du dich an etwas erinnern solltest, das du nicht kennst, aber immer gewusst hast
Celeste Äh, in Ordnung
Molly Celeste, du bist in einem Loch, ein Loch, Celeste, ein Loch, du musst atmen Celeste, es ist bloß ein Loch
Celeste Danke, Molly. Danke für dieses Meeting. Ich war seit sechs Monaten in diesem Loch. Ich fühle mich jetzt wirklich besser

Claude äußert sich

Celeste Du wolltest etwas sagen, Claude
Claude `liest vor` Ich sehe schon, dass du denkst, mein Schweigen oder mein Zweifeln bedeuten, dass ich nicht nachdenke. Oder dass mein Denken minderwertig ist. Ich frage mich daher, ob es dein persönliches Ziel ist und du es bewusst und systematisch angehst, dass ich mich dir gegenüber minderwertig fühle. Und ich frage mich auch, warum ihr anderen, ich frage mich, warum, und damit meine ich, mit welchem Ziel, ihr das hinnehmt. Nehmt ihr das hin? Nehmt ihr das ganz bewusst hin? Falls ich jetzt diesen Raum verlasse, steckt ihr dann die Köpfe zusammen, um euch darüber lustig zu machen? Wird eine von euch beiden, obwohl ihr schön schweigt, wenn Celeste mich niedermacht, mich auf einmal lauthals nachmachen? Wird die andere dann antworten, also echt, das ist jetzt aber nicht so nett, dann aber noch einen draufsetzen und mich weiter nachmachen? Könnt ihr an meinem Unverständnis und meiner Ungeschicklichkeit euren Frust ablassen? Eure Ängste? `Kurze Pause.` Wie oft hattet ihr schon Angst, ich zu sein? `Kurze Pause.` Oder seid ihr nur aus Gewohnheit, aus Müdigkeit oder vom Alltag abgestumpft?

Mir fällt es leichter, mich schriftlich auszudrücken.

`Claude geht raus.`

Celeste Ich, ich denke mal, dass ich jetzt, äh, dass ich jetzt vielleicht dran bin, was zu, ähm. Ich. Ich hab gehört, was du gesagt hast, und ich. Weißt du, alles geht so seinen gewohnten Gang und wenn mich dann was aus der Bahn wirft, geht das ganz schnell. Ich möchte mich bei dir entschuldigen, das steht natürlich völlig im Gegensatz zu allem, was wir versuchen zu, also zu beobachten, zu verstehen, zu
Zelda Es tut mir leid, Claude
Molly Ich glaube, wir haben uns ein bisschen von der Situation mitreißen lassen, von dem Unfall und all den spannenden und beängstigenden und neuen Sachen, die er ausgelöst hat, also was mich angeht, war das wirklich nachlässig und wenn ich ehrlich bin, stimmt es ein bisschen, was du gesagt hast, ich bin nicht stolz darauf, aber da ist sicher ein bisschen was dran an dem, was du gesagt hast. Ich möchte mich bei dir entschuldigen, wir haben dich nicht gut bei uns aufgenommen
Zelda Aber dafür ist es nicht zu spät, oder? Es ist noch nicht zu spät? Du gehst doch nicht weg? Oder? Alles ist anders, seit du da bist, und wir, wir haben das ja zusammen erlebt, meine Mutter haben wir doch zusammen erlebt, du hast doch schließlich die Schwachstelle geschlossen
Claude Ja super, ich komm hier an und genau in der Minute, wo ich versuche, euch zu helfen, gibt es einen methodologischen Unfall
Zelda Aber das ist doch überhaupt nicht deine Schuld
Molly Es kann sein, dass du der Auslöser warst
Claude Wie jetzt?
Zelda Molly, also wirklich
Molly Ja stimmt doch, es stimmt und das macht nichts. Dieser Auslösemechanismus war durch multiple Faktoren bedingt, und rein logisch betrachtet kann er wirklich nicht dir allein angelastet werden
Claude OK
Zelda Ich will wirklich nicht, dass du weggehst. Also? Du gehst doch nicht weg?
Molly Wir brauchen dich, Claude
Celeste Wirklich
Claude, kommt wieder ins Labor zurück Ja?
Zelda Ja aber hallo
Molly Ich glaube wirklich, dass wir alle zusammen, also ich meine, mit dir zusammen, nochmal neu anfangen können, also nicht neu anfangen, neu anfangen geht nicht, aber wir können weitermachen, zusammen, mit allen Fehlern und unter Beachtung von allem, was du gesagt hast, wenn du willst
Celeste Ich mag dich, Claude
Molly Ich mag dich auch, Claude
Zelda Ich mag dich auch
Celeste Und es tut mir leid, dass ich halt die Klappe, Claude, halt einfach die Klappe gesagt hab, und die anderen Sachen tun mir auch leid

Längere Pause

Claude Na ja. Der post-apokalyptische Kontext und die Kargheit der Außenwelt liefern mir ein paar Anhaltspunkte, um euer Verhalten zu verstehen. Dass wir uns mögen, reicht zwar nicht, aber ich denke, es ist eine gute Grundlage. Und auf der 10. waren wir auch nicht immer vorbildlich. Ich nehme eure Entschuldigungen an und ja OK, ich bleibe bei euch, und ich mag euch wirklich auch sehr gern

```
Molly und Claude gehen raus.
```

Geständnis-Hypothese

Zelda Hast du eine neue Hypothese aufgestellt?
Celeste Ich, nein, nicht wirklich, das heißt doch, kann man so sagen, so etwas wie, na ja, am besten versuchen wir es einfach, oder
Zelda Alles OK?
Celeste Nein, das heißt doch, es ist nur, das alles, das alles arbeitet in mir, also es ist, am besten versuchen wir es einfach, oder
Zelda Ja. Ist das was Neues oder wiederholen wir ein Pattern?
Celeste Nein. Äh, also mir ist lieber, du siehst es direkt, und es ist, man kann schon sagen, dass es neu ist, ja genau. Bist du bereit?
Zelda Bin bereit

```
Celeste verwandelt sich in Mina und spielt, dass sie Zelda »Ancora
ancora ancora« vorsingt.
```

Zelda Ach, das ist ja. Also. Als Beobachterin hatte ich das Gefühl, dass. Dass. Also. Jedenfalls. Hier haben wir ein Subjekt. Das sichtbar Begehren zeigt, so nehme ich das wahr. Ich nehme ein begehrendes Subjekt wahr. Das anscheinend gerade eine Phase des Begehrens erlebt. Es ist akut, würde ich sagen. Aber glaubst du, das hat etwas mit der »Mutter« zu tun? Weil dann, dann finde ich das interessant, ja, das ist wirklich interessant, weil ich ja von außen Dinge sehe, aber von innen war das natürlich. Also jedenfalls warst du wirklich, Entschuldigung, darum geht es jetzt eigentlich gar nicht, aber ich denke, es ist trotzdem wichtig, das kurz festzuhalten, ich meine, du warst wirklich, das ist auch für diese Untersuchung hier interessant, oder, ich meine, es ist interessant festzustellen, welche Wirkung davon ausgeht, weil du warst ja wirklich, die Empathie mit dieser Person macht dich ganz, also was ich gesehen habe.
Was ich gesehen habe
Waren tausend Tentakel

Die waren ganz weich
Und an jedem Ende, an jedem Tentakelende ist ein winzig kleiner Spiegel, der eine Welt in seinem Inneren enthält
Und die Tentakel haben ihren Ursprung in einem Zentrum, aber unter den ganzen Tentakeln ist dieses Zentrum unmöglich zu sehen
Und eigentlich sind diese Tentakel tentativ, also Zeugnisse des Versuchs der Zeugenschaft vom Zentrum, von dem, was das Zentrum ausmacht, aber sie sind begrenzt, sie möchten am liebsten alles zeigen, haben aber ihre Grenzen, das ist beinahe tragisch
Und dann du
Du
Also sie
Also du durch sie
Und ich
Habe ich das Zentrum gesehen?
Kann ich dich in den Arm nehmen? Nur ganz kurz, ich würde gern eine Hypothese überprüfen

Celeste ist einverstanden. Zelda nimmt sie in den Arm.

Sie driften vom Protokoll ab

Claude und Molly kommen ins Labor zurück.

Claude Also, ich hab mich gefragt, ob es möglich ist, den Zelda-Nicole-Komplex im Hinblick auf das Mikro-Metagen der Revolte als einen Organismus zu betrachten
Molly Du schlägst vor, eine Beobachtung angenommener externer Anzeichen des Mikro-Metagens der Revolte im Organismus Zelda-Nicole in Betracht zu ziehen
Claude Genau
Celeste Wir sind aber nicht mehr protokollkonform
Claude Ja genau, das ist es ja, nicht mehr protokollkonform, dann können wir genauso gut irgendwas Neues versuchen
Molly Du meinst quasi neu erfinden?
Claude Ja
Celeste Das will ich machen
Claude Aha, siehst du!
Celeste Entschuldigung, das ist mir so rausgerutscht. Nein, das ist mir nicht rausgerutscht, ich will das machen. Ich will das machen. Lasst uns direkt anfangen, einfach so, ohne Protokoll. Zelda, erzähl mir von deiner Mutter

Zelda Ähm, ja OK
Celeste Was ist denn das Problem mit deiner Mutter? Was ist da los, ich sehe doch, da gibt's ein Problem: Sie ist tot, du weinst, Ende aus, was ist da los?
Zelda Ich kann dir ja gern was über meine Mutter erzählen, aber das ist meine Geschichte, und da wäre es mir wichtig, dass du anders mit mir sprichst
Celeste Ach so? Du meinst
Molly Ich denke, sie meint Taktgefühl, Celeste
Celeste Ach so, oh Entschuldigung, wenn das
Claude Taktlos war?
Celeste Ja schon gut, tut mir leid, Zelda, macht ihr mal, Taktgefühl ist nicht so mein Ding, ist halt so
Molly Du solltest mehr Zeit mit Rita verbringen, Rita ist das Taktgefühl in Person
Celeste Quasi-nukleare-Druckverluste sind für dich Taktgefühl?
Molly In ihrer Sprache schon
Claude Was ist mit deiner Mutter passiert?
Zelda Etwas Schlimmes
Molly Ist dir etwas passiert?
Zelda Nicht direkt
Claude OK
Zelda Mir wurde etwas angetan?
Molly Von wem?
Zelda Ja, genau, mir wurde etwas angetan
Molly Wodurch wurde dir etwas angetan?
Zelda Eine Person hat mir etwas angetan
Molly Deine Mutter?
Zelda Eine Person
Molly Eine Person hat dir etwas angetan
Celeste Wir kommen weiter, das ist doch gut
Molly Was hat diese Person dir angetan?
Claude Was hat das mit deiner Mutter zu tun?
Zelda Ich weiß es nicht genau, aber wenn ich mich mit dem verbinde, was ich empfinde, wenn ich daran denke
Claude Ja
Zelda Ich weiß nicht. Da ist so etwas Strömendes, das irgendwo aufhört
Celeste Etwas Strömendes?
Zelda Und auf der anderen Seite strömt etwas, das so stark ist wie ein Fluss. Was ist das?
Molly Ja, was ist das?
Claude Wut vielleicht?
Celeste Woher weißt du das?

Claude Weiß nicht, so eine Eingebung
Molly Wut, Zelda, sagt dir das was?
Zelda Ja, ich glaub schon. Ja, das ist es, ich bin wütend. Das ist so riesig, dass ich nicht weiß, wohin mit dieser Wut
Celeste Wir kommen gut voran
Zelda Ich will am liebsten alles kaputtschlagen
Molly Und was hat das mit deiner Mutter zu tun?
Zelda Es ist so, als hätte sie die Schleuse gesprengt, die vorher den Flusslauf reguliert hat. Ich will am liebsten alles kaputtschlagen
Claude Das hat etwas mit der Person zu tun, die dir etwas angetan hat, stimmt's?
Zelda Ja, ich glaub schon
Celeste Woher weißt du das
Claude Ich weiß nicht, das kam mir so
Zelda Jemand hat mir etwas angetan und was macht meine Mutter, sie hat diese Person beschützt?
Claude Deine Mutter hat die Person, die dir etwas angetan hat, vor deiner Wut beschützt
Zelda Ja. Ja, genau. Ich will am liebsten alles kaputtschlagen
Celeste Und dann?
Zelda Dann habe ich aufgehört, mit meiner Mutter zu sprechen. Für immer
Molly Was heißt für immer?
Zelda Das ist so, als hätte ich mich, wie sagt man, von ihr abgewandt? Und als ich mich ihr wieder zugewandt habe, war sie tot
Celeste Das ist schrecklich
Zelda Kurz bevor ich mich ihr wieder zuwenden wollte, atmete meine Mutter noch und sagte, ich glaube dir, ich glaube dir, als hätte sie die Zärtlichkeit neu erfunden, aber ihre Worte waren nicht an mich gerichtet
Molly An wen waren sie denn gerichtet?
Zelda An ihn. Ich will nicht mehr darüber sprechen
Celeste Na aber
Zelda Ich will nicht mehr darüber sprechen
Molly Wir können später weitermachen, wenn dir das lieber ist
Zelda Ich weiß nicht

`Zelda geht raus.`

Celeste Das ist ja spannend, aber ich denke schon, dass wir herausfinden müssen, wie wir diese Geschichte ganz konkret wieder aus ihrem Körper rauskriegen
Molly Stimmt schon, ist eine Gefährdung
Celeste Eine ziemliche Gefährdung

Molly Aber ich weiß nicht, ist das nicht auch schön, eine Geschichte im Körper zu haben?
Celeste Schön? Es geht da ganz sicher um Gewalt, und du findest das schön?
Molly Nein, du hast recht. Ich glaube, ich meinte eher Liebe
Claude Ich weiß nicht, ob Liebe mich dazu bringen kann, Gewalt schön zu finden, ich bin mir da wirklich nicht sicher, ich weiß nicht, ob ich da, wo Gewalt ist, überhaupt Liebe sehen kann
Molly Nein, klar, ich weiß nicht, warum ich das gesagt hab. Vielleicht meinte ich gar nicht schön. Vielleicht finde ich nicht die richtigen Worte. Ich meinte, schön im Sinne von existent, die Gewalt und, also ich weiß nicht, eine Geschichte im Körper zu haben, etwas, was dir ganz allein gehört
Celeste Etwas, was dir ganz allein gehört? Wenn es schmerzhaft ist, wüsste ich wirklich nicht, was daran gut sein soll
Molly Nein, klar, du hast recht, da ist sicher nichts Gutes dran
Claude Und ich spüre dabei gar nichts
Celeste Aber ich muss schon sagen, du gibst eine echt gute Nicole ab, Claude
Claude Echt?
Celeste Ja, wirklich
Molly OK, das müsste in diesem Radius sein, Z17-Z18.2. Ich schau mal in Ritas Ahnenverzeichnis nach
Claude Könnte ich vielleicht, also falls es dir nichts ausmacht, könnte ich vielleicht mitkommen?
Molly Klar, wenn du gerne läufst
Claude Super gerne

Molly und Claude gehen raus.

Celeste Ein Loch, Celeste, ruhig durchatmen, es ist nur ein Loch

Molly und Claude gehen in Rita spazieren

Claude Das ist echt der Wahnsinn, dieses Licht, wie eine Sonne
Molly Rita liebt Pflanzen
Claude Ach echt?
Molly Stört es, wenn ich ein bisschen Musik anmache?
Claude Ach nein, gar nicht. Du sprichst so, als hätte Rita Gefühle
Molly Weil sie welche hat, also auf eine gewisse Art
Claude Ach so
Molly Ja

Claude Aber woher weißt du das, wenn ich mich umschaue, könnte ich nicht sagen, ach guck, Rita hat Gefühle
Molly Zum Beispiel weiß ich, dass sie Pflanzen mag, weil sie zum einen ganz viele generiert, und zum anderen sind das in ihrer Landschaft meistens die Bestandteile mit der größten Datendichte
Claude Ach so, wie dieser Wald aus, aus, oh je, ich bin echt nicht so die Botanikerin
Molly Hier ist die Inspiration eher ein tropischer Nadelwald, in einer Version aus reinem Silizium, deswegen scheinen die Lichtstrahlen so durch, das vervielfältigt sie
Claude Das merke ich mir
Molly Dieser Wald hier, das sind Regenwürmer
Claude Wie, Regenwürmer?
Molly Das ist das Regenwurm-Verzeichnis. Alles, was mit Regenwürmern zu tun hat. Evolution, Geschichte, Verhalten
Claude Und seit wann gibt es das?
Molly Na ja, schon immer
Claude Du meinst, seit dem ersten Regenwurm?
Molly Ja genau, seit dem ersten Regenwurm
Claude Und was ist mit den Menschinnen und Menschen?
Molly Die sind der See und seine nähere Umgebung, die Erde, Pflanzen und Mineralien. Das Signal, das wir eben ausgeschachtet haben und das uns zu Nicole geführt hat, kommt zum Beispiel da her
Claude Dann sind hier also die Daten von Nicole, richtig?
Molly Richtig
Claude Und wir auch?
Molly Ja, wir auch. Also, ich hab eben Gefühle gesagt, aber das ist nur eine menschliche Übersetzung für einen Bruchteil ihres Verhaltens, weil Rita natürlich postemotional ist
Claude Irgendwie ist Rita ja post-alles
Molly Ja, sie ist posthuman
Claude Macht sie dir nie Angst, wenn sie alle diese Dinge kann, vielleicht will sie uns ja eines Tages auch vernichten
Molly Ach nein, diese Frage misst uns glaube ich zu viel Bedeutung bei

Kurze Pause

Claude Ist das echter Schnee?
Molly Ja
Claude Ich könnte weinen
Molly Das ist so vertraut, oder
Claude Schrecklich vertraut

Kurze Pause

Molly Hier kommen wir jetzt zu den Ahnenspeichern
Claude Was machst du da?
Molly Meinen Berechnungen zufolge müsste dieser Eucalyptus berium, ja genau, ich denke, ein oder zwei Blätter dürften reichen
Claude Kannst du Rita denn verstehen?
Molly Ja, ganz gut eigentlich
Claude Und du kannst mit ihr reden?
Molly Wenn wir das wollen
Claude Aber wie schaffst du das denn?
Molly Das wäre jetzt super umständlich, dir das im Detail zu erklären, aber sagen wir mal, das hat sich mit den Jahren so entwickelt und außerdem kenne ich die Handbücher auswendig, nach denen sie konzipiert wurde, also aus Erfahrung kann ich sozusagen verstehen und sozusagen prognostizieren, wie sich ihr Code herleitet, also da geht es vor allem um erzeugte und ausgehende Signale und ganz schön viel Quanten- und Nuklearphysik und man muss echt eine Vorliebe fürs Wandern und Basteln haben
Claude Ach so, verstehe
Molly Echt?
Claude Also nein, nicht genau, eigentlich überhaupt nicht, aber ich kann es mir vorstellen
Molly Ach so, ja
Claude Und dieses Licht hier
Molly Wie du dir vorstellen kannst, ist das dazu da, dass wir gerührt sind, wenn es aussieht wie ein Sonnenuntergang. Ach, wir müssen schnell wieder zurück. Siehst du den Nebel da hinten?
Claude Ja
Molly Das heißt, wir haben nicht mehr viel Zeit. Wenn es dich interessiert, kann ich mit dir, wenn dich das interessiert, Ritas Bewegungen teilen. Ihre Entwicklung ist ja exponentiell, also in absehbarer Zeit wäre es gar nicht schlecht, wenn wir zu zweit sind
Claude Ja, das interessiert mich

Ritas frenetische Zuckungen

```
Molly und Claude kommen zurück ins Labor.
```

Celeste Und, was hat deine Suche im Ahnenverzeichnis ergeben?
Molly Wir haben nicht mehr viel Zeit. Rita durchläuft bald eine Episode frenetischer Zuckungen

Claude Ist das schlimmer als eine Quantenbrise?
Molly Stärker als ein Sturm
Claude Ach echt?
Zelda kommt zurück ins Labor Ich will meine Geschichte neu schreiben. Das ist meine Geschichte, ich will meine Geschichte neu schreiben
Claude Geht das denn?
Molly Wenn man es schafft, einen uchronischen Modus auszulösen, geht das
Celeste Ich hab da richtig Lust drauf, Molly
Claude Einen uchronischen Modus?
Zelda Einen Modus, der die Wirkung der Zeit auslöscht
Molly Ich muss euch was gestehen
Claude Was?
Molly Wir haben von Anfang an das Erscheinen von Nicole durch Claudes transfigurative Mutationen als Ereignis wahrgenommen, auf das wir keinen Einfluss hatten
Claude Ja
Molly Es war nie ein Ereignis, auf das wir keinen Einfluss hatten
Claude Was heißt das?
Celeste Molly belügt uns relativ oft
Molly Das ist gesundheitlich bedingt, Claude
Zelda Ich frage mich, ob Nicole, meine Mutter, nicht vielleicht erschienen ist, weil in einem gewissen Sinne vielleicht
Molly Du Nicole gerufen hast
Zelda Ich soll Nicole gerufen haben? Wo soll ich Nicole denn hergerufen haben?
Claude Vielleicht von einem ganz tiefen Punkt aus, irgendwo unter deiner Oberfläche
Molly Vielleicht hast du ja gar nichts abgekriegt, vielleicht war das schon da
Zelda Vielleicht war das alles unter der Oberfläche schon da, meine Geschichte, meine Mutter
Claude Da hinten unter der Oberfläche vom See
Celeste Ja, ja, OK, deine Mutter, die Oberfläche, der See, OK, aber was machen wir jetzt?
Claude Ich würde sagen, entweder wir gehen da rein, oder wir gehen da nicht rein
Zelda Ist das wieder deine Sache mit dem See, weil ich tauch echt nicht gern meinen Kopf unter Wasser
Claude Ähm nein, das war eher metaphorisch gemeint, glaube ich
Zelda Ach so, OK
Molly Ich will da reingehen
Celeste Das ist nicht ganz unriskant, ne, aber reingehen ist für mich OK

Zelda   Ich will da auch rein
Claude   Wie kommen wir jetzt in den uchronischen Modus
Zelda   Ist das, als müssten wir akzeptieren, dass alles bei uns eine Wirkung hinterlässt?

Erfundenes Wiedersehen (wir sind uns einig, dass das alles nie geschehen ist)

Claude   Nicole (Celeste) ist bettlägerig. Sie wird bald sterben. Bis ihre Zeit gekommen ist, ruht sie sich aus. Zelda kommt vorsichtig herein
Molly   Sie schaut ihrer Mutter beim Atmen zu
Claude   Sie findet, dass sie stark gealtert ist und aussieht wie eine uralte Frau. Sie wird sich bewusst, dass ihre Mutter ihr gefehlt hat. Ein übermächtiges Gefühl überkommt sie. Sie fragt sich, warum sie nicht früher gekommen ist
Molly   Sie hält inne und betrachtet sie eine Weile
Claude   Sie fragt sich, ob es sich überhaupt lohnt, sie zu wecken
Molly   Sie überlegt, ob sie wieder gehen soll. Und dann hat sie auf einmal eine unbändige Lust, ihre Stimme zu hören. Das ist nichts Rationales
Claude   Zelda wird von Liebe überwältigt

Zelda   Mama? Mama

Molly   Nicole öffnet die Augen und braucht einen kurzen Moment, um zu verstehen, dass da wirklich ihre Tochter vor ihr steht. Sie wird von Gefühlen überwältigt. So sehr, dass kein einziger Laut aus ihrem Mund kommt
Claude   Bis zu dem Moment, wo doch etwas rauskommt

Nicole (Celeste)   Was machst du hier?

Zelda   Ich, ich weiß nicht so recht, ich wollte, ich glaube, also, dich wiedersehen, um dich, dich, also

Nicole   Na dann, jetzt hast du mich ja gesehen

Molly   Sie wendet sich ab. Sie schämt sich und sie ist wütend. Vor lauter Schmerz weiß sie nicht mehr genau, wer diese Scham und diese Wut ausgelöst hat. Zelda? Sie selbst?
Claude   Sie ist erschöpft. Die Nähe der Körper kann nichts mehr ausrichten gegen den Graben aus Schmerz, den die Jahre gegraben haben

Nicole   Kannst du bitte gehen?

Claude Zelda rührt sich nicht. Ihr stockt der Atem.

Nicole Du hast hier nichts zu suchen. Geh bitte

Claude Sie fleht sie beinahe an. Als wollte sie ihr sagen
Molly Es tut so weh, dass ich nicht die Kraft habe, mich damit auseinanderzusetzen. Als wollte sie ihr sagen
Claude Ein Neuanfang, hier und jetzt, dafür ist es zu spät, ich weiß nicht, wie das gehen soll, ich habe Angst
Molly Ich liebe dich
Claude Geh bitte
Molly Das ist natürlich nicht das, was rauskommt

Nicole ICH HAB GESAGT, DU SOLLST GEHEN

Molly Mama? Ich weiß nicht, woher ich das habe. Mama. Mama. Ich bin nicht tot, Mama. Schau mich an. Schau mich bitte an. Mama. Ich bin nicht tot. Ich weiß, dass du Schmerzen hat, dass du Angst hast, also jedenfalls kann ich mir das vorstellen, weil eigentlich weiß ich nicht viel über dich. Einmal habe ich von dir geträumt. Weißt du, was ich gesehen habe? Eine Festung, die von dunklen und tiefen Wassergräben umgeben war. Ein feuerspeiender Drache flog um sie herum. Mama, beschützt dich dieser Drache oder hält er dich gefangen? Bist du die Festung? Bist du der Drache? Was beschützt du? Was hältst du gefangen? Wer beschützt dich? Wer hält dich gefangen?

Nicole (**Celeste**) Und warum hätte ich nicht auch das Recht haben sollen, aufzugeben?

Zelda Die Mutter weint, weil sie keine gute Mutter ist, weil sie es nicht hinkriegt, weil es zu schwierig ist. Die Mutter weint, weil sie falsche Entscheidungen getroffen hat, sie beweint ihre Jugend und das hohe Alter, das sie erwartet. Sie denkt, es hätte alles anders kommen können. Wenn sie Kunst studiert hätte. Dann wäre alles anders. Wenn sie abgetrieben hätte. Einmal. Zweimal. Dreimal. Wenn sie nicht versucht hätte, sich umzubringen. Einmal. Zweimal. Dreimal. Viermal. Fünfmal. Sechsmal. Wenn sie es geschafft hätte, sich umzubringen. Einmal. Dann wäre alles anders. Wenn sie diesen Mann nicht geheiratet hätte. Wenn er sie nicht betrogen hätte. Wenn er sie nicht vergewaltigt hätte
Celeste Wenn sie eine freie Frau wäre
Claude Wenn sie keine Mutter wäre
Zelda Wenn sie bloß keine Mutter wäre

Molly Doch die Mutter ist eine Mutter. Und sie glaubt, dass die Tragik der Mutter inhärent ist, die niemals gleichzeitig vollkommen Mutter und Frau sein kann
Zelda Sie glaubt auch, wenn sie Brüste gehabt hätte, wäre alles viel einfacher gewesen
Claude Sie wäre dann selbstbewusst genug gewesen, um Kunst zu studieren
Celeste Und es wäre alles anders gekommen
Zelda Eigentlich weiß ich gar nicht, ob das wirklich Nicoles Geschichte ist, die ich da erzähle, ich weiß auch nicht, woher ich das habe, habe ich es gerade erfunden
Molly Oder ist das vielleicht eine Wahrheit, die irgendwo in Ritas Geheimwissen über die Ahnen enthalten ist
Celeste Vielleicht stimmt das eine oder das andere, das eine und oder das andere
Claude Vielleicht treffen mehrere Dinge gleichzeitig zu, vielleicht gibt es eine Gesamtmenge glaubhafter Möglichkeiten, oder?
Molly Und selbst wenn das ihre Geschichte wäre, würde sie diese so interpretieren?
Celeste Wie würde sie ihr eigenes Leben zur Fiktion machen?
Claude Lässt sich denn immer alles erklären? Und dient eine Erklärung immer dazu, etwas zu verstehen?
Molly Heißt verstehen denn entschuldigen?

Claude Zelda oder Molly, oder Molly-Zelda oder Zelda-Molly tritt an das Bett ihrer Mutter.
Zelda Sie hilft ihr beim Aufstehen.
Claude Eine Musik erklingt. Sie nimmt ihre Mutter ganz sanft in den Arm.
Zelda Nicole lässt sich in ihre Arme fallen.
Claude Zelda oder Molly sagt: Ich glaube dir. Ich liebe dich und ich glaube dir
Zelda Nicole schöpft wieder Kraft (das ist der Schwanengesang)
Claude Jetzt ist sie es, die Zelda oder Molly in den Arm nimmt. Zelda oder Molly lässt sich in die Arme von Nicole fallen, die ihr Dinge ins Ohr flüstert. Es sind zärtliche Dinge. Sie sagt: mein Kind, mein Herz, ich liebe dich. Solche Sachen

```
Das Labor explodiert?
```

EPILOG (Gedicht von Beteigeuze 2)

Bis heute wissen wir noch immer nicht, ob Beteigeuze explodiert ist.

Beteigeuze, Menstruationsfarbene, Feuerfarbene, Beteigeuze, Karminfarbene, Heiße und Mächtige, Beteigeuze, rot wie die Pfingstrose, Beteigeuze, rot wie der Goldfisch, oh Beteigeuze, rot wie der Mars, rot wie die Emotion, die unsere Wangen färbt, wutrot, rote Liebe und das Rot der Lust, blutrot, sandrot, rot, rot, rot, rot, rot, rot, rot, rot, rot

Genau dann, wenn das Eisen verbrannt ist, kommt es zur Explosion, genau dann, wenn das Eisen geschmiedet ist, Schlag um Schlag, wenn das Eisen heiß ist, so heiß, dass es bald nichts anderes mehr zu schmieden und zu schlagen gibt als sich selbst, denn das Eisen ist bald verschwunden, sogar das Eisen ist verschwunden und dann erträgt unser innerer Kern seine eigene Dichte nicht mehr, wenn uns das Herz so schwer wird, dass es einen dumpfen Schlag in der Brust gibt, einen leichten Knall, der vermeldet, dass etwas aufgehört hat zu sein, ein kleines »Klick« hat vermeldet, dass etwas kaputt ist und
Etwas ist zerbrochen, unweigerlich zerbrochen und es gibt kein Zurück mehr, da es nichts mehr enthält, was noch brennen kann, was sich noch zerstoßen ließe, das ist wie Milliarden Jahre lang Gedanken zu wälzen, je öfter man den Gedanken wiederholt, desto stärker verändert sich seine Form, mit jeder Wiederholung zieht man ihm die Kleider vom Leib, die Haut, die Haare, die Augen, die Nägel, jedes einzelne Organ, eins nach dem anderen, das Skelett, jeden einzelnen Knochen, einen nach dem anderen, Wasserstoff Helium Kohlenstoff Neon Sauerstoff Silizium Eisen
und dann
Das ist alles eine Frage der stellaren Nukleosynthese. Wasserstoff Helium Kohlenstoff Neon Sauerstoff Silizium Eisen Bumm
Sauerstoff Silizium Eisen Bumm
Wasserstoff Wasserstoff Wasserstoff Wasserstoff Wasserstoff Wasserstoff Wasserstoff
Kernkollaps
Und weiter
Helium Helium Helium Helium
Kernkollaps
Und weiter
Sauerstoff Silizium
Kernkollaps
Und weiter
Eisen
Kernkollaps

Bumm
Und dann
Bis heute wissen wir noch immer nicht, ob Beteigeuze explodiert ist.
Bis heute wissen wir noch immer nicht, wann Beteigeuze explodieren wird.
Bis heute wissen wir noch immer nicht, ob Beteigeuzes innerer Kern den Kollaps durch das Zerstoßen von Wasserstoff oder das Zerstoßen von Helium überlebt. Vielleicht zerstößt er schon Silizium. Vielleicht zerstößt er seit ein paar hundert Jahren gar nichts mehr
Kernkollaps
Kernkollaps
Kernkollaps
Und weiter
Rot
Und weiter
Und weiter
Kernkollaps
Stille
Rot
Stille
Bumm
Stille
Und weiter
Kernkollaps
Und weiter
Bumm
Bumm
Bumm
Ein grellblaues Licht dringt zu uns durch. Sicher ist Beteigeuze explodiert, denn der Himmel ist blau und unsere Brust hat Feuer gefangen
Bumm Blau Bumm Rot Bumm
Silentium oder Silizium?

David Paquet

Immer Frühlings Erwachen

Frei nach »Frühlings Erwachen« von Frank Wedekind

(Originaltitel : L'Éveil du printemps)
aus dem Französischen (Quebec) von Frank Weigand

Das Centre des auteurs dramatiques (CEAD) und die Vertretung der Regierung von Quebec förderten die deutsche Übersetzung. Bei Publikationen, Lesungen und Aufführungen ist dies unbedingt anzugeben.

Der Saarländische Rundfunk produzierte eine Hörspielfassung des Textes unter dem Titel »Sternschnupfen«.

Figuren
DIE JUGENDLICHEN:
Moritz, männlich
Wendla, weiblich
Otto, männlich
Melchior, weiblich
Martha, weiblich
Ilse, nicht-binär

DIE ELTERN:
Wendlas Mutter
Ottos Mutter
Moritz' Vater

DIE ANDEREN:
Die Chefin
Der Lehrer
Der Berufsberater
Der Verkäufer
Porno 1 Bis 46
Die Regisseurin
Der Sommerschul-Lehrer
Die Background-Sänger*innen
Der Richter
Der Pfarrer

WINTER

1.

Moritz Das sind keine Geräusche, keine Töne, das ist was anderes

Eine erste Welle, wie eine Woge
Ein leichtes Streicheln, ohne Berührung
Es ist nicht wirklich da, aber trotzdem unmöglich zu ignorieren

Ich sag mir, ich denk mir das aus, es ist in meinem Kopf, in meinem Kopf sind so viele Dinge
Aber nein

Eine zweite Welle
Stärker, länger, voller

Wie ein Magen, in dem es rumort
Aber kein menschlicher Magen
Ein Magen, der Hunger hat

Woher kommt das?
Aus dem Haus?
Nein.
Von der Straße?
Nein.
Aus dem Wald?

Ich gehe raus auf den Balkon
Wieder eine Welle, diesmal stärker
Keine Geräusche, keine Töne, sondern Atemzüge
Etwas zwischen Schrei und Gesang

Fast könnte man glauben
Ja, genau
Das ist

Die Erde beginnt zu beben
Nichts Beunruhigendes, ein Streicheln an den Füßen
Wie eine Einladung

Noch eine Welle
Es ist, als würde ich meinen Namen hören

Das kommt von dort, doch die Empfindung ist hier
Und die Empfindung sagt, komm
Komm zu uns
Wir warten auf dich

Noch bevor ich es merke
Bin ich auf der Straße, bin ich auf einem Feld
Zieht mich mein Körper
Zum Wald hin

Je länger ich laufe, desto klarer wird mir
Man kann sich durch Töne ausdrücken
Mit dem Atem Dinge sagen
Eine Sprache sprechen, die alle Sprachen verstehen

Und da, am Waldrand
Als ich gerade zu einem Haus der Empfindungen werde
Einem pulsierenden Labor
Da höre ich

```
Schuss aus einem Jagdgewehr. Die Detonation ist laut, heftig. Und ein
zweiter. Und ein dritter und so weiter, bis eisiges Schweigen folgt.
```

Und so hat
In meinem Körper
Die Gefahr den Platz eingenommen,
Wo das Begehren war

FRÜHLING

2.

Wendlas Mutter Herzlichen Glückwunsch, Wendla! Heute ist dein Geburtstag. Du bist vierzehn Jahre alt! Ich weiß, du weißt es, aber ich muss es laut sagen, damit ich es glauben kann. Vierzehn Jahre. Meine Tochter ist vierzehn Jahre alt. Hier, dein Geschenk!
Wendla Ich packe es aus. Das hässlichste Kleid, das ich je gesehen habe.
Wendlas Mutter mit strahlendem Lächeln Hässlich, stimmt's?
Wendla Ähm ... Ja.
Wendlas Mutter Hier, noch ein Geschenk.
Wendla Ein zweites Kleid, genauso hässlich wie das erste. Zwei Kleider, die mir vom Kinn bis unter die Zehen reichen. Ich sag mir, das ist ein Witz.

Das kann bloß ein Witz sein. Und da kommt meine Mutter auf mich zu, stellt sich viel zu nah vor mich und sagt ...
Wendlas Mutter beinahe drohend Jetzt, wo du vierzehn bist, ist es sehr wichtig, genauso hässlich zu sein wie diese beiden Kleider. Verstehst du mich? Du, genauso hässlich wie die Kleider. Das ist die einzige Lösung.
Wendla Lösung wofür?
Wendlas Mutter prustet vor Lachen und hält dann urplötzlich inne.
Wendlas Mutter Die Schule geht bald los. Such dir ein Kleid aus und zieh es an.
Wendla Aber warum, ich/
Wendlas Mutter Such dir ein Kleid aus und zieh es an, hab ich gesagt.
Wendla Ich weiß, bei meiner Mutter hat Widerspruch keinen Sinn. Ich gehe in mein Zimmer. Ich ziehe das am wenigsten hässliche der beiden Kleider an, obwohl beide gleich hässlich sind. Als ich aus dem Zimmer komme, mustert mich meine Mutter von Kopf bis Fuß.
Wendlas Mutter Igitt. Du bist perfekt!

3.

Die Chefin Otto. Du heißt wirklich Otto? Na gut ... Also, sag mir, Otto, warum willst du zum wunderbaren Team von *Beim Kartoffelmann gibt's super, super Pommes* gehören?
Otto Ich muss arbeiten, mir bleibt nichts anderes übrig, und ich will Geld.
Die Chefin Ist notiert. Als Antwort ist das ziemlich, wie soll ich sagen ...
Otto Ehrlich.
Die Chefin Ich meinte eigentlich »ungewöhnlich«, aber ja, das auch. Also, in Bezug auf deine Vorerfahrung habe ich mich gefragt/
Otto Ich habe keine.
Die Chefin Gar keine?
Otto Gar keine.

Pause.

Die Chefin Gar keine?
Otto Gar keine.
Die Chefin Gar keine? Tja, vermutlich muss man irgendwo anfangen ... Trotzdem muss ich gestehen, normalerweise stellen wir Leute ein, die über ein Minimum, um nicht zu sagen, eine solide Erfahrung verfügen, im Bereich/
Otto Ich bin hier, weil meine Mutter einen Schlaganfall hatte. Sie hat vier Monate gebraucht, bis sie wieder »Hallo« sagen konnte. Das ist immer

noch das einzige Wort, das sie aussprechen kann. Mein einziger Trost ist, dass »Hallo« so ähnlich klingt wie »Otto«, mein Name. Ich gebe die Hoffnung nicht auf, dass bald … Ich vermisse das: mein Name aus dem Mund meiner Mutter. (Pause.) Und bis dahin suche ich einen Job, denn jetzt muss ich die Elternrolle übernehmen.
Die Chefin   gerührt   Willst du morgen anfangen?
Otto   Ich sage Ja. Ich verlasse die Filiale von *Beim Kartoffelmann gibt's super, super Pommes* und gehe nach Hause. Als ich die Türe aufmache, sage ich zu meiner Mutter …
Otto   Bäm! Du schuldest mir zweihundert Mäuse.
Ottos Mutter   Ach! Hast du den Job bekommen? Otto! Otto, Otto! Ich bin so stolz auf dich! Aber du hast überhaupt keine Erfahrung, wie hast du es geschafft, sie zu überzeugen?
Otto   Das ist nicht wichtig. Wichtig ist: Wir haben um zweihundert Mäuse gewettet, dass ich noch diese Woche einen Job finde. Ich hab's geschafft. Ich will mein Geld.

4.

Melchior   Guten Morgen. Eigentlich wollte ich mein Referat über die Auswirkungen unseres übermäßigen Fleischkonsums auf die Umwelt halten. Denn schließlich ist das der Faktor, der am meisten zur Umweltverschmutzung und zu dem beiträgt, was man »Weltuntergang« nennt. Aber ich habe es mir anders überlegt … Ich habe es mir anders überlegt, weil ich gestern den besten Orgasmus meines Lebens hatte und ich beschlossen habe, euch heute stattdessen davon zu erzählen: von meinem Orgasmus. Also, ich war gerade im Wald spazieren, als plötzlich/
Der Lehrer   NEIN. Nein, nein.
Melchior   Was?
Der Lehrer   Nein. Nein, nein, nein, nein. Nein.
Melchior   Nein, was?
Der Lehrer   Der Weltuntergang. Wir wollen lieber den Weltuntergang.
Melchior   Warum?
Der Lehrer   Weil.
Melchior   Warum weil?
Der Lehrer   Weil halt.
Melchior   Sie wollen uns beibringen, wie man Referate vorbereitet, und dann ist Ihr Argument »weil halt«?
Der Lehrer   Das ist privat. Wir sind nicht hier, um über unsere Körper zu sprechen.
Melchior   Nadaje hat gerade ein Referat über ihre Diabetes gehalten. Was ist Ihnen lieber? Orgasmus oder Insulin?

Der Lehrer Wir können nicht ... über diese Region unseres Körpers sprechen.
Melchior Alyssa hat ein Referat über weibliche Beschneidung gehalten. Wieso dürfen wir über Genitalverstümmelung sprechen, aber nicht über Lust?
Der Lehrer Melchior, essen wir zu viel Fleisch?
Melchior Ja.
Der Lehrer Bravo. Eine glatte Eins. Setz dich. Setz dich.
Melchior Aber zuerst würde ich gerne noch ...
Der Lehrer Bitte, setz dich hin ...
Melchior Gestern habe ich auf einer Nachrichtenseite gesehen, wie jemand enthauptet wurde. *Live.* Ent-haup-tet. Ich habe nicht danach gesucht, aber ich habe es gesehen. Ich habe sein Blut gesehen, sein Fleisch und seine Nerven. Danach lief ein Bericht über das Stillen. Die Brüste waren mit komischen kleinen Vierecken zensiert. Schlussfolgerung: Ich darf zusehen, wie ein Mensch einen anderen umbringt, aber nicht, wie eine Mutter ihr Kind füttert. Wir leben in einer Welt, in der eine Brustwarze mehr Angst macht als ein Maschinengewehr. Deswegen muss ich von meinem Orgasmus erzählen: um die Heuchelei einer Gesellschaft anzuprangern, die geil nach Blut ist, außer nach dem, das alle 28 Tage zwischen meinen Beinen rinnt.
Melchior Ich setze mich wieder hin. Mit meiner glatten Eins. Martha, die immer auf ihr Telefon schaut, sagt »hier« und gibt mir einen Schlüssel.
Melchior Was ist das?
Martha Der Schlüssel vom Schulradio. Ich finde, du solltest von deinem Orgasmus erzählen. Du solltest allen davon erzählen.

5.

Martha Eine Frau wurde erfroren neben einem Hochhaus voller leerer Eigentumswohnungen aufgefunden. Seit einer Woche reden alle davon. Warum gibt es Wohnungslose in einer Stadt voller leerer Wohnungen? Ich habe daraus eine Insta-Story gemacht. Wie alles, was ich online stelle, wird sie ein paar Tausendmal geliked und geteilt. Umso besser. Das hilft uns, die Kältewellen zu vergessen.

6.

Ottos Mutter Was willst du mit den zweihundert Mäusen machen, Otto?
Otto Ich kaufe einen Kuchen, eine schöne Karte, Luftballons, einen Geschenkgutschein und ein Buch. Und schenke sie Wendla zum Geburtstag.

Ottos Mutter Wendla ... Wer ist das?
Otto Meine Freundin.
Ottos Mutter Deine Freundin?
Otto Ja, meine Freundin. Was denn sonst?
Ottos Mutter Deine Freundin wie Melchior, Martha oder Moritz?
Otto Ja, genau.
Ottos Mutter Was hast du nochmal Melchior zum Geburtstag geschenkt?
Otto Einen Donut.
Ottos Mutter Und Martha?
Otto Eine Cola.
Ottos Mutter Und Moritz?
Otto Eine halbe Portion Pommes.
Ottos Mutter Also rund acht Dollar für drei Freunde ... (mit strahlendem Lächeln) Otto, mein Süßer ... Hier hast du 250. Gönn ihr was. Oh, entschuldige ... Ich meinte, gönn dir was.
Otto Ich hasse das: wenn meine Mutter vor mir etwas sieht, was in mir drinsteckt. Ich nehme das Geld, versuche, nicht rot zu werden und gehe. Und komme sofort zurück.
Otto Käsekuchen oder Schwarzwälder Kirschtorte?
Ottos Mutter Alle beide.

7.

Moritz Ich sitze in der Schule beim Berufsberater. Er listet meine letzten Zensuren auf. Mathematik ...
Berufsberater
Drei minus.
Moritz Französisch ...
Berufsberater Drei plus.
Moritz Englisch ...
Berufsberater Eine glatte Drei.
Moritz Naturwissenschaft ...
Berufsberater Eins. Lisannes Klasse?
Moritz Da hatte jeder eine Eins. Unsere Lehrerin korrigiert auf MDMA. Sport ...
Berufsberater Vier. Hier höre ich auf: Alles andere ist schlechter als vier. Hast du schon mal überlegt, ob du vielleicht ... Gefällt dir meine Krawatte?
Moritz Ich habe ihm dasselbe gesagt, was ich immer wieder zu meinen Lehrern und zu meinem Vater sage ...
Moritz Ich mache nichts anderes als lernen. Es ist nicht so, dass es mir egal ist, es ist nicht so, dass ich mich nicht anstrenge, es ist nur so, dass ...

nichts in meinen Kopf reingeht. Wenn ich eine Prüfung schreibe, braucht man mir gar keine Note zu geben. Ich kenne das Ergebnis bereits: Moritz, du bist eine Null. Egal welches Fach, das ist meine Note: Moritz, du bist eine Null. Wenn es eine Prüfung gibt, eine einzige, die ich gerne bestehen würde, dann diese: lernen, etwas anderes zu sein als dieser Moritz.
Berufsberater Warum spielst du nicht Theater? Da könntest du in die Rolle von jedem beliebigen Menschen außer dir selbst schlüpfen.
Moritz Jemand anderes werden. Genau das versuche ich, seitdem ich auf der Welt bin. Das ist perfekt!

8.

Wendla Ich bin auf dem Schulhof. Mit meinem Kleid. Meine Freundin Martha kommt auf mich zu.
Martha Entschuldigen Sie, der Eingang für die Eltern ist da drüben.
Wendla Martha, ich bin's. (Martha überlegt, kommt nicht drauf ...) Wendla.
Martha Oh! Du siehst aus wie Else Kling aus der *Lindenstraße*.
Wendla *Lindenstraße*, was ist das denn?
Martha Eine Serie, die meine Oma in den 80ern und 90ern geschaut hat. Übrigens hat nicht mal meine Oma im Jahr 1990 sowas getragen.
Wendla Ich hab's mir nicht ausgesucht. Jetzt, wo ich eine Frau werde, zwingt mich meine Mutter, eine alte Jungfer zu sein.
Martha Oh, stimmt ja! Herzlichen Glückwunsch zum Geburtstag! Mein Geschenk zu deinem Vierzehnten ist ein Ratschlag: Zieh das aus, bevor dich jemand sieht.
Melchior Hallo, Martha! Guten Tag, sind Sie Marthas Mutter?
Martha Das ist Wendla.
Melchior Ich weiß, die hat heute Geburtstag! Sobald sie kommt, bewerfe ich sie mit Konfetti.
Martha Nein. Das hier ist Wendla.
Melchior mustert sie von Kopf bis Fuß Igitt ... (bewirft sie mit Konfetti) Herzlichen Glückwunsch?
Wendla Danke.
Melchior unfähig, sie anzusehen Ich schaff's nicht, ich krieg Augenblutungen. Schnell, zieh das aus, bevor dich noch jemand /
Moritz Hallo Mädels! (zu Wendla.) Und ... Gnädige Frau? Ich bin gerade Otto über den Weg gelaufen. Er bringt die Kuchen!
Martha Psst!
Moritz Wo sollen wir denn die Kuchen verstecken?
Melchior und Martha Psst!
Moritz Was, psst?

Martha Das ist Wendla.
Moritz Wo denn?
Melchior Hier.
Moritz Hä? (Schließlich erkennt er sie.) Oh ... Als meine Cousine vierzehn war, ist sie Grufti geworden. Ich will, dass du weißt, ich respektiere deine Entscheidung. Ich verstehe sie nicht, aber ich respektiere sie. Ich respektiere sie, aber zieh das sofort aus, bevor/
Otto Hallo allerseits! Ich habe die Ku/
Wendla Ja, ich bin's, okay? Ich bin Wendla! So sehe ich jetzt aus. Ich weiß, ich bin hässlich!
Otto Keiner hat mir gesagt, dass das eine Kostümparty ist ...
Melchior Es ist auch keine Kostümparty ...
Wendla Nein, es ist keine Kostümparty. Es ist die Abschiedsfeier von meinem Leben als wohlbehütetes junges Mädchen. Ich bin doch nicht blöd, ich weiß genau, was hier gespielt wird. Ich bin vierzehn Jahre alt. Mein Körper verändert sich. Und damit auch der Blick der anderen. (zieht mühsam ihr Kleid aus) Nimm das, du Anti-Vergewaltigungs-Rüstung, du patriarchale List, du Else-Kling-Schutzschild aus der *Lindenstraße* ... Ich brauche keinen Schutz. Die anderen brauchen dringend Erziehung. Und der erste Schritt ist, alle hässlichen alten »Damit-wirst-du-nicht-vergewaltigt«-Kleider zu nehmen und sie in hässliche alte »Damit-vergewaltigst-du-nicht«-Hosen zu verwandeln.
Melchior Yeeees!
Martha Fuck das Kleid!
Otto Als einziger hier anwesender weißer, heterosexueller Cis-Mann ...
Moritz Aber ich doch auch, ich bin/
Otto Würde ich gerne Folgendes sagen: Wendla, ich nehme alles auf mich, was du anprangerst und verspreche dir, in Bezug auf mein eigenes Privileg wachsam zu sein. Aber vor allem hab ich dir zwei Kuchen gekauft!
Melchior Zwei Kuchen? Ich hab einen Donut gekriegt ...
Martha Eine Cola ...
Moritz Eine halbe Portion Pommes ...
Otto Noch wichtiger als die Kuchen, Wendla, ich will, dass du weißt: Mit Augen wie deinen ist es egal, was man anhat.
Wendla Danke, Otto. Ich ... Ich hatte mit einem Päckchen Kaugummi gerechnet oder/
Otto Was ich meine ist: Du bist schön. Und je älter du wirst, desto mehr stimmt dieser Satz.
Wendla Das ist nett. Ich/
Otto Was ich meine ist: Du wirst immer schöner sein als ein/
Melchior Wir haben verstanden, Otto ...
Martha Das war ziemlich deutlich ...
Moritz Was verstanden? Was meint er?

Otto Was ich meine, ist: Wendla, du bist schön. Du bist so schön, dass/
Wendla Danke, Otto. Wirklich ... *Ich* meine aber: Ich habe gar nicht das Bedürfnis, schön zu sein. Ich habe das Bedürfnis, frei zu sein. Was anderes will ich gar nicht zu meinem Geburtstag.
Melchior Ah! Ich weiß, wo wir feiern können. Im Wald.
Wendla Ja. Im Wald, das ist perfekt!
Moritz versucht, seine Angst zu verbergen Ich kann nicht, ich muss lernen. Ich muss meinen Notendurchschnitt verbessern. Außerdem habe ich nachts Ausgangssperre.
Martha Hast du auch ein Fenster?
Moritz Ja.
Martha Gut, dann wär das geklärt.
Moritz Warum machen wir das nicht woanders?
Wendla Weil wir im Wald ein Lagerfeuer machen können und ich ein Kleid zu verbrennen habe. Kann jemand Feuer mitbringen?
Otto Ich kümmere mich drum! Ich übernehme das! Ich mach das! Für Wendla! Ich bringe Streichhölzer mit, Feuerzeuge, eine Fackel, Zeitungspapier, dünne Zweige und zwei Steine! Wendla! Wendla! Und jetzt alle: Wendla! Wendla!
Wendla Otto, liebst du mich?
Otto Igitt, nein! Nicht Igitt. Bloß nein. Na ja. Manchmal schon ... Ja.
Wendla Ich dich auch. Als Freund.
Melchior Autsch ...
Otto Als Freund, das ist cool, das ist super, das ist genau, was ich will. Uff. Was fürn Glück.

Schweigen.

Wendla Ist irgendwas komisch?
Otto WHAT? Komisch? Oh Mann, du hast Paranoia, faselst rum, sprichst im Fieber. ICH LIEBE DICH! Warum liebst du mich nicht?

Wendla Otto, ich habe bloß gesagt, dass/
Otto Ich habe zweihundert Mäuse für dich ausgegeben. Geht's denn noch romantischer?
Wendla Hör auf, mich ständig zu unterbrechen, das wär schon mal ein guter/
Otto Dich unterbrechen? Das würde ich nie tun!
Wendla Du hast mich gerade/
Otto Ach, *ich* bin also das Problem? Ich kaufe dir Kuchen und Kerzen, aber ich bin das Problem?
Wendla Warum weinst du nicht einfach? Du würdest doch gerne. Du bist verletzt, das ist normal. Heul einfach. Na los.

Otto unterdrückt mühsam seine Tränen Nein, ich werd doch nicht …
Wendla Doch, wirst du …
Otto Nein …
Wendla Doch …
Otto Nein …
Melchior, Martha und Moritz skandieren zärtlich Heul doch. Heul doch. Heul doch. Heul doch.

Otto fängt sich wieder.

Otto Du brauchst gar kein Kleid, Wendla. Du bist so hässlich, dass dich sowieso niemals jemand anfassen will.
Melchior, Martha und Moritz Oh!

Wendla zertrampelt den ersten Kuchen. Otto kann ein Schluchzen nicht unterdrücken. Wendla zertrampelt den zweiten Kuchen.

Otto rennt schluchzend weg Aber ich liebe dich!

Wendla Oh Mann … Umso besser. Dann wird das eine Mädels-Party.
Moritz Ich bin kein/
Wendla Moritz, du kommst, Schluss, aus, keine Diskussion. Und treib irgendwo Feuer auf. Ich habe ein Kleid zu verbrennen.

9.

Melchior Ich bin im Studio des Schulradios. Niemand wird mich daran hindern, von meinen Orgasmen zu erzählen … außer vielleicht ein Mischpult mit Hunderten von Knöpfen. Ich drücke auf einen ersten Knopf, das Licht geht aus. Ich drücke auf einen anderen Knopf. Nichts. Ich drücke auf viele Knöpfe gleichzeitig. Ein zweites Mischpult mit noch mehr Knöpfen leuchtet auf. Scheiße …
Martha Oben links.
Melchior Ich drehe mich um. Es ist Martha.
Martha Ich dachte, du brauchst vielleicht Hilfe … Das da musst du als erstes einschalten. Dann drückst du hier drauf und dann hier. Wenn du bereit bist, drückst du hier drauf, auf diesen Knopf, und die ganze Welt hört dir zu.
Melchior Ich versuche, es genauso nachzumachen, aber ich komme durcheinander. Sie legt ihre Hand auf meine.
Martha Hier, hier, und dann hier. Genau so.
Melchior Als sie ihre Hand wegnimmt, spüre ich sie immer noch.

Martha Wir sehen uns an, wie wir uns in drei Jahren Freundschaft noch nie angesehen haben.
Martha Darf ich hierbleiben und zuhören?
Melchior Es ist komisch. Vor meiner ganzen Klasse reden, kein Problem. Ganz alleine vor ihr reden, peinlich. Sehr peinlich.
Melchior Ähm ... ja. Ich werd dich bloß nicht anschauen. Ich werde mich auf ... die anderen konzentrieren. Diejenigen, die nicht hier sind.
Martha Aber zuerst schließ ich die Tür ab.
Melchior Warum?
Martha Weil jemand versuchen wird, dich aufzuhalten.
Martha Ich schließe die Tür ab. Ich setze mich in eine Ecke und versuche, zu verschwinden, um sie nicht zu stören, aber es ist unmöglich. Ich bin so sehr da. Hier. Bei ihr.
Melchior Guten Tag allerseits. Hier spricht Melchior. Wie meine ganze Klasse bestätigen kann, bin ich heute Morgen zensiert worden. Man hat mir deutlich zu verstehen gegeben, dass ich kein Recht hätte, von meiner Lust zu erzählen.
Martha Drei ...
Melchior Genauer gesagt, von meinem Orgasmus gestern. Einem Orgasmus, der so stark war ...
Martha Zwei ...
Melchior Dass ich die Tatsache, darüber zu sprechen, als einen Dienst an der Allgemeinheit betrachte.
Martha Eins ...
Melchior Also, gestern bin ich im Wald ...
Martha Jemand beginnt, gegen die Tür zu hämmern ... Melchior dreht sich zu mir um. Ich sage, sie soll weitermachen ...
Melchior Ich fühle mich so gut, dass ich mich unter einen Baum setze ...
Martha Draußen wird stärker gehämmert ... und gerufen:
Der Lehrer NEIN. Nein, nein.
Melchior Dazu muss man wissen: Ich masturbiere ...
Der Lehrer Stopp.

Melchior Seit ich elf bin ...
Der Lehrer Das wollen wir nicht wissen.
Melchior Aber gestern war es nicht wie sonst ...
Der Lehrer Darüber spricht man nicht.
Melchior Ich spüre alles, als wäre es das allererste Mal, dass ...

```
Der Strom wird abgestellt.
```

Melchior Martha hatte Recht ...
Martha Sie haben den Strom abgeschaltet ...

Melchior Den Ton …
Martha Das Licht …
Melchior Sie haben alles abgeschaltet und uns von Unterricht ausgeschlossen …
Martha Grob anstößiges Verhalten …
Melchior Wir hätten uns grob anstößig verhalten. Sagten sie immer wieder …
Martha Grob anstößig. Uns doch egal. Wir hören ihnen kaum zu …
Melchior Alles, was wir hören, ist der Atem des Waldes …
Martha Als wir raus sind aus der Schule, brauchen wir gar nicht zu reden …
Melchior Wir sehen uns an und wissen Bescheid …
Martha Wir laufen los …
Melchior Bis wir im Wald sind.

10.

Moritz' Vater Mein Sohn? Theater spielen? Na ja, eigentlich … Wenn ich's mir recht überlege … Sage ich mir … Nein. Nein. Nein. Nein. Nein. Oder vielmehr, wie man im Theater sagen würde: (übertrieben artikuliert) NEIN! NEIN! NEIN! NEIN! NEIN! Moritz, erklär mir zuallererst mal eines: Wieso heißt das »lebendige Bühnenkunst«, wenn man jedes zweite Mal dabei EINSCHLÄFT? Weißt du, wenn die Aufführung vorbei ist und wir klatsch-klatsch applaudieren, klatsch-klatsch applaudieren? Dann heißt das nicht »Bravo, liebe Schauspieler, bravo«, sondern »Wow, wir sind noch am Leben«. *Standing ovation* bedeutet: Ein Publikum, das aufsteht, um sich zu beweisen, dass es noch am Leben ist. Theater? Kannst du dir einen noch weniger systemrelevanten Beruf vorstellen? Ja, du hast mich richtig verstanden. Ich hab's gesagt, und ich sag es noch mal: NICHT SYSTEMRELEVANT. Was willst du denn da lernen, im Theater? Hm? Strumpfhosen anziehen, deine Chakren finden, sexuell uneindeutig werden? Nein, sag schon, das ist eine echte Frage. Was willst du im Theater lernen, das irgendeinen Nutzen hat? Ich höre.

Pause.

Moritz Ich hab das Gefühl, dass/
Moritz' Vater Lauter! Deine Stimme muss tragen.

Schweigen.

Moritz Dass alles um uns herum unecht ist. Das Essen im Kiosk ist kein echtes Essen. Die Körper in der Werbung sind keine echten Körper. Das

Geld an der Börse ist kein echtes Geld. Alles, was so tut, als wäre es echt, ist eigentlich unecht. Indem ich Theater spiele, will ich gleich etwas Unechtes machen. Vielleicht wird mir das dabei helfen, etwas Echtes zu finden. Eine Wahrheit.

Pause.

Moritz' Vater Eine Wahrheit? Die Wahrheit ist, Moritz, dass die Schule angerufen hat. Ich weiß, dass du versetzungsgefährdet bist. Die Wahrheit ist, dass ich dich für einen Sommerkurs angemeldet habe. Denn eins ist klar: Du. Schaffst. Dieses. Schuljahr. Die Wahrheit ist, dass ich dich auf ein Internat schicke, wenn du durchfällst. Vielleicht kriegst du die Schule besser in den Schädel, wenn du in der Schule wohnst? Du willst Schauspieler werden? Mach's wie alle anderen auch: Mach deinen Abschluss, such dir einen echten Job und tu so, als würde er dir gefallen.
Moritz An diesem Tag begreife ich zwei Dinge. Wenn man jemandem seinen Traum zertrampelt, zertrampelt man sein Herz. Und ich, Moritz, weigere mich, dass mein Vater überall auf mir seine Fußabdrücke hinterlässt. Ich melde mich zum nächsten Vorsprechen der Theatergruppe an. Für die Hauptrolle. Als Otto das hört, sagt er:
Otto Ich wette zwanzig Mäuse, dass du sie nicht kriegst.
Moritz Fünfzig Mäuse. Ich wette fünfzig Mäuse, dass ich sie kriege.

11.

Martha Nach zehn Minuten im Wald finden wir einen *spot* für Wendlas Fest. Wir schmücken die Bäume, bereiten das Feuer vor und dann ... Das ist alles. Es bleibt nichts mehr zu tun, als zu warten. Gemeinsam. Seite an Seite.

Pause und Unbehagen.

Melchior Soll ich näher ranrutschen oder warten, bis sie näher ranrutscht?
Martha Soll ich ihre Hand nehmen?
Melchior Hat sie Lust, oder geht das bloß mir so?
Martha Sollte ich vielleicht etwas sagen? Aber was denn?
Melchior Ist das ein »uns geht's gut zusammen«-Schweigen oder ein »wir haben einander nichts zu sagen«-Schweigen? Gerade, als ich den Mund aufmache, um »komm näher« zu sagen, höre ich ...
Martha Das ist kein Ton. Auch kein Geräusch.

Melchior Es ist eine Welle.
Martha Ein Pulsieren. Das meinen ganzen Körper durchdringt.
Melchior Sofort beginne ich zu schwitzen. Meine Kleidung ist pitschnass. Ihre auch.
Martha Ist das ihr Atem oder meiner oder ist es der Wald?

Melchior Etwas kitzelt mich, doch nichts berührt mich. Es ist, als würde ich unsere Namen hören ...
Martha Melchior ...
Melchior Martha ...
Martha Martha ...
Melchior Melchior ...
Martha Etwas kommt näher ...
Melchior Etwas, das von überall gleichzeitig kommt ...
Martha Aber was ist das?
Melchior Eine Herde?
Martha Ein Monster?
Melchior Ein Sturm?

In der Tat kommt da etwas: eine Mücke. Eine winzige, lächerlich kleine Mücke. Sie prusten vor Lachen. Sehen sich an. Starren sich an. Küssen sich. Geräusch eingehender Textnachrichten. Melchior nimmt ihr Handy und liest schnell.

Melchior »Lernen ... Internat ... Tut mir leid ...« Tja, Moritz kommt nicht. Wann begreift er endlich, dass man die wichtigen Dinge nicht in der Schu/ (Plötzlich schlägt Martha ihr mit der flachen Hand auf den Arm.) Autsch!
Martha Sie wollte dich gerade stechen. Tut mir leid. (Melchior starrt gedankenverloren auf ihren Arm.) Was glaubst du, wann kommt Wendla? Melchior? Melchior?
Melchior Mach das nochmal.
Martha Was, das?
Melchior Die Mücke. Mach sie platt.
Martha Da ist keine Mücke mehr.

Melchior Doch, da ist eine. (Melchior hält ihr ihren Arm hin.) Hier.
Martha Du willst, dass ...
Melchior Ja. (Unsicher lächelnd schlägt Martha mit der flachen Hand auf Melchiors Arm. Melchior zeigt auf ihre Schulter.) Hier ist noch eine ... (Martha schlägt mit der flachen Hand auf Melchiors Schulter.) Da ist noch eine richtig fette, hier ... (Melchior geht auf alle Viere und zeigt auf ihren Hintern. Martha zögert.) Bitte, Martha. (Martha

schlägt mit der flachen Hand auf Melchiors Hintern. Ein zweites Mal.)
Nochmal. (Martha schlägt fester zu.) **Nochmal.**
Martha Fester?
Melchior Fester! (Martha schlägt immer fester zu.) **Ja! Ja! JA!**
Martha NEIN!

Beschämt reißt Martha sich los und rennt weg, während Melchior vor Lust stöhnt.

SOMMER

12.

Wendlas Mutter Die vier schlimmsten Wörter der Welt. Seit siebzehn Tagen, die vier schlimmsten Wörter der Welt. Noch. Nie. Dagewesene. Hitzewallung. Ihr habt es erraten: Ich befinde mich in einer noch nie dagewesenen Notlage ... Zu Hause haben wir eine Politik: keine Klimaanlage. Warum?
Wendla Weil die Klimaanlage eine Menge heiße Luft nach draußen pustet. Man tut nichts gegen den Klimawandel, indem man selbst zum Klimawandel beiträgt.
Wendlas Mutter Mit dieser Politik ist jetzt Schluss.
Wendla Aber Mama, wir/
Wendlas Mutter MIT DIESER POLITIK IST JETZT SCHLUSS.
Wendlas Mutter Eine halbe Stunde später stehe ich in einem großen Verbrauchermarkt.
Wendlas Mutter Haben Sie Klimaanlagen?
Der Verkäufer Ach, wie komisch! Gerade eben haben wir die letzte verkauft.
Wendlas Mutter Wie bitte?
Der Verkäufer Gerade eben haben wir die letzte verkauft.
Wendlas Mutter Wie heißt du? Du heißt Georges. Das sehe ich hier, auf deinem kleinen Namensschild. Hallo, Georges. Wie geht's? Du brauchst nicht antworten, das ist reine Formsache. Georges, ich will, dass du etwas weißt: Seit einem Jahr ist mir heiß. Seit einem Jahr ist mir STÄNDIG heiß. Morgens ist mir heiß. Nachmittags ist mir heiß. Abends ist mir heiß. Und mitten in der Nacht ist mir sehr, sehr, sehr heiß. Ja: das ist die Menopause. Übrigens verstehe ich gar nicht, warum das MenoPAUSE heißt, denn ganz eindeutig gibt es bei der MenoPAUSE keine PAUSE. Eigentlich sollte das MenoSTRESS oder MenoNERVEN heißen ... Oder warum nicht, ganz einfach, MenoSCHEISSDRECK. Ja, ich finde, das ist wert, in dein kleines Mikro gesprochen zu werden. (Sie entreißt ihm das Mikro und

wendet sich an das gesamte Geschäft.) Achtung, Achtung, liebe Kundinnen und Kunden: MenoSCHEISSDRECK. Ich wiederhole: MENOSCHEISSDRECK. Danke für Ihre Aufmerksamkeit. (Sie legt das Mikro hin.) Und jetzt, Georges, nimmst du dein Handy und rufst deinen Vorgesetzten an oder deinen Geschäftsführer oder den regionalen Einkaufsleiter – mir egal, wen, das darfst du dir aussuchen –, solange es nur jemand ist, der mir weiterhelfen kann.

Er nimmt sein Handy und wählt eine Nummer.

Der Verkäufer Guten Tag. Georges am Apparat. Könnte ich mal den Vorgesetzten sprechen? Kleiner Scherz. (Er legt auf.) Sehen Sie, ich bin der Vorgesetzte. Und der Geschäftsführer. Und der regionale Einkaufsleiter. Die nächsten Klimaanlagen kommen in neun Tagen rein. Bis dahin empfehle ich Ihnen, zu lernen, wie man sich beherrscht, oder einfach zu Hause zu bleiben.

Pause.

Wendlas Mutter Haben Sie Kühlschränke?
Der Verkäufer Ja.
Wendlas Mutter Ich nehme einen.

13.

Moritz »Cléa, ich liebe und begehre dich. Für mich bist du/«
Melchior Stopp. »Cléa, ich liebe und begehre dich.« Woran denkst du, wenn du das sagst?
Moritz An nichts.
Melchior Das merkt man. Denk an etwas – oder eine Person – die dich anmacht.
Moritz Okay. Gute Idee. »Cléa, ich liebe und begehre dich. Für mich bist du/«
Melchior Dir ist nichts eingefallen, stimmt's?
Moritz Nein. Tut mir leid.
Melchior Moritz, wenn du wirklich Theater spielen willst, musst du es aus dem Bauch heraus tun.
Moritz Das tue ich doch. Hoffe ich zumindest.
Melchior Aus dem Bauch heraus. Nicht so, als ob du verdauen würdest. Sondern so, als würdest du JA sagen. So ... (Sie stöhnt.) Na los. (Moritz stöhnt zaghaft, ganz schüchtern.) Nicht rülpsen. Stöhnen.
Moritz Ich kann eben nicht JA sagen, okay? Aus dem Bauch oder sonst woher. Ich kann das nicht!

Melchior Jeder kann das, Moritz. Du musst bloß herausfinden, wozu. Bist du schwul?
Moritz Nein. Das heißt ... Ich weiß nicht.
Melchior Ah! Vielleicht bist du bisexuell! Oder pansexuell! Oder autosexuell? Das wär heiß! Oder vielleicht bist du demisexuell, nicht-binär, polyamourös, *queer*, ein heimlicher Fetischist und außerdem kinky? Kann auch sein, dass du hetero bist. Ich mag dich trotzdem.
Moritz Wie findet man raus, was man mag?
Melchior Ganz einfach. (Sie holt ihr Handy raus.) Ich hab dir gerade einen Link geschickt. Das ist ein Libido-Menü. Ein Kompass der Begierde. Je mehr es dich erregt, desto besser kennst du dich. Ich weiß, du hast Angst. Hab keine Angst. Das ist bloß ein kurzer Überblick über alle möglichen Arten zu ficken, die es gibt.
Moritz Gibt es mehr als eine?
Melchior gerührt von seiner Naivität Moritz ... Die menschliche Sexualität ist ein Kontinent. Willst du wirklich dein ganzes Leben im selben Dorf verbringen?

Pause.

Moritz Melchior, wo ist Martha?
Melchior schroff Martha redet nicht mehr mit mir, und ich hab keine Lust, darüber zu reden.
Moritz Seid ihr noch zu/
Melchior Mein ganzes Leben lang hat man mich verurteilt, weil ich Sex mag. Wenn ich darüber rede, werde ich nicht mehr respektiert. Wenn ich welchen habe, werde ich nicht mehr geliebt. Ich wollte, dass das mit ihr anders ist.
Moritz Melchior geht. Ich schaue meine Hausaufgaben an. Meinen Computer. Meine Hausaufgaben. Meinen Computer. Meine wahre Hausaufgabe, meine wahre Pflicht, ist es, meinen Computer anzuschauen. Ich stehe auf. Ich ziehe die Vorhänge zu. Ich schließe die Tür ab. Ich setze meine Kopfhörer auf, drücke auf *play* und ich sehe ...
Porno 1 Frauen mit Männern ...
Porno 2 Männer mit Frauen ...
Porno 3 Frauen mit Frauen ...
Porno 4 Männer mit Männern ...
Porno 5 Und alle Kombinationen davon mit Leuten, die trans sind ...
Porno 6 Nicht-binär ...
Porno 7 Intersexuell ...
Porno 8 *Yas kween!*
Moritz Ich sehe ...
Porno 9 Solos ...

Porno 10 Duos …
Porno 11 Trios …
Porno 12 Orgien …
Moritz Ich sehe …
Porno 13 Gefesselte Leute …
Porno 14 Leute in Leder …
Porno 15 Leute mit Windeln …
Porno 16 Kleine *babies*!
Porno 17 Leute in Tierkostümen …
Porno 18 Kleine *fluffies*!
Porno 19 Leute in Hundekostümen …
Porno 20 Kleine *puppies*!
Moritz Ich sehe …
Porno 21 Die Missionarsstellung …
Porno 22 Die Stellung von hinten …
Porno 23 Und Cirque du Soleil-Stellungen …
Porno 24 Wo ist denn hier oben und unten?
Moritz Ich sehe …
Porno 25 Magie!
Porno 26 »Seht, wie dieses gewaltige Organ in einer winzigen Öffnung verschwindet. Ta-dam!«
Moritz Ich sehe …
Porno 27 Wissenschaft!
Porno 28 »Manche Brüste sind größer als Bäuche und manche Penisse kleiner als Zehen …«
Moritz Ich sehe …
Porno 29 Liebe …
Porno 30 Liebe?
Porno 31 Ja. Liebe.
Porno 32 Menschen, die eine Verbindung haben, sich respektieren, aufeinander eingehen …
Porno 33 Und das tut mir gut …
Moritz Ich sehe …
Porno 34 Leute, die sich ins Gesicht spucken und sich die Füße lecken …
Porno 35 Auch sie Menschen, die eine Verbindung haben, sich respektieren, aufeinander eingehen …
Moritz Ich sehe …
Porno 36 High Heels und Armeestiefel …
Porno 37 *Cockrings* und Eheringe …
Porno 38 Peitschen und Spitzenfummel und *straps-ons* und *fleshlights* und Aufblaspuppen …
Moritz Ich sehe …

Porno 39 Mittelmäßige Drehbücher, mit Schauspielern, die keine Schauspieler sind ...
Porno 40 »Entschuldigen Sie meine Verspätung, Frau Lehrerin. Dafür habe ich Nachsitzen verdient.«
Porno 41 »Herr Polizeiwachtmeister. Was muss ich tun, damit ich keinen Strafzettel bekomme?«
Porno 42 »Ich. Bin. Der. Penetrator.«
Porno 43 »Hier Ihr Einschreiben. Upps: Ich habe gar keine Hose an.«
Moritz Ich sehe ...
Porno 44 *Golden showers* und *bukkakes* ...
Moritz Ich sehe ...
Porno 45 Leute kläffen und Leute schreien ...
Moritz Ich sehe ...
Porno 46 Leute, die/
Moritz Ich mache den Computer aus. Ich hatte alles gesehen und mich in nichts wiedererkannt. Wenn die menschliche Sexualität ein Kontinent ist, bin ich ein Schiffbrüchiger auf hoher See.

14.

Wendla Ich bin zu Hause. Ich habe Hunger. Ich öffne den falschen Kühlschrank. Plötzlich sehe ich meine Mutter.
Wendla Und? Geht's dir besser, seit du im Kühlschrank wohnst?
Wendlas Mutter Weißt du, wo ich enden werde? Bei Humana! Nicht in Florida, nicht in einem Pflegeheim: bei Humana, mit einem Preisschild über 8,99 auf der Stirn, in der Halloween-Abteilung, denn genau das ist mein Körper geworden: eine Monster-Verkleidung.
Wendla Ruf mich an, wenn du da bist.
Wendlas Mutter Willst du das etwa ausnützen, um eine Party zu veranstalten? Ihr werdet euch anschauen und sagen »du hast eine schöne Haut«, »nein, du«. Danach werdet ihr massenweise Alkohol trinken, die ganze Nacht lang kotzen und morgens topfit aufstehen. Ich hasse euch.
Wendla Nein. Ruf mich an, denn dann komme ich vorbei und kaufe dich. (Ehrlich.) Für 8,99 bist du das beste Schnäppchen in der Stadt.

Pause. Die Mutter ist sichtlich gerührt.

Wendlas Mutter Älter werden, das heißt, aus seinem Körper verdrängt werden. Wendla, eines Tages wirst du dich bücken und gegen deinen Willen Laute ausstoßen wie eine Comicfigur. Du wirst deine Schuhe anziehen, *uff*. Oder vom Sofa aufstehen, *ah*. Du wirst etwas aufsammeln, oh. Du weißt es noch nicht, aber diese Laute bedeuten den Anfang vom

Ende. Jahre später steigst du aus einem Kühlschrank, siehst dich im Spiegel und kannst ein *würg* nicht unterdrücken.

Pause.

Wendla Mama, es ist Zeit.
Wendlas Mutter Zeit, wofür?
Wendla Zeit, dass wir ein Profil für dich anlegen.
Wendlas Mutter Wir?

Plötzlich kommt Martha herein. Wendla und sie fotografieren Wendlas Mutter.

Martha Kuckuck! Kopf hoch.
Wendla Kopf runter.
Martha Kopf drehen.
Wendla Kinn runter.
Martha Kinn hoch.
Wendla Lächeln.
Martha Weniger lächeln.
Wendla Nicht lächeln. Mama! Versuch, natürlich auszusehen.
Wendlas Mutter Gar nichts davon ist natürlich.
Martha Schau hierhin.
Wendla Schau dahin.
Martha Hier.
Wendla Da.
Martha Mach ein *duckface*.
Wendlas Mutter Ein was?
Martha Das hier ...

Martha und Wendla machen beide ein Duckface. Wendlas Mutter versucht es.

Wendla Nein. (Wendlas Mutter versucht es nochmal.) **Nein.** (Nochmal.) Nein.
Martha Mehr Ente, weniger Pelikan.
Wendla Jetzt die Beschreibung: (tippt) »Junge Berufstätige, stabile finanzielle Situation ...«
Wendlas Mutter Das stimmt doch gar nicht.
Wendla Du hast nie Geld. Das ist ziemlich stabil. »Outdoor-Fan ...«
Wendlas Mutter Das ist doch auch nicht/
Wendla Du trinkst Wein auf dem Balkon. »Reisejunkie ...«
Wendlas Mutter Meine letzte Reise ist schon/

Wendla Das ist ein Dating-Profil, kein Lügendetektor. »Sucht Vertrautheit mit reifem Mann.«
Martha Schreib lieber »reifen Männern«.
Wendla Ja! Gute Idee!
Wendlas Mutter Das geht ganz schön schnell, finde ich ...
Wendla Wie finden wir den da?
Martha Igitt.
Wendla Und den?
Martha Igitt.
Wendla Und den!
Martha Oh!
Wendla Was? (Sie schauen das Foto an, ohne es Wendlas Mutter zu zeigen.) Ist das etwa ...
Martha Sieht fast so aus ...
Wendla Das ist Moritz' Vater! Ist er nett?
Martha Ich rufe Moritz an und frag ihn. Hallo, Moritz! Ist dein Vater nett?
Moritz Mein Vater ist der allerschlimmste/
Martha legt auf Er hat Ja gesagt!
Wendla Ah! Dann ist es ein *match!*
Martha Moritz wird dein Halbbruder! Wahnsinn!
Wendla Geritzt. Mama, du hast heute Abend ein Date.
Wendlas Mutter Heute Abend?
Wendla Um 18 Uhr.
Wendlas Mutter Wie spät ist es?
Wendla 18 Uhr.
Wendlas Mutter WIE BITTE?
Martha Ein Ratschlag: Wenn du eine Mücke siehst, bring dich in Sicherheit. Sonst machst du bloß Sachen, die andere Leute nicht in deiner *story* sehen wollen. Und musst dich dann zwischen deiner Beziehung und deinem guten Ruf entscheiden. Und dann entscheidest du dich für deinen Ruf, aber es bricht dir das Herz.

15.

Wendlas Mutter sitzt Moritz' Vater gegenüber. Langes Schweigen. Spürbares Unbehagen.

Moritz' Vater Das ist lecker, dieses Brot.
Wendlas Mutter Wo ist denn hier Brot?
Moritz' Vater Hier ist keins. Ich habe mir gesagt: »Bereite einen Satz vor.« Wenn keiner was sagt, sag deinen Satz. Keiner hat was gesagt, also

habe ich meinen Satz gesagt. Entschuldigung. Ich habe sowas schon lange nicht mehr gemacht.

`Langes Schweigen.`

Wendlas Mutter Die ist schön, deine Uhr.
Moritz' Vater Ich habe gar keine/
Wendlas Mutter Das war mein Satz. »Die ist schön, deine Uhr.«
Moritz' Vater Ah ... `(Kurze Pause. Er zögert und spielt dann mit.)` Danke. Ich habe sie ... in Paris gekauft.
Wendlas Mutter `ebenso` In Paris?
Moritz' Vater Oh ja. Diese wunderschöne Uhr kommt aus Paris.
Wendlas Mutter Ach ja, ich glaube, dieses Brot kommt auch aus Paris.
Moritz' Vater Wirklich? Ich würde es gerne probieren. Hmm ... In der Tat, das schmeckt so, als/
Wendlas Mutter Okay, ich hab genug davon, anderen etwas vorzuspielen. Das habe ich meine ganze Ehe lang gemacht.
Moritz' Vater Ich weiß genau, was du meinst. Mein Sohn will das beruflich machen.
Wendlas Mutter Du hast einen Sohn?
Moritz' Vater Na ja ... Wie soll man auf ein Kind stolz sein, das nichts auf die Reihe kriegt?
Wendlas Mutter Indem man lernt, dass hinter jedem Scheitern ein Versuch steckt. Wenn du das schaffst, wird dein Sohn ein Champion. Wenn nicht, bist du wie dein Sohn: Dann hast du es wenigstens versucht.
Moritz' Vater Seine Mutter war in diesen Sachen besser als ich.
Wendlas Mutter Das sind keine Sachen. Das sind Emotionen.
Moritz' Vater Meine ich doch. Sobald ... es um ... geht ... bin ich ... Können wir wieder zurück zum Brot?
Wendlas Mutter Siehst du, es kann nützlich sein, anderen etwas vorzuspielen. Anscheinend hat dein Sohn das vor dir begriffen. `(Sie tut, als würde sie in ein Stück Brot beißen.)` Oh, das Brot ist kalt geworden ...
Moritz' Vater Kann ich dich auf einen Drink einladen? Einen echten?
Wendlas Mutter Ja. Irgendwas auf Eis, egal was.

16.

Moritz Ich komme zum Vorsprechen. Die Regisseurin mustert mich von Kopf bis Fuß.
Die Regisseurin Also, Moritz, du sprichst vor für die Rolle von/
Moritz Jacob. Jacob, das bin ich.
Die Regisseurin Ich sehe, du machst die Szene mit der Liebeserklärung.

Moritz Nein. Ich hab's mir anders überlegt. Ich mache die Szene, wo Jacob seinen Vater würgt. Ich mache die Szene, wo Jacob seinen Vater würgt und würgt, so fest, dass er seine Finger durch den Hals hindurch spüren kann. Und dann wird das Gesicht seines Vaters rot, blau, lila, und sein Körper wird schlaff wie eine verkochte Nudel, die im Müll endet, im Müll. Jacob würgt, würgt, würgt seinen Vater und schreit dabei: »Lass mich mein Leben leben. Es ist meins, meins, nur meins!«
Die Regisseurin War das schon das Vorsprechen?
Moritz Ähm ... Nein.
Die Regisseurin Schade, das war überzeugend ... Wer ist das?
Moritz Das ist Melchior. Meine Stichwortgeberin.
Melchior Hallo!
Die Regisseurin Wir sind ganz Ohr.
Moritz Wir stellen uns auf. Ich hole tief Luft. Und gebe alles, was ich habe. Ich denke an gar nichts mehr. Es gibt keinen Druck mehr, keine Angst. Es gibt bloß Jacob. Als ich wieder zu mir komme, ist es lange still. Dann höre ich ...
Die Regisseurin Melchior! Dein Charisma ist phänomenal. Man sieht nur dich.
Moritz Melchior wird die Rolle von Jacob angeboten. Ich bekomme die Rolle von Eichhörnchen Nummer 3. Das in einem Tierkostüm steckt und nur einen Satz zu sprechen hat: »Auf Wiedersehen, Jacob.« Am selben Nachmittag bekomme ich die Ergebnisse von der Sommerschule.
Der Sommerschul-Lehrer »Moritz, wenn ich eine Note für Hartnäckigkeit zu vergeben hätte, bekämst du eine glatte Eins. Leider interessiere ich mich für Talent. Tut mir leid. Du fällst dieses Jahr durch.«
Moritz In meinem Kopf, ein einziger Satz: »Auf Wiedersehen, Moritz.«

17.

Ottos Mutter Ich bin nicht bloß eine Mutter. Ich bin eine bescheuerte Mutter. Warum? Heute Morgen bin ich ohne anzuklopfen in das Zimmer meines 15-jährigen Sohnes gegangen. Natürlich war er gerade dabei zu masturbieren. Nicht weiter überraschend, er macht ja nichts anderes. Das Problem ist nicht, dass ich meinen Sohn beim Masturbieren gesehen habe. Das Problem ist, dass ich diesmal gesehen habe, was sich mein Sohn beim Masturbieren anschaut. Das werde ich nie wieder los ... Dieses Bild wird mir für den Rest meines Lebens ins Gedächtnis eingebrannt bleiben.
Ottos Mutter Was hat du da gerade angeschaut? (Schweigen.) Otto! Auf deinem Bildschirm, was habe ich da gerade gesehen? Das ... Das geht nicht. Von allem, was du anschauen könntest, schaust du ... das da an. Das? Du bist krank. Weißt du, dass du krank bist?

Otto Ich dachte, du wolltest, dass ich mich nicht schäme … Ich schäme mich nicht.
Ottos Mutter Ja aber … Aber … Jeff Bezos! Du schaust beim Masturbieren Jeff Bezos an! Du Perverser! Das bist du! Pervers!
Otto Jeff Bezos macht mich geil.
Ottos Mutter Sag das nicht! Nicht unter meinem Dach!
Otto Schon beim Aufwachen denke ich an Jeff.
Ottos Mutter Hör auf!
Otto Wenn ich mich anfasse, denk ich an Jeff.
Ottos Mutter Es reicht.
Otto Wenn ich ficke, denk ich an Jeff.
Ottos Mutter Mein Sohn ist besessen! (Sie fängt sich wieder.) Na gut. Sag mir alles.
Otto Wenn ich Jeff Bezos in seiner penisförmigen Rakete durch den Himmel zischen sehe, stelle ich mir vor, ich wäre an seiner Stelle und bekomme sofort einen Steifen. Wenn ich könnte, würde ich meinen Penis mit *Amazon Prime* an alle Leute verschicken, die eine Postleitzahl haben. Morgen früh wäre mein Penis überall auf dem ganzen Planeten. Mein Penis bei jeder Adresse, in jeder Stadt, in jedem Land. Und je häufiger ich meinen Penis verschicke, desto mehr Geld verdiene ich. Und je mehr Geld ich verdiene, desto dicker wird mein Penis. Und je dicker mein Penis wird, desto teurer wird es, ihn zu verschicken. Und je teurer es wird, ihn zu verschicken, desto mehr Geld verdiene ich damit. Doch das reicht mir nicht, nein, nein, nein, nein, nein. Denn wenn man wie Jeff ist, hat man niemals genug. Ich ersetze die *dick pics* durch *dick dongs*. Du bist zu Hause, es klingelt, du machst die Tür auf … Bäm, hast du meinen Penis im Gesicht! *Dick dong, man: DICK. DONG.* Du gehst über die Straße … Bäm, mein Penis ist da! Du gähnst – ist mein Penis da? Bäm, hast du meinen Penis im Mund! Du nimmst den Aufzug … Welches Stockwerk? Ganz egal: Mein Penis ist in jedem Stockwerk! In jedem Stockwerk auf dem ganzen Planeten! MEINEM Planeten. Meinem Planeten, auf den ich runterschaue, während ich mir in meiner Rakete einen runterhole und mir sage: »Das da gehört alles mir.« Die Natur, die Ressourcen, die Leute. Alles meins. Mein Planet besteht aus drei Kategorien von Personen: Angestellte, Kunden und ich. Alles Sklaven, Steuerzahler, die dazu beitragen, mich zum Herrn zu machen, zum *top*, zum *dom*, zum *boss*, zum *daddy*, zum Riesen, zum Imperium, zum Orgasmus.

Pause.

Ottos Mutter Ist das alles?
Otto Nein. In fünf Jahren bin ich ganz oben auf der Leiter und schieb mir alles, was unter mir ist, in den Arsch.

Ottos Mutter Erstens: Analverkehr ist keine Strafe. Ich mag das. Dein Vater übrigens auch. Zweitens: Wenn du glaubst, dass die Lösung für den Kapitalismus mehr Geld ist, dann bist du schlicht und einfach doof. Drittens: Otto, was ist los mit dir? Was ist wirklich mit dir los?

Pause.

Otto verletzlich Eine Frau, die neben einem Gebäude voller leerer Eigentumswohnungen erfriert, das ist nicht normal. Neben einer leeren Eigentumswohnung erfrieren, ist nicht normal. Aber es ist die Wirklichkeit. In dieser Welt lebe ich, Mama. In dieser Welt werde ich erwachsen. Und du wirst mich nicht davor retten. Und meine Freunde auch nicht. Auch Wendla nicht. Nur das Geld.

18.

Moritz' Vater Als ich wieder zu Hause bin, gehe ich in Moritz' Zimmer. Ich klopfe und mache einen Spaltbreit die Tür auf. Ich schalte kein Licht an. Reden ist einfacher, wenn man sich nicht sieht.
Moritz' Vater Moritz ... Also ... Ich ... Ähm ... Was ich ... Jetzt aber, verdammt ... Ich habe dir das Sprechen beigebracht, aber ich weiß nicht, was ich zu dir sagen soll ... (Pause.) Als du klein warst, hast du hoch zum Himmel gezeigt und gesagt: »Schau mal, Papa! Sternschnupfen.« Ich habe dich nicht verbessert. Ich hab mir gesagt: »Sternschnupfen ist der schönste Schnupfen, den man sich vorstellen kann.« Als du älter wurdest, habe ich langsam Angst bekommen, dass du ausgelacht wirst. Oder dass deine Lehrer denken, du hättest nichts gelernt. Eines Tages habe ich zu dir gesagt: »Schnuppe, Moritz. Sternschnuppe heißt das.« Du hast geantwortet: »Nein, Papa. Es heißt Schnupfen, weil die Nacht so doll friert, dass sie niesen muss, und dann fallen die Sterne vom Himmel.« Und ich ... ich habe dich ausgeschimpft. Ich habe gesagt: »Geh in dein Zimmer.« Irgendwann hast du angefangen, »Schnuppe« zu sagen. Aber du hast aufgehört, den Kopf zu heben und Sternschnuppen schön zu finden. Entschuldige, dass ich dir die Poesie genommen und daraus ein Problem gemacht habe. Ich weiß, ein guter Vater tut das Gegenteil. Ich will versuchen, ein guter Vater zu sein. Ich weiß nicht, ob ich es schaffe, aber ich will es versuchen.

19.

Moritz eine riesige Tasche in den Händen Hätte mein Vater das Licht eingeschaltet, dann hätte er gesehen, dass er ins Leere spricht. Ich bin

nicht in meinem Zimmer. Ich bin mit Wendla verabredet. Im Wald. Als ich ankomme, hat sie ein Bier in der Hand.
Wendla Das ist von Martha! Sie ist gerade gegangen. Ich habe zwei Schluck getrunken. Es ist widerlich. Probier mal. (Er zögert und probiert das Bier. Er probiert nochmal. Er kippt es auf Ex runter.) Okay ... Was ist das für eine große Tasche?
Moritz Das ist für dich. Herzlichen Glückwunsch nachträglich.
Wendla Ah! Danke. Die ist sowas von gefloppt, meine Party ... Weißt du, als ich an dem Abend aufgetaucht bin, habe ich Melchior und Martha dabei gesehen, wie sie ... nett zueinander waren. Ich habe sofort umgedreht und ihnen nie davon erzählt. (Pause.) Ich habe das nicht: Lust darauf, anzufassen oder angefasst zu werden. Das Bedürfnis, verliebt zu sein. Vielleicht bin ich nicht normal, aber ich bin wunschlos glücklich, wenn ich allein bin. Es gibt noch so viel mehr als Liebe und Sex. Findest du nicht? (Moritz blickt gedankenverloren vor sich hin.) Moritz? Alles in Ordnung?

Kurzes Schweigen.

Moritz Hier. (Er überreicht ihr sein Geschenk.) Das ist ein Eichhörnchen Nummer 3-Kostüm.
Wendla Danke? Was mache ich damit?
Moritz Du ziehst es an und gehst spazieren. Kein Mensch wird dich erkennen. Du kannst hingehen, wo du willst, und wann du willst. Ich weiß, es ist ungerecht, aber durch dein Verschwinden bekommst du das Recht, da zu sein.

20.

Wendla Das ist der Beweis dafür, dass wir in einem Zoo leben: um sich vor den Tieren zu schützen, muss man selbst eins werden. Ich verlasse den Wald. Ich gehe überall hin. Ich gehe auf der Straße, frei, in Sicherheit, nach Mitternacht. Ich bin ein Mann. Ein Mann mit einem großen Schwanz.

Auf einmal sind wir mitten in einem Musical.

Schaut mich an. Ich geh spazieren ...
Die Background-Sänger*innen Durch die Unterführungen!
Wendla Ich geh spazieren ...
Die Background-Sänger*innen Durch menschenleere Straßen!
Wendla Ich geh spazieren ...
Die Background-Sänger*innen Obwohl es Naaaaacht ist!
Wendla Ich geh überall hin, überall!
Die Background-Sänger*innen Wohin denn?

Wendla Überall, überall!
Die Background-Sänger*innen Überaaaaaallllllll!
Wendla Mir geht noch nicht mal jemand nach.
Die Background-Sänger*innen Oh nein, nein, nein!
Wendla Niemand pfeift mir hinterher.
Die Background-Sänger*innen Oh nein, nein, nein, nein, nein!
Wendla Ich habe keine Haut ...
Die Background-Sänger*innen Kein Problem!
Wendla Keine Kurven ...
Die Background-Sänger*innen Kein Problem!
Wendla Kein Loch ...
Die Background-Sänger*innen Kein Problem!
Wendla Kein, kein, kein, kein, kein
Kein, kein, kein, kein, kein
Kein kein Loooooooch ...
Die Background-Sänger*innen KEIN PROBLEM!

21.

Moritz Was für Wendla gilt, gilt auch für mich: Durch mein Verschwinden bekomme ich das Recht, da zu sein.

Moritz holt ein Jagdgewehr aus seiner Tasche und steckt sich den Lauf in den Mund. Ilse erscheint, einen Zapfhahn in der Hand.

Ilse Moritz? Moritz! Hallo! Ich bin's! Ilse! Wow! Du siehst toll aus!
Moritz spricht undeutlich, wegen des Gewehrlaufs in seinem Mund Na ja ...
Ilse Was machst du da?
Moritz gleiches Spiel Na ja ...
Ilse Wie lange haben wir uns schon nicht mehr gesehen?
Moritz gleiches Spiel Zwei Jahre?
Ilse Du hast Recht. Seit ich umgezogen bin ...
Moritz ...
Ilse Zwei Jahre. Wow ...

Ilse Ja, ich habe das Gewehr bemerkt. Ich wusste, dass es ihm nicht gut ging ... Moritz hatte den Tod in den Augen. Und im Mund. Ich habe mir gedacht: »Wenn ich das Gewehr nicht erwähne, verschwindet es vielleicht von selbst ...«
Ilse Und Melchior? Wendla? Martha? Seid ihr noch befreundet?
Moritz Allen geht es gut.

Ilse legt ihm die Hand auf die Schulter Allen? (Ilse sieht Moritz an und zieht ihm vorsichtig das Gewehr aus dem Mund.) Ich war auch schon da, wo du jetzt bist. Jeden Tag bekam ich zu hören, mein Leben sei eine Aneinanderreihung von Fehlern. Noch schlimmer: Ich selbst sei ein Fehler. Aber das stimmte nicht: Vielfalt ist das Leben, das überall hinwill. Ich musste nicht verschwinden. Ich musste umziehen. Brauchst du eine Pause, Moritz? (Moritz nickt. Ilse bohrt mit ihrem Zapfhahn ein Loch in einen Baum.) Ich habe ein Geheimnis: Ein Wald ist nicht bloß ein Wald. Er ist auch eine Apotheke.
Moritz Was ist das?
Ilse Baumsaft. Trink einen Schluck. Schau mich an: EINEN Schluck.

Moritz trinkt einen Schluck. Ilse auch.

Moritz Und was machen wir jetzt?
Ilse Wir warten.

Pause.

Moritz hastig Es tut sich nichts, ich spüre nichts, ist das normal? Es wirkt nicht, es wird nicht wirken, wie stellt man fest, ob es wirkt? Ich fühle mich wie sonst auch, ganz genau wie sonst auch. Warum fühle ich mich ganz genau wie … (Er merkt, dass der Rausch einsetzt.) Oh …
Ilse Woran denkst du?
Moritz glückselig Ich finde, dass die Pubertät eine Medaille verdient. Unsere Nase ist siebzehn Jahre alt, unsere Ohren acht, unsere Augenbrauen zwölf. Wir sehen aus wie Mr. Potato Head. Unsere Arme und Beine sind unterschiedlich lang: Wenn wir laufen, sehen wir aus wie aufblasbare Schlauchmännchen. Und trotzdem laufen wir mit hocherhobenem Kopf. (Pause.) Ich habe das Recht, mittelmäßig zu sein. Verwirrt. Verletzlich. Das sind die Worte, die eigentlich tabu sind. (Pause.) Ich will dich küssen. Darf ich dich küssen?

Ilse und Moritz sehen sich lange an. Moritz kommt näher. Ilse entfernt sich.

Ilse Das heißt nicht, dass ich keine Lust habe. Aber ich fände es schade, wenn du bei deinem ersten Kuss nicht nüchtern wärst.
Moritz Wie kommst du auf die Idee, dass es mein erster ist? (Beide prusten vor Lachen.) Es steht mir ins Gesicht geschrieben: Ich bin Jungfrau! Ich habe keine Ahnung, wie ein Zungenkuss geht! Ich wäre eine totale Enttäuschung! (Nach und nach ruhiger.) Jungfrau sein, ist doch nichts Schlechtes, oder?

Ilse Überhaupt nicht.
Moritz Das ist kostbar. Das passiert nur ein einziges Mal. Danach ist es für immer weg.
Ilse Das stimmt nicht. Es gibt nichts anderes als erste Male. Das erste Mal, dass dich jemand anfasst. Das erste Mal, dass dich jemand gut anfasst. Das erste Mal, dass du den Mut hast, zu sagen »was mich erregt, ist das und das«. Das erste Mal, dass du jemandem etwas zeigst. Das erste Mal, dass du an einen Körper geschmiegt einschläfst, der dir wie auf den Leib geschneidert ist. Das erste Mal, dass du all das tust und dabei »ich liebe dich« sagst. Jungfrau sein, ist so schön, dass man es jedes Mal tut, wenn man fickt. (Kurze Pause.) Ich muss nach Hause. Tschüss.
Moritz Aber nein ... Das waren doch erst fünf Minuten ...
Ilse Wir sind seit sechs Stunden hier.
Moritz WAS?

Kurze Panik, dann prusten beide vor Lachen.

Ilse Moritz, auch du kannst umziehen. Heute Abend, wenn du willst. Komm zu mir.
Moritz Trinken wir dann die ganze Nacht lang Baumsaft?
Ilse Nein. Der Saft ist eine Ruhepause, kein Heilmittel. Komm.
Moritz Aber ... Ich ... Nein.
Ilse Bist du sicher? (Moritz nickt. Ilse akzeptiert seine Antwort.) Findest du alleine nach Hause?
Moritz zeigt auf sein Herz Ich bin schon zu Hause, Ilse.
Ilse Du hörst dich an wie *Der Alchimist.* Geh schlafen. Zu dir nach Hause geht es da lang. Zwei Dinge: Das hier nehme ich mit. (Ilse nimmt das Gewehr. Moritz nickt.) Und ich will, dass du weißt: Ich gebe dir 100 Prozent. Ich finde dich genial. Jetzt versprich mir, dass du nach Hause gehst, dich um dich selbst kümmerst und dass wir uns nächste Woche hier wiedersehen?
Moritz Versprochen.

Ilse und Moritz umarmen sich. Ilse bemerkt nicht, dass Moritz ihr dabei den Zapfhahn aus der Tasche klaut. Ilse geht weg. Sofort bohrt Moritz den Zapfhahn in einen Baum und trinkt gierig den ganzen hervorquellenden Saft.

22.

Wendla nimmt ihren Eichhörnchenkopf ab Bevor ich nach Hause gehe, kehre ich in den Wald zurück, um mich bei Moritz zu bedanken.
Wendla Moritz? Moritz?

Wendla Ich finde ihn nicht. Stattdessen findet mich ein Bär. Ein zotteliger Bär. Voller Sabber. Er mustert mich von Kopf bis Fuß. In seinen Augen, eine Drohung. Er kommt näher, viel zu nah und dann beißt er mich. Ich schreie …
Wendla Mama?
Wendla Der Bär beißt mich ein zweites Mal. Ich schreie #NEIN.

```
Der Wald verwandelt sich in eine Gerichtsverhandlung. Ein Richter mit
Robe, hinter seinem Pult.
```

Der Richter Wendla Bergmann, Sie beschuldigen einen hier abwesenden Bären, Sie gebissen zu haben. Wie waren Sie gekleidet?
Wendla Wie ich gekleidet war? Erstens: Ich sehe keinen Zusammenhang. Zweitens: Ich sehe keinen Zusammenhang. Drittens: Normalerweise stellen die Anwälte die Fragen. Nicht die Richter.
Der Richter Normalerweise … Aber normalerweise finden Gerichtsverhandlungen auch nicht mitten im Wald statt. Zurück zu Ihrer »Belästigung«. Welche Kleidung trugen Sie am Abend des Vorfalls?
Wendla Diese hier. Es ist gerade eben erst passiert.
Der Richter Also trugen Sie löcherige Kleidung, durch die man Ihre Haut sehen kann?
Wendla Vor dem Biss waren da keine Löcher. Die Löcher sind ein Beweis, keine Ursache.
Der Richter Wie Sie meinen … Wenn ich mich nicht irre, haben Sie zu Ihrem Geburtstag ein Kleid bekommen, das Ihren gesamten Körper bedeckt? Warum haben Sie sich geweigert, dieses Kleid zu tragen, das Ihren gesamten Körper bedeckt und Ihnen dadurch vielleicht geholfen hätte?
Wendla Ich werde dieses Kleid erst tragen, wenn auch Männer welche tragen müssen.
Der Richter Aber Fräulein Bergmann, sehen Sie mich an … Ich bin ein Mann und trage ein Kleid. Sehen Sie? (zeigt auf seine Richterrobe) Es ist hier, direkt vor Ihren Augen, und es bedeckt meinen Körper von Kopf bis Fuß … Fräulein Bergmann, haben Sie schon einmal Alkohol konsumiert?
Wendla Ich verstehe nicht, was das/
Der Richter Eine leere Bierdose mit Ihren Fingerabdrücken wurde am Tatort des angeblichen Verbrechens gefunden. Sind Sie schon sechzehn Jahre alt, Fräulein Bergmann?
Wendla Nein …
Der Richter Nein, was?
Wendla Nein, ich bin noch nicht 16 Jahre alt.
Der Richter Schon besser, aber immer noch unvollständig.
Wendla Nein, ich bin noch nicht 16 Jahre alt, Euer Ehren.

Der Richter Na also! Also, wenn ich recht verstehe, haben Sie bereits dadurch ein Verbrechen begangen, indem Sie Alkohol getrunken haben?
Wendla Ja, aber/
Der Richter Ich fasse zusammen: In dem Augenblick, in dem Sie behaupten, »belästigt« worden zu sein – denn genau darum handelt es sich: eine Behauptung –, waren Sie leicht bekleidet, gesetzeswidrig angetrunken, alleine, nachts, in einem Wald ... Fräulein Bergmann – wenn das Ihr wirklicher Name ist –, ich frage Sie: Was beweist mir, dass »Ihre Belästigung« kein Hirngespinst ist?
Wendla Ich bin vierzehn Jahre alt und habe mich entschieden, hier vor Ihnen zu stehen. Ich sollte in der Schule sein oder im Kino oder in einem Park, aber nein. Ich bin hier, um mir Gehör zu verschaffen, auch auf die Gefahr hin, gedemütigt zu werden. Niemand opfert die ersten Jahre seines Lebens, wenn es nicht wirklich notwendig ist. Verstehen Sie das?
Der Richter seufzt Ja ...
Wendla Nein, das verstehen Sie nicht. Wenn Sie sagen »Ihre Belästigung«, dann täuschen Sie sich. Es ist nicht »meine« Belästigung. Es ist »die Belästigung, die mir angetan wurde«. Sagt man »Mein Wirbelsturm, der mein Haus zerstört hat«? Nein. Man sagt »der Wirbelsturm, der mein Haus zerstört hat«. Das ist genauso. Dass ich den Schaden erlitten habe, heißt nicht, dass er mir gehört. Es ist nicht – und wird es auch niemals sein – »mein« Wirbelsturm, so wie es auch niemals »meine« Belästigung oder »meine« Vergewaltigung oder »mein« Fehler sein wird. Wenn Sie das Bedürfnis verspüren, »deine Belästigung« zu sagen, wenden Sie sich an den Bären und nicht an mich.
Der Richter seufzt Ja ... Einverstanden. In dem Prozess Wendla Bergmann gegen den zotteligen Bären erklärt das Gericht – ohne jegliche Bedenkzeit – den Bären als der Belästigung schuldig. In meinem persönlichen Namen möchte ich dem Opfer für ihren Mut und ihre Entschlossenheit danken. Ich hoffe, dadurch eine klare Botschaft auszusenden, dass man von nun an den Opfern zuhört – und zuhören wird.

Siegreich geht Wendla ab.

Der Richter seufzt, atmet schwer und hat dann einen Orgasmus
Jaaaaaaa

Wendlas Mutter kommt unter dem Richterpult hervor. Sie spuckt in einen Lappen und wischt sich lange den Mund ab. Währenddessen kommt der Richter, glückselig strahlend, wieder zu Atem.

Wendlas Mutter Als ich wieder nach Hause komme, klingt Wendla so froh wie damals, als sie acht Jahre alt war. Sie sagt zu mir ...

Wendla Mama, rate mal, was? Man kann der Justiz vertrauen!
Wendlas Mutter Ich antworte »Umso besser.« Und gehe ins Bad und putze, putze, putze mir die Zähne. Es brennt, als hätte sich die gesamte Wärme meines Körpers in meinem Mund konzentriert.

23.

Ilse Als ich zuhause bin, stelle ich fest, dass ich den Zapfhahn nicht mehr in der Tasche habe. Sofort begreife ich, wo er sich befindet.
Moritz Ilse!
Ilse Ich renne zurück in den Wald. Ich suche nach Moritz, aber ich sehe ihn nirgendwo.
Moritz Ilse!
Ilse Ich hebe den Kopf. Moritz steht ganz oben auf einem Felsen …
Moritz Ilse! Ich bin kein Eichhörnchen. Ich bin ein Adler! Ich kann den Wald von oben sehen. Ich spüre, wie er atmet. Sich bewegt. Es ist ein Wald aus Händen. Sie streicheln meine Haut, meine Federn. Sie streicheln meinen Körper und sagen: »Komm. Komm mit. Auch du hast das Recht auf deinen Frühling.«
Ilse Und dann hat sich Moritz dem Rand des Felsens genähert …
Moritz Ich, Moritz Stiefel …
Ilse Hat die Arme ausgebreitet …
Moritz Ich bin ein Adler!
Ilse Und ist in den Abgrund gesprungen.

HERBST

24.

Melchior Moritz' Beerdigung.
Wendla Ich bin da.
Martha Ich auch.
Wendlas Mutter Ich auch.
Otto Ich auch.
Moritz' Vater Ich auch.
Der Pfarrer Guten Tag. Wir alle sind hier versammelt, um dem Leben von Maurice zu gedenken. Maurice war ein junger Mann. Maurice war ein hervorragender Sportler.
Melchior Mo-ritz heißt er.
Der Pfarrer Einverstanden. Maurice liebte Wackelpudding. Regen. Dinosaurier.
Wendla Nichts von dem, was Sie sagen, ist wahr.

Der Pfarrer Maurice liebte Brokkoli. Er war ein versierter Numismatiker: Um seine Briefmarkensammlung wurde er weithin beneidet.
Wendlas Mutter Ein Numismatiker hat nichts mit Briefmarken zu tun.
Der Pfarrer Maurice liebte Reitsport, Penicillin ...
Martha Ich würde sagen, es ist jetzt Zeit für persönliche Erinnerungen.
Der Pfarrer Gute Idee. Du hast das Wort, Maurice.
Martha Ich weiß noch, wie wir uns das erste Mal gesehen haben. Wir waren acht Jahre alt. Ich bin zu dir gegangen und habe gesagt: »Willst du Völkerball spielen?« Du hast gesagt: »Nein. Da werde ich nur das Opfer sein. Lass uns ein Spiel finden, bei dem es keine Verlierer gibt.« Wir haben Lego gespielt. Es war, als hättest du damals schon alles verstanden: Während wir gewinnen wollten, hast du versucht, eine neue Welt aufzubauen. Wir haben einen Architekten verloren, einen Menschen, der Sanftes und Großes schuf. (Sie blickt Melchior an.) Ich hoffe, irgendwann bin auch ich dazu im Stande. Danke, Moritz.
Der Pfarrer Sehr anrührend. Die belegten Brote sind/
Moritz' Vater Nein. (Es fällt ihm schwer, zu reden.) Ich ... Mein Sohn ... Mein Sohn ...
Otto Ihr Sohn schuldet mir fünfzig Mäuse.
Moritz' Vater Wie bitte?
Otto Ihr Sohn schuldet mir fünfzig Mäuse. Wir haben gewettet. Er hat verloren, wie immer.
Moritz' Vater Ausgerechnet das sagst du zu mir? Ausgerechnet in diesem Augenblick? Wie heißt du?
Otto Otto.
Moritz' Vater Otto ... Hast du irgendeine Ahnung, was Anstand ist?
Otto Ich weiß, zum Beispiel, dass es wichtig ist, anständig zu verdienen. Wenn ich ausgerechnet das in diesem Augenblick zu Ihnen sage, dann, weil ich ganz genau weiß, dass Anstand immer mit Wohlstand zu tun hat.

Pause.

Moritz' Vater Magst du Theater?
Otto Nein. Ich finde das teuer, nutzlos und sowas von langweilig. Ich habe auch eine Frage an Sie: Würden Sie gerne in die Luftfahrtbranche investieren? Ich bin ein junger Unternehmer mit großen Plänen.
Moritz' Vater Sag das nochmal.
Otto Ich bin ein junger Unternehmer mit großen Plänen.
Moritz' Vater Nochmal.
Otto Ich bin ein junger Unternehmer mit großen Plänen.
Moritz' Vater Seit fünfzehn Jahren träume ich davon, so einen Satz zu hören. An alle: Das Begräbnis ist abgesagt. Hiermit stelle ich euch meinen neuen Sohn vor: Otto!

Otto Wirklich?
Moritz' Vater Wirklich! Ich habe ein Erbe übrig. Ich schenke es dir!
Otto Danke, Papa!

Sie umarmen sich unter dem fassungslosen Blick der anderen.

Melchior Was ist das denn?
Wendlas Mutter Das Einzige, was noch instabiler ist als ein pubertierender Teenager: ein trauernder Elternteil.

Moritz' Vater und Otto verlassen beschwingt die Kirche.

25.

Otto Schau, da am Himmel. Was siehst du?
Moritz' Vater Nichts.
Otto Genau. Da fehlen Raketen. Ich habe eine Idee.
Moritz' Vater Umso besser! Mein Junge hatte nie welche!
Otto Wusstest du, dass ein toter Baum mehr Geld bringt als ein lebendiger?
Moritz' Vater Finde ich super! Ist das ein Businessplan?
Otto Noch mehr als das. Es ist eine Startrampe.
Otto Ich nehme mein Handy und gebe eine Bestellung auf. Ein paar Sekunden später landet ein Paket vor unseren Füßen. Ich mache es auf. Drinnen ist mein Penis. Dick dong, man. Dick dong!
Moritz' Vater Und meiner auch!
Otto und Moritz' Vater Double dick dong, man!
Otto Unsere Penisse und zwei Kettensägen.

Otto und Moritz' Vater beginnen, die Bäume im Wald zu fällen.

26.

Der Pfarrer Soll ich weitermachen, auch wenn der Papa weg ist?
Alle Ja!
Der Pfarrer Wir fahren nun mit der Schweigeminute fort, danke. Die Getränke sind/
Melchior Wartet.
Moritz An diesem Tag, einem der ersten Frühlingstage
Bin ich allein im Wald
Ich fühle mich gut und frei
Und wenn ich mich gut und frei fühle, erregt mich das

Der Pfarrer Wie bitte?
Melchior Ich masturbiere, seit ich elf bin ...
Der Pfarrer Nein. Nein, nein!
Melchior Aber jetzt mache ich es zum ersten Mal im Wald ...
Der Pfarrer Stopp! STOPP!
Melchior Ich schiebe die Hand in meine Hose ...

Der Pfarrer wird ohnmächtig.

Ich mache alles wie sonst auch, aber mein Körper ist viel
Viel ... mehr von allem

Es ist, als würde ich an einer Tür klingeln
Und fragen: »Wer wohnt hier«
Meine Haut antwortet: »Klingele weniger laut, klingele weniger schnell
Und ich lasse dich rein.«

Ich fange an, mit beiden Händen zu klingeln
Ich bin mit mir selbst verabredet
Mein Körper ist nicht bloß eine Tür, er ist ein Fahrstuhl
Wenn ich ihn an der richtigen Stelle berühre,
steige ich hoch bis in den siebten Himmel

Ein Baum stürzt um.

Ich spüre eine Aufwallung
Ein Anwachsen
Es breitet sich in mir aus, überall

Ich beginne zu beben, zu atmen
Ich glaube, es ist vorbei, dabei fängt es gerade erst an ...
Ich kann noch höher steigen

Ich drücke auf die obersten Stockwerke
Noch höher
Ich bin voll
Gleich platze ich

Ein Baum stürzt um.

Meine Haut gibt nach wie ein Damm
Ich werde ein Sieb
Ein reißender Strom

Ein Fluss

Es kommt in Wellen aus mir heraus.

Eine Welle ...
Zwei Wellen ...
Drei Wellen.
Vier.
Fünf.

Ein Baum stürzt um.

Als ich wieder zu mir komme
Höre ich nichts
Außer dem Atmen des Waldes

Als ich aufstehe, merke ich
Dass der Boden feucht ist

Und in dem Baum
Die Knospen
Die ersten Knospen des Frühlings

Ein Baum stürzt um.

Ich frage mich:
Warum hat man mir von Angst erzählt, aber niemals von Lust?
Warum hat man mir von meinem Körper erzählt, aber nicht von seiner Stärke?

Kirchenglocken läuten.

27.

In der Ferne, der Höllenlärm eines Waldes, der dezimiert wird.

Wendla Wenig später bin ich plötzlich an einem anderen Ort gelandet, an dem ich überhaupt nicht sein will: einer Abtreibungsklinik.
Wendlas Mutter Willst du Karotten?
Wendla Nein danke.
Wendlas Mutter Willst du Sellerie?
Wendla Ich habe keinen Hunger.

Schweigen.

Wendlas Mutter Einen Müsliriegel?
Wendla Mama! Wir müssen nicht reden oder Snacks essen. Wir können auch einfach bloß warten.
Wendla Eine Krankenschwester kommt zu uns. Sie sagt: »Frau Bergmann? Frau Bergmann?« Ich stupse vorsichtig die Hand meiner Mutter.
Wendlas Mutter Ich antworte: »Das bin ich.« Die Krankenschwester sagt: »Wir sind fast so weit. Ich komme bald wieder und hole Sie ab.«

Wendlas Mutter kämpft mit den Tränen.

Wendla Nicht weinen, Mama... (Sie zögert.) Immerhin: So weit ist deine Menopause noch gar nicht.
Wendlas Mutter Versuch nicht, mich zum Lachen zu bringen. Das klappt nicht.

Pause.

Wendla War es Moritz' Vater?
Wendlas Mutter Überhaupt nicht. Mit dem habe ich nur Brot gegessen. Es war der danach. Ich war betrunken und hatte Sex ohne Kondom. Alles, was ich bei dir verhindern wollte.

Pause.

Wendla zärtlich Wenn ich das gewusst hätte ... Dann hätte ich dir ein altes hässliches Kleid geliehen. (Wendlas Mutter muss gegen ihren Willen lachen.) Siehst du, ich hab's geschafft.
Wendlas Mutter Die Krankenschwester kommt wieder. Als ich aufstehe, um ihr zu folgen, sagt meine Tochter – meine 14jährige Tochter – zu mir ...
Wendla Ich bin hier, Mama. Gleich nebenan. Alles wird gut.

29.

Ilse hält Andacht an Moritz' Grab. In der Ferne, der Höllenlärm eines Waldes, der dezimiert wird.

Ilse Entschuldige, Moritz. Ich habe gedacht: »Was mir geholfen hat, wird dir auch helfen«. Aber du warst zu hungrig, wie nach einer langen Fastenzeit.

Moritz' Geist erscheint. Freudig erregt kommt er auf Ilse zu.

Moritz Buh! Buh!, hab ich gesagt! Ilse! Ilse? (Moritz tippt Ilse auf die Schulter, aber sie reagiert nicht.) Ilse?
Ilse zu Moritz, der nicht da ist Und? Wie läuft es so?
Moritz zu Ilse, die ihn nicht hören kann Na ja ... Ich kann hingehen, wo ich will und wann ich will. Und ich sehe alles. Wie ein Adler. Ich sehe dich. Ich sehe meinen Vater, der nachts weint. Ich sehe Martha, die Melchior vermisst. Melchior, die Martha vermisst. Ich sehe Otto, der hoch zum Himmel starrt. Ich sehe Wendla, die ohne ihr hässliches Kleid spazieren geht. Ich sehe ihre Mutter, der zu heiß ist, und ich sehe die Frau, die erfroren ist. Ich stelle mir vor, wie sie einander in den Armen liegen. (Kurze Pause.) Ich sehe meine Vergangenheit. Ich sehe alles, was man mir eingeredet hat. Mein Leben war keine Prüfung. Es war ein Spielplatz. Es ging nicht um Erfolg. Sondern um Empfindungen. (Kurze Pause.) Ich sehe das alles. Aber ich kann nichts mehr berühren.
Ilse Tschüss, Moritz.
Moritz Wovor hatte ich Angst, Ilse? (Ilse geht ab.) Ilse?

Moritz bleibt allein zurück. In der Ferne steht aufrecht ein Baum, stolz, voller Knospen.

Ende.

MarDi (Marie Dilasser)

Penthesile:a:s (Amazonenkampf)

(Originaltitel: Penthésilé·e·s (Amazonomachie))
aus dem Französischen von Dorothea Arnold und Fanny Bouquet

Der Text wurde mit der Aide à la création von ARTCENA
(Centre national des arts du cirque, de la rue et du théâtre)
ausgezeichnet.

Die Übersetzerinnen erhielten ein Initiativstipendium des Deutschen
Übersetzerfonds.

Personen
Penthesile:a:s
Achill:e:s

Noch mal Krieg um Troja.
Noch mal zerreißen sich die Götter
Völker zerreißen sich
Familien
Paare
Die Geschlechter zerreißen sich
Blut hört nicht auf zu fließen
Überschwemmt alles
Unversiegbar
Wie die Begierde
Blut und Begierde müssen
Fließen
Pulsieren
Sich ineinander vermischen
Drinnen und draußen
Penthesile:a:s
Der Amazonen größte Königin
Zähne fest zusammen und Fäuste geballt,
In Hochspannung auf ihrer Stute
Stürzt sich auf Achill:e:s
Der Griechen größten Krieger
Speer und Schwanz gehoben
Er staunt
Erstarrt
Sein Blick, fixiert auf Penthesile:a:s
Sie rast gerade
Galoppiert gerade
Stürzt sich gerade
Spießt sich gerade auf den Speer
In der Luft aus Plastik.

Penthesile:a:s Noch immer fällt der Staub.
Er schluckt die Schreie nicht
Er schluckt die Totinnen nicht, die zwischen verbogenen Waffen die Ebene bedecken.
Er schluckt weder das Licht noch die Gier nach Umsturz.
Noch immer klirren Waffen
Noch immer fallen meine Gefährtinnen von ihren Stuten
Ihre Stuten winden sich am Boden
In ihrem letzten Wiehern.
Bin ich die Einzige, die nicht fällt?
Achill:e:s Ich bin auch nicht gefallen.

Penthesile:a:s Lass den Staub nicht die Leichen meiner Gefährtinnen bedecken
Die Nüstern ihrer Stuten stopfen
Den Glanz ihrer Waffen trüben.
Achill:e:s Eure Waffen, heißt es, seien vom Himmel gefallen.
Penthesile:a:s Mit Waffen in unseren Händen sind wir geboren, in ihre Klingen, Piken, Griffe haben wir unsere Legenden eingraviert
Wir sind im Luchsfell geboren, in einer spuckenden Vulkanmündung, in Mondkratern, im Schlag der Sonnenstrahlen auf die Erde.
Mit unseren Stiermasken, weißen Hunden und Lassos
Haben wir goldene Stuten gefangen Adler, Falken, Sperber.
Mit unseren Stulpen aus Schlangenhaut, bronzenen Gürteln, goldbeschuppten Rüstungen, Halbmondschilden
Haben wir Reisfelder geplündert, Obsthaine, Rinderherden.
Mit unserem Glauben, unseren Riten, Urahninnen und Nachfahrinnen haben wir Männer getötet
Endlos viele
Schweine-Männer und Kraken-Männer
Aus ihren Schädeln haben wir gegorene Stutenmilch getrunken.
Achill:e:s Eure Söhne, heißt es, habt ihr zerstückelt.
Penthesile:a:s Söhne hatten wir nie.
Wir praktizierten Adoption
Abtreibung und Opfer.
Achill:e:s Opfer?
Penthesile:a:s Jedes Mal, wenn eine von uns von einem von euch
Verstümmelt, vergewaltigt oder getötet wird
Wird ein männlicher Säugling den Hunden geschenkt.
Achill:e:s Und die anderen?
Penthesile:a:s Den Blumen-Männern geschenkt
In den südlichen Gebirgen.
Achill:e:s Eure Gebiete, heißt es, erstrecken sich über Steppen, Wälder, Windungen.
Penthesile:a:s Unsere einzigen Gebiete sind unsere Körper
Triaden, zu denen sie sich formen
Unsere Körper existieren im gegenseitigen Durcheinander
Wir stehen einander bei.
Alles andere lassen wir los.
Wir sind mobile Gebiete.
Wir bewegen uns im Takt der Flüsse oder mit Lichtgeschwindigkeit.
Böden, Räume und Träume gehören uns, solange wir dort sind.
Wenn wir aufbrechen, gehören sie niemandem mehr.
Achill:e:s Man sagt, du bist Penthesile:a:s
Die Königin der Amazonen.

Penthesile:a:s Wie kommst du darauf?
Was unterscheidet mich von den anderen?
Achill:e:s Ich weiß es nicht.
Die Vergangenheit ist trübe.
Penthesile:a:s Das ist wegen dem Wasser, das wir auf weißglühende Steine schütten, im Zelt aus Büffel-, Steinbock-, Yak- und Antilopenhaut
Dampf steigt auf
Wir sind ein Kreis.
Das Blut rinnt an unseren Beinen herunter
Meins fließt in Strömen
Ich halte es nicht zurück
Ich bin die Erste, die die Erde mit meinem Blut durchtränkt
Ein Bach entspringt
Meine zwölf Gefährtinnen kommen eine nach der anderen, trinken es direkt aus meiner Vulva
Und ich trinke ihres.
Mir prägen sich ihre geheimsten Visionen ein
Mich erfüllen ihre liebsten Träume.
Ich greife zu einem Stock
Stoße ihn in mein Vagina-Geschlecht
Durchsteche mein Schleim-Hymen
Tunnel öffnen sich in meinem Fleisch.
Eine nach der anderen tritt ein
Ich spüre, wie sie mich durchströmen
Sie kommen in mir zusammen
Vermehren sich in meinem Mund
In meinem Bauch
Ich muss schreien
Brüllen
Ich brüll-wimmere
Membranfetzen glänzen am Ende des Stocks.
Ich schwöre den Eid, für sie zu kämpfen und für sie zu sterben
Ich schwöre den Eid, die Stütze ihrer Lust-Wut zu sein
Ich schwöre den Eid, ihren Begierden, Bedürfnissen, Gelüsten zu dienen
Und der Dampf wird
Zu Vulkanstaub
Zu aufgewühltem Sand auf einem Schlachtfeld
Zu Tränengas auf einer Demonstration.
Und unser Menstruationsblut wird zu dem der Demonstrantinnen, die man verstümmelt
Der Rebellinnen, denen man die Hand abreißt
Der Revolutionärinnen, denen man das Auge zerschießt.
Ich bin in ihrer Mitte

Unter den Demonstrantinnen, den Rebellinnen, den Revolutionärinnen
Es ist meine Stimme, die am weitesten trägt
Ich verpflichte mich, sie alle auf meinen Schultern zu tragen
Sie zu umsorgen.
Ich verpflichte mich, sie alle zu rächen
Urahninnen und Nachfahrinnen
Ich bin die mit dem meisten Blut
Die mit der stärksten Stimme
Mein Organismus hat es so gewollt.
Wir spannen unsere Pferde an, bündeln Lanzen, Bögen, Pfeile, Doppeläxte, mit Elfenbein eingefasste Beile, Halbmondschilde mit eingravierten Panthern, Brustgurte, Federschmuck-Helme, Leopardenfell-Umhänge.
Unsere Stuten verneigen sich auf Knien und wir brechen auf
Wir sind unterwegs
Unsere Flanken schimmern in der Sonne
Unsere Haare flattern wie Standarten
Die Gürtel auf unseren Venushügeln leuchten in strahlendem Glanz
Die Gürtel mit eingravierter Greifin auf unseren Venushügeln ertränken die Blicke
Die Hirschkühe auf unseren Schultern trinken aus unseren Adern.
Bei jedem Schritt, den wir machen, erhebt sich eine Armee
Die Hufe unserer Stuten ziehen eine Staubfurche
Wie eine lange Schleppe
Adler kreisen über unseren Köpfen
Bereit, sich auf die Leichname unserer Feinde zu stürzen
Berge sprechen mit uns
Flüsse fließen mit uns.
Siehst du uns? Ob du uns siehst! Ob du mich siehst!
Achill:e:s Man sagt, du wirst von den Erinnyen verfolgt.
Penthesile:a:s Den Erinnyen?
Achill:e:s Den Rachegöttinnen.
Penthesile:a:s Ich werde von meinen Gefährtinnen verfolgt
Von meinen Urahninnen und unseren Traditionen
Ich bin in einem anderen Körper als meinem
Einem uralten und rachsüchtigen Körper
Aber ich will etwas anderes
Ich sehe etwas anderes, größeres als Rache.
Achill:e:s Was willst du in diesem Krieg?
Penthesile:a:s Welcher Krieg?
Ich kenne nicht einen Tag, an dem es nicht zu kämpfen galt.
Achill:e:s Ihr habt nicht jeden Tag gekämpft.
Man hat euch beim Baden im Fluss gesehen.
Man hat das Bild auf eine Amphore gemalt.

Penthesile:a:s Wenn wir in Flüssen baden
Uns mit Kampfer, Zeder, Amber, Zypresse einreiben
Wasser auf weißglühende Steine schütten
Dann nur, um uns zu pflegen, durchzuatmen, unsere toten Gefährtinnen einzubalsamieren, unsere Stuten zu tränken, neue zu fangen, bevor wir in die Schlacht ziehen.
Achill:e:s Nach Troja?
Penthesile:a:s Wer bist du?
Achill:e:s Achill:e:s.
Penthesile:a:s So bist du der Peleide, den die griechischen Krieger in ihren Blutlachen anflehten?
Ich höre sie noch
Noch immer flehen sie dich an.
Achill:e:s Was willst du hier?
Penthesile:a:s Unsere Macht beweisen
Unsere Inbrunst
Unsere Entschlossenheit
Die kleinen Schlachten hinter uns lassen
Kleine Kämpfe
Kleine Siege
Zu etwas Schwindel Erregendem übergehen.
Ihr hättet uns sehen sollen
Unsere Beine verschmolzen mit den Flanken unserer schnellen Stuten
Aufrecht und allmächtig
Eingeschnürt in goldbeschuppte Rüstungen
Die griechischen Krieger an unseren Piken flatternd.
Sehen, wie wir ganze Bataillone auf unsere Lanzen aufspießten
Köpfe mit Beilschlägen abtrennten
Schädel mit unseren Doppeläxten zertrümmerten
Wie unsere flinken Pfeile Nacken und Herzen durchbohrten
Die Krieger weinend in ihrem Blut
Wimmernd an abgestorbenen Bäumen.
Ihr hättet uns sehen sollen, wie wir von unseren Stuten stiegen, um ihre Klöten zu spalten
Wie ihr Sperma in Strömen in unsere Phiolen floss
Genug, um ein Dutzend Generationen zu besamen
Ihr hättet unsere Lust hören sollen
Maßlos
Unser Gebrüll
Grenzenlos
Sehen, wie die eingravierten Greifinnen auf unseren bronzenen Gürteln die Krieger verschlangen und ihre Gebeine, Waffen, Rüstungen in hohem Bogen wieder ausspuckten

Wie die tätowierten Hirschkühe auf unseren Schultern uns flankierten
Wie die tätowierten Leitern auf unseren Armen uns stützten, um die Luft zu erklimmen
Wie Licht uns durchzog
Wie wir eine solche Hitze abgaben, dass die Männer verbrannten, sobald sie sich uns näherten
Wie ihnen Adern und Milz platzten, ihre Eingeweide explodierten
Wir fühlten keine Erschöpfung, ich fühlte keine Erschöpfung.
Hast du mich gesehen?
Hast du gesehen, wie ich einen Blutweg bis zu dir zog, wie ein Schnitter? Alles zerstückelnd, aufschlitzend, entzahnend, enthauptend, was mir in den Weg kam?
Hast du mich gehört?
Frauenzüchter! Heulsuse!
Komm von diesem Hügel runter! Komm und kämpfe gegen mich!
Lass deine Wut auf meinen Barbarinnenkörper los!
Worauf wartest du? Auf die Erlaubnis deiner Mutter?
Achill:e:s Du hast meine Trauer gestört.
Penthesile:a:s Du hast mit Aj:a:x gevögelt.
Achill:e:s Ich habe um Patrokl:o:s getrauert.
Penthesile:a:s Du hast gevögelt.
Achill:e:s Ich habe geweint.
Penthesile:a:s Ich hab dich gesehen.
Achill:e:s Unsere Nerven lagen blank.
Wer würde nicht vögeln, um sich zu entspannen?
Penthesile:a:s Während die Helden vögeln, krepiert das Volk, soll das Zivilisation sein?
Achill:e:s Es ist nicht mein Volk.
Penthesile:a:s Es flehte dich an
Es fleht immer noch
Es hat all seine Hoffnungen auf dich gesetzt.
Achill:e:s Das Volk Agamemnons ist ein großes Volk, was sind achthundert Mann mehr oder weniger.
Penthesile:a:s Bald gibt es kein Volk mehr
Bald gibt es keinen Krieg mehr.
Achill:e:s Was willst du dann von mir?
Penthesile:a:s Ich hatte noch keinen Gefangenen
Einen Mann, gegen den ich gern gekämpft hätte.
Einen Mann, den ich mit zum Rosenfest genommen hätte.
Achill:e:s Rosenfest?
Penthesile:a:s Wir richten ein Festmahl aus
Wir singen
Tanzen

Vögeln, wen wir auf dem Schlachtfeld nicht töten
Den wir für uns behalten
Um uns fortzupflanzen
Das Land der Amazonen zu bevölkern.
Egal mit wem du schläfst
Wichtig ist, an wessen Seite du kämpfst
Für wen du bereit bist, zu sterben.
Die Tradition will es so
Ich aber will etwas anderes.
Achill:e:s Ich wäre gern dein Gefangener gewesen.
Penthesile:a:s Ich wollte keinen Gefangenen mehr
Ich wollte kein Rosenfest mehr.
Achill:e:s Warum?
Penthesile:a:s Die Frauen beider Armeen haben sich uns angeschlossen.
Achill:e:s Welche Frauen?
Penthesile:a:s Du hättest sie sehen sollen
Wie die Griechinnen und die Trojanerinnen
Ihre Webstühle zurückließen
Die Kinder aus ihren Rockzipfeln befreiten
Ihre Schürzen ablegten
In die Rüstungen und Stiefel ihrer Männer stiegen
Zu deren Waffen griffen und an unserer Seite kämpften
Ihre Männer haben sie nicht wiedererkannt.
Die Frauen sind wütend geworden
Haben ihnen Messer in den Nacken gestoßen
Schwerter ins Herz
Sie abgestochen
Ich spürte meine Kräfte sich verzehnfachen
Ich spürte das Pulsieren ihrer Venen und Vulven
Das Schlagen ihrer Herzen und Wimpern
Es waren Trommeln, schamanische Gesänge
Pferdehorden, die durch die unendliche Steppe galoppieren
Türen, die in einem Schloss knallen, die Krone eines Königs, der fällt, die Treppe hinunterstürzt
Es waren die Trommeln der Trance, die Brandung, die gegen Felswände schlägt, unermüdlich
Es waren tausende Schwerter, Speere, Lanzen und Beile, die funkelten im blutdurchtränkten Tal
Es war ein wütender Sturm, der über beide flüchtenden Armeen hereinbrach.
Es war zum Fürchten
Es war zum Erbleichen

Es war zum Erstarren.
Ich war in Trance, auf Molly
Sie alle sind Königinnen, Herrscherinnen geworden
Sie haben Platz genommen
Eure Stadt ist ihre Stadt geworden.
Achill:e:s Warum gab es keinen Zweikampf zwischen uns, wie auf den Abbildungen in Gefäßen?
Penthesile:a:s Glaubst du, ich lasse zu, dass du mich an den Haaren packst?
Mich an den Haaren von meiner Stute zerrst?
Wie auf den Sarkophagen?
Glaubst du, ich lasse zu, dass du mich umarmst? Dass ich mich dir ergebe?
Wie auf den geprägten Silbermünzen?
Glaubst du, dass ich meine Hunde auf dich hetze?
Wie in den Theaterstücken?
Achill:e:s Ich hätte gern gegen dich gekämpft, wäre gern deinen Pfeilen ausgewichen, deiner Doppelaxt, hätte gern deinen Körper in Bewegung gesehen, dein Gesicht, deinen Blick, gesehen, wie du meinen Angriffen zuvorkommst, Strategien austüftelst, deinen Atem gehört, deine Schreie, dich fluchen gehört, mich beschimpfen, dich stöhnen gehört, gesehen, wie du mir widerstehst, mich beherrschst, ich hätte gern gewollt, dass du mich verletzt.
Penthesile:a:s Abstand tut mitunter gut.
Achill:e:s Was habe ich dir getan?
Penthesile:a:s Schon vor dem Kampf
Stand dein Sieg bereits geschrieben
Eingraviert in deinen Blick
Du sahst dich, mich unterm Arm tragend
Wie eine Trophäe.
Bereits vor dem Kampf
Fickte mich dein Geist und ich spürte nichts
Du auch nicht
Verlassene Körper
Zu Robotern gemacht
Fließband für Blechkarren
Leblos
Wir langweilten uns
Sahen woanders hin
Wollten dieses Anderswo lieber.
Du brauchtest nichts zu tun, als deinen Speer zu halten
Steif und fest wie dein Schwanz
Ich habe meine Stute auf ihn gehetzt

Er hat ihre Brust durchstoßen, ihren Widerrist
Meine Flanke durchbohrt, meinen Rücken.
Die einzige Art, dieses Anderswo geschehen zu lassen.
Ich habe mit meinem Blut und meinem Leben das Ende eines Landes besiegelt
Und den Beginn eines neuen.
Achill:e:s Ihr wart kurz davor, den Sieg zu erringen.
Penthesile:a:s Wir haben den Sieg errungen
Einen anderen Sieg
Haushoch
Wir sind weiter gegangen als Feuer
Weiter als Luft
Wir sind weiter gegangen als Wasser und Erde
Weiter als die Existenz
Wir haben die Grenzen der Bräuche und Sitten überwunden
Den endlosen Kreislauf der Traditionen zermalmt
Uns von der Ordnung der Götter losgesagt
Von der Ordnung der Männer.
Das Ausbreiten des Todes auf meinem Gesicht
Das Ausbreiten des Todes in meinem Greifinnenblick.
Dieses Land ist meins, diese Legende ist meine
Sie ist in meine Haut tätowiert
Bald werden Würmer darin Gänge furchen, um Platz zu machen für andere Legenden
Für andere Körper.
Sieh, Körper stehen auf
Dort
Im Glanz unserer Waffen
Zwischen den Kadavern unserer Stuten
Auf den Gravierungen unserer Gürtel und Schilde
Frauenkörper stehen auf im Herzen eurer Städte.
Achill:e:s Ich sehe sie nicht.
Penthesile:a:s Du siehst sie nicht, weil du dich nie für sie interessiert hast
Du hast nie gelernt, sie anzuschauen
Du hast dir immer alles ausgedacht an ihrer statt
Du hast unmögliche Leben für sie aufgebaut
Leben, die du niemals ausgehalten hättest.
Du hast nie die Neugier gehabt, in ihre Fußstapfen zu treten
Dich hat nie interessiert, wohin sie gehen wollten
Du hast sie nur daran gehindert, irgendwo anders hinzugehen als in deine eigenen vier Wände.
Viele sind zu uns auf die Insel Lesbos gekommen

Nach Lemnos
Nach Kilene.
Sie kamen, eine nach der anderen
Jede in ihrem Boot.
Ein paar mit ihrer Haustierin
Hündin, Sprechvögelin, Wieselin.
Sie wollten weit entfernt von Männern sein und trotzdem waren die Männer da
In ihrem Inneren
Wie lebendig verschlungen
Lebendig verschluckt.
Sie waren in der Struktur ihrer Sprache
Im Inneren ihrer geplünderten Körper
Im Inneren ihrer Münder
Ihrer Geschlechter.
Sieh ihre Geschlechter an, du hast nie darauf geachtet.
Sie haben nicht alle das gleiche.
Bei einigen ist es fest wie Feuerstein
Bei anderen wie Gelatine, saftig.
Ein paar haben ein Gespenstergeschlecht
Bei anderen kommen Gespenster aus ihrem Geschlecht heraus.
Einige haben genug von ihrem Geschlecht, sie werfen es zum Fenster raus und vergessen es
Andere laufen mit ihm, es gibt sogar welche, die drauftreten
Viele lassen nicht herumtrampeln auf ihrem Geschlecht
Ein paar fühlen sich eingeschränkt in ihrem Geschlecht
Und lassen sich operieren, um etwas anderes zu werden.
Andere haben ein Geschlecht in jeder Pore der Haut
Es wandert in ihren Mund, in ihre Augen
Sie sehen durch ihr Geschlecht.
Das Geschlecht einiger ist ihre Sprache
Bei jenen stottert es, stammelt, bei anderen ist es sehr eloquent, schön redend.
Die meisten haben ein Geschlecht, das zuckt und abrupt verstummt
Erstarrt, sofort bei Gefahr.
Ein paar haben das Geschlecht von jemand anderem und wissen nicht von wem
Und es gibt andere, die sammeln haufenweise Geschlechter verschiedener Farben und Formen, die sie in Safes aufbewahren.
Das Geschlecht einiger ähnelt so sehr ihrem linken Ohr, dass sie mit ihrem Geschlecht hören
Es gibt sogar welche, die damit atmen.
Auf das alles hast du nie geachtet.

Mehrere rasieren ihre Schamhaare
Andere machen einen Knoten.
Seltener sind jene, die sich Zöpfe flechten, aber es gibt sie.
Mehrere kaufen Zeug mit ihrem Geschlecht oder verkaufen es weiter
Ein paar verstecken Schätze oder Föten darin
Andere verstecken eine Armbrust in ihrem Geschlecht
Oder einen Vogel.
Mehrere stehlen Lebensmittel in Geschäften mit ihrem Geschlecht
Verstecken darin eine Flasche Gin
Lachgas und Rauchbomben.
Das alles hast du nie gesehen.
Weder wie sie sich ihres Geschlechts bedienen
Noch wie sie es tragen
Du kennst davon weder die Würze noch die Schönheit.
Achill:e:s Und welches Geschlecht ist deines?
Penthesile:a:s Ich kann Pfeile damit abschießen
Einen Bogen spannen
Nüsse knacken
Bierflaschen entkorken
Es ist ultrastark.
Wenn es abspritzt
Fließt ein Meer
Es sind tobende Fluten
Ein Sturzbach
Ein Wasserfall
Forellen können darin schwimmen.
Meine Gefährtinnen müssen mindestens zu viert sein
Um meine Begierde zu tragen
Meiner Lust standzuhalten
Um sich gegenseitig zu retten vor dem Ertrinken in meiner Zyprisflut
Vor dem Zerquetschen ihrer Hände in meinem Orgasmus.
Achill:e:s Ich will es sehen.
Penthesile:a:s Zu spät.
Ich verschmelze gerade
Mit einem Gebirge
Mit einem Feld.
Renn mir ruhig hinterher
Hetz deinen Wagen und deine Pferde auf mich
Ich vögele nicht mit dir
Das interessiert mich nicht
Das hat mich nie interessiert.
Ich möchte hier beerdigt werden, mit meinen zwölf Gefährtinnen und meiner Stute

Unsere Grabstätten sollen Steppen sein
Endlose Weiten im Herzen eurer Städte
Unser Gebiet soll sich in eurem ausbreiten.
Achill:e:s Wir hätten uns lieben können.
Penthesile:a:s Ich wollte lieber eine andere Welt bauen.
Achill:e:s Und spießt dich auf meinem Speer auf?
Penthesile:a:s Es brauchte ein abruptes Ende.
Eine Waffenruhe, ein Anhalten der Zeit, einen Bruch.
Den Mädchen deiner Stadt die Zeit lassen, zu wachsen, für den Kampf zu trainieren
Sich neue Gebiete zu erschließen, neue Möglichkeiten zu lieben.
Einander zu helfen.
Dem Krieg die Zeit lassen, sich in Erfindung zu verwandeln.
Bald werden Frauen ihre Vergangenheit neu erfinden, ihre Gegenwart, Zukunft
Ihr Fleisch und ihre Begierden.
Siehst du sie?
Sag mir, ob du sie siehst, erzähle mir, wie sie sich machen, wie sie sich fühlen.
Achill:e:s Sag du mir, wo sie sind, ich will sie sehen.
Penthesile:a:s Sie sind immer da gewesen
Zu allen Zeiten
Auf allen Kontinenten.
Sie sind in den Hamams, auf den Straßen
In Zügen und Wäldern.
Sie sind eine Vielzahl
Ergreifen das Wort auf chaotische Weise
Sagen nichts wirklich Wahres, nichts wirklich Falsches
Da sind Widersprüche, Missverständnisse
So viele Dinge in ihrem Inneren, die nicht schweigen.
Schau sie an
Sie suchen nach den Geschichten im Mund ihrer Großmütter
Auf tätowierter Haut
In verbrannten Büchern, behauenen Steinen
Sie übersetzen, interpretieren
Stellen Fragmente zusammen und wiedergefundene Seiten
Sie stellen fest, dass jedes Mal, wenn eine Geschichte versucht, sich zu schreiben
Sie zensiert, zerstört, vergessen wird.
Es gibt keinen Platz für sie in der Zivilisation, die du für dich konstruiert hast, für Schweine-Männer und Kraken-Männer …
Also packen sie ihre Sachen
Entfernen sich aus deinen Städten mit ihren Booten, Pferden, Schrottautos

Schwebenden Bobsleighs
Ultraleichtflugzeugen, Drachenfliegern.
Sie finden sich aus allen Epochen und Kontinenten zusammen
Graben die goldenen Stuten aus
Finden sich in großem Galopp auf dem Rücken noch nicht gezeugter Fohlen
Finden sich im Dampf der Zeit, in der Dichte der vergangenen und kommenden Jahrhunderte
Sie sind zusammen im selben Kampf gefallen
In dasselbe Geschlecht
Sie sind gefallen als Schwestern, Freundinnen, Geliebte, Feindinnen
Stehen einander bei, halten zusammen, starten wieder neu
Ihre Geschichten sind mit Aufbrüchen vollgestopft
Mit Gefechten und Vorbereitungen zum Kampf gespickt
Sie bewaffnen sich unablässig, unermüdlich neu
Mal heimlich, mal am helllichten Tag
Sie stoßen Schreie stark wie Laser aus
Haben Schübe heller, ansteckender Begierde
Es ist eine Rebellion, eine Revolution, ein Erdbeben, ein Tsunami
Die Erde ist auf ihrer Seite, das Klima ist auf ihrer Seite
Alles, was du geplündert hast, ist auf ihrer Seite
Der Blitz hat in sie eingeschlagen
Himmel und Ozean mischen sich in ihren Adern
Tag und Nacht verweben sich in ihren Gedanken.
Sie wirbeln den Wüstensand auf, es ist eine Vulvenarmee mit Zyprisflutwerfern
Ihre Menstruationen sind Flüsse, auf denen Boote treiben, in welchen sie umherfahren, um mobile Städte zu bauen, Fluchtlinien, Schleichwege, vergängliche Archipele.
Achill:e:s Was ist meine Rolle in ihrer Geschichte?
Penthesile:a:s Du gehst zu dem zurück, was von deinem Volk noch übrig ist
Du erzählst ihm alles
Zermalmst seine Legenden
Damit es andere auf seine Töpfereien malt
Damit es die Varianten in seinen Geschichten vervielfältigt
In seinen Baugliedern.
Damit dieser ganze Staub, der endlos fällt, zum Rauch der brennenden Gebäude wird
Die Roben der Machthaber, die brennen
Sich im Himmel zerstreuen.
Du wirst das, was von deinem Volk noch übrig ist, dazu bringen, uns zu sehen
Uns zu hören

Sich mit uns zu identifizieren
Wir zu werden.
Geh.
Achill:e:s Ich habe kein Volk
Ich habe nie ein Volk gehabt
Mein einziges Volk ist Patrokl:o:s.
Ich sehe ihn noch immer die Verletzten beweinen, die Leichen
Den Krieg aufhalten wollen, er allein
Ich gebe ihm meine Waffen und Kleider
Lass ihn rennen an meiner statt
Lass ihn in den Tod rennen
Ich habe nicht die Vorstellungskraft, mich ihm anzuschließen
Seine Kleider anzuziehen
Seine Waffen zu nehmen und an seiner Seite zu rennen
An seiner Seite beide Armeen zu zerschmettern.
Ich habe mich für ein kurzes und ruhmreiches Leben entschieden
Ließ hinter meinem Rücken Künstler Geschichten schreiben
Amphoren zu meinem Ruhm bemalen
Ich habe den Platz des Helden akzeptiert
Die Ketten des Volkes festgehalten
Meine Ketten festgehalten
Mit wütenden Rasereien Himmel und Erde in Bewegung gesetzt
Mit Aufständen
Ohne auszuticken, auszurasten, auszuflippen
Ohne Mucken
Ohne Macken.
Das Volk hat, was es verdient
Soll es auf mich warten
Mich anflehen
Ich komme nicht
Ich rette niemanden
Soll es sich selbst retten, wenn ihm das so viel bedeutet.
Das Volk lässt sich so leicht mit Füßen treten, verdrehen
Dreht durch
Abgedreht muss es sein, um sein Schicksal einem Säugling aufzuladen
Der das Wasser des Styx aushält
Alle Hoffnungen auf ihn zu setzen
An ihn die ganze Macht abzugeben
Ihn zu vergöttern, um gerettet zu werden.
Das Volk hat mir die Füße geleckt
Die Finger
Den Rücken
Hat mich programmiert, um es zu retten.

Ich bin kein Retter
Ich würde immer etwas auszusetzen haben
Würde immer widersprechen
Gegen alle Widerstände
Auch wenn ich allein bin
Auch wenn man mir das Maul stopft
Mich in eine Gummizelle sperrt
Mit Pillen vollstopft, mir Depotspritzen verabreicht
Mich auf Ölflaschen pinselt
In Kaminwände einbrennt.
Dieser ganze Firlefanz.
Ich tauche lieber meinen Blick in dein Leichenauge
Ich will keinen anderen Gesetzen gehorchen als deinen
Ich möchte jenseits von Begierde lieben
Jenseits von Besitz
Jenseits von Fortpflanzung
Jenseits von Blut
Jenseits von Leben und Tod
Das Geschlecht wechseln
Dass es kein Speer, kein Pfahl, keine Bazooka mehr sei.
Den Körper wechseln, die Sprache
Mit dir nach einer wünschenswerten Zukunft suchen
Wo kein Volk mehr ist
Kein Held
Nichts, was etabliert ist
Im Voraus ausgewürfelt
Im Voraus bestimmt
Nichts, was solide ist
Wo jeder Platz nehmen kann
Wo sich alle bewegen können
Wo Wut gehört werden kann
Ich will mich in deiner Sprache verwandeln
Ich schenke dir meinen Körper
Jedes Molekül meines Fleisches
Meines Bluts
Meiner Knochen
Ich schenke dir alle meine Organe
Lehre mich
Nimm Platz in mir
Nimm meinen Platz ein.
Penthesile:a:s Ich sickere ein durch den Stoff deiner Haut
Durch den Stoff deiner Stimme.
Ich sickere durch alle deine Körperöffnungen ein

Alle deine Poren.
Ich bringe deinen Körper in Unordnung
Überfordere ihn
Stürze ihn um.
Unsere Körper löschen
Saugen die Grenze auf, die sie trennt
Wir sind nicht ein Mann
Nicht eine Frau
Nicht zwei
Nicht drei
Wir sind anders
Wir sind Menge
Trans-Menge
Menge in Trance
In Transhumanz
Wir sind auf der Flucht
In Mutation.
Meuterei
Wir sind eine Trans-Meuterei
Türmend.
Stuten galoppieren in unseren Körpern.
Wir wissen nicht wie MÄHNEN
Wie HUFE
KRUPPEN
Wir wissen nicht wie NÜSTERN
GEWIEHER
HAARKLEIDER
Wie GANGARTEN
TRAB
GALOPP
Wie WIDERRISTE
BRUSTPARTIEN
EINGEWEIDE
Sich in uns pfropfen.
KAVALKADE in unseren Körpern
In unseren Geburten
KAVALKADE in unseren Gesten
In unseren Geschlechtern
Unseren Schritten
KAVALKADE in unseren Wegen.

Wir haben das Schlachtfeld verlassen
Troja verlassen

Wir sind in einer Stadt
Ein paar von uns drehen sich im Kreis
Kehren wieder um
Formen Kreise
Ein paar von uns formen Schlingen
Und andere ziehen Linien
Es gibt sogar welche, die schnüffeln gezogene Lines
Suchen einen Ausweg im Hyper-Realen, Infra-Sensorischen.

DICKE LUFT
Schwer
Verpestet.
In der Stadt, wo wir sind
INNERER KAMPF
Kampf gegen den Verfall
In unserem Innern
Gegen die Implosion
Die Leere
Schwindelerregende Gegenwart
DUMPF
UNDURCHSICHTIG.

Ein Gesang wird laut in unseren Bäuchen
Zwischen unseren Geschlechtern
Vielgestaltig
Vielsprachig
Froher und wütender Gesang
Überschwemmt Straßen
Landstriche
Industrie- und Stadtrandgebiete.
GESPENSTER schließen sich uns an
Unserer Freude, unserer Wut
Rascheln in unseren Stimmbändern
ZUNGEN können sie schwer aufhalten
STRASSEN können uns schwer halten
KÖRPER können so viel Freude und Wut schwer halten.

Bevor wir zur Straße
Zu Freude und Wut gelangen
Haben wir die verdächtigen Blicke unserer Väter
Unserer Mütter überlebt
Das Eingesperrtsein in Häusern
KÜCHEN

ZIMMERN
KELLERN
KLASSENRÄUMEN
HOCHHÄUSERN MIT 38 STOCKWERKEN
PSYCHIATRIEN
PEEP-SHOWS.

Bevor wir uns gratis in U-Bahnen tollen
Splitternackt auf unseren Rädern rollen
Haben wir die Galanterie überlebt
TATSCHENDE HÄNDE
WANDERNDE SCHWÄNZE
VERGEWALTIGUNGEN
TEILZEITARBEIT
NIEDRIGLÖHNE
FALSCHE WIMPERN
ROUGE AUF WANGEN
ROT AUF LIPPEN
CREME AUF BEINEN
ENTHAARUNG
EXZISION
SCHLANKHEITSDIÄTEN.
Bevor wir Schaufenster sprengen
Unsere Körper und Maschinen in die Hand nehmen
Haben wir das Verbot zu Wählen überlebt
ABZUTREIBEN
EINEN TARIF FÜR UNSEREN GESCHLECHTSVERKEHR FESTZULEGEN
HOSEN ZU TRAGEN
BART
SCHLEIER
DILDO
MINIROCK.
Bevor wir uns auf Plätzen versammeln
Statuen umstürzen
Haben wir die Familienmuster überlebt
Unseren Nullwert in den Familienmustern
Unseren Nullwert in der Struktur unserer Sprachen
In unseren Sitten
FESTEN
ZEREMONIEN
LIEDERN
INSTITUTIONEN
VERSAMMLUNGEN.

Bevor wir Gerichtssäle besetzen,
Einkaufscenter blockieren
Haben wir Müdigkeit gespürt
Erschöpfung
Ekel
Wir haben Ekel bis zum Erbrechen gespürt
Überall hingekotzt
In Busse
PARKS
BANKEN
KINOS
FRISÖRSALONS
BEIM FLEISCHER.
Wir waren erschöpft, ständig überall hinzukotzen.
Haben uns den Mund mit dem Handrücken abgewischt
Kaltes Wasser aus dem Hahn getrunken
Kaltes Wasser auf unserm Gesicht verteilt.
Wir haben Anzeige erstattet
Haben gesagt, dass Schweine-Männer und Kraken-Männer bestraft werden müssen
Wir haben ihnen Staubsauger in die Schnauze geschleudert
Tortenheber und Schnellkochtöpfe in die Fresse
Gehaltszettel, Spucke und Pflastersteine ins Gesicht
Wir haben sehr laut gelacht
Haben nicht mehr für sie gearbeitet
Haben uns auf der Straße geprügelt
Uns auf Plätzen verteilt
Sind durch Alleen gezogen.

Wir wussten, wenn wir keinen Finger rühren
Würde sich nichts ändern
Wir wussten, unsere Touchscreens zu masturbieren
Würde nicht reichen
Wir haben uns mit anderen Massen zusammengetan
In anderen Städten
Anderen Gegenden
Nicht alle städtisch
Nicht alle westlich.

Wir sind gekeimt wie Weizen an Hügelhängen
Auf Asphalt und im Chipsregal gewachsen
Von Fluten zurück geschwemmt
Aus Wüstensand gekommen

Zwischen zwei Felsen hervor
Mutant:innen geworden
DIGITAL VERBUNDENE CYBORGS.
Wir tragen keine Blumennamen, Kuchennamen mehr
Charlotte, Rose, Iris, Madeleine
Sondern Namen von Stürmen
Verheerende
TSUNAMI
FLUTWELLEN.
ZYKLONE brechen über KONTINENTE herein
Wutentbrannte GESÄNGE verkleistern den Himmel mit
BLITZ-SLOGANS
TÄNZE bespritzen
Straßen in rhythmischen Schritten
TREFFEN in Häusern
Wohnungen
TREFFEN in Wäldern
Straßen
Feldern
Brachen
TREFFEN im Darknet
Greynet
In Radiosendungen
TV-Studios
Auf Fußballfeldern.

Wir freunden uns an mit der Vegetation, dem Wasser, der Erde
Mit allen Tierarten
Mit dem Kosmos und dem Beton.
Wir sind Pflanzenrudel
SCHWAMMIGE HORDEN
MINERALISCHE TRIBADEN
ÜPPIGE ÜBERBORDENDE
ANIMALISCHE ROTTEN
Wir wissen, dass wir nicht mehr wert sind als Hyänen
MEERSCHWEINCHEN
PLATANEN
SEELÖWINNEN.
QUARZSPLITTER UND LACHSALVEN
Brechen aus uns heraus
Dringen überall ein
Wie das Schweigen.
Unbedeutend ist die Form unserer Gesichter

Die Herkunft unseres Wissens
Die Reichweite unserer Beziehungen
Die Kraft unserer Wesensarten
Der Ansporn unserer Furcht
Die Stütze unserer Vorstellungskraft
Die Auswirkungen unserer Träume
Der Anstieg unserer Tränen
Die Ausbreitung unserer Bewegungen.
Nur das Verlangen, neue Gebiete zu öffnen
IN RAUM UND KÖRPER.

Sich nirgends binden
Leicht sein
Leicht wie die Brise
Ungreifbar
Unsere Tags auf Sitzbänke
Auf Rutschen sprayen.
TIGER-VENUSHÜGEL
ANDERSRUM-QUEER
URANUS-ANUS
TAG-UND-NACHT-DRAG-KING
Unsere Taten hallen nach
Gute und schlechte
Egal
Sie sind da
Springen hervor und krachen
Setzen dabei ein, zwei Autos in Brand.

Jetzt WISSEN WIR,
Dass in einer Sekunde genauso viel Leben ist
Wie in einem Baum
Dass ein Wald in jeder Menge und eine Menge
In jedem Jahrhundert ist WIR WISSEN
Dass es mehr Wasser als Blut gibt und dass es mehrere Zeiten gibt
In der Zeit ist nichts fest
Im Voraus festgelegt
Nichts existiert vorher, alles ist
SOUNDSYSTEM
LAUT
DRÖHNEND
Die Gelegenheit, alles hinzuschmeißen
Sich tragen zu lassen von
Einer Anderen einem Anderen den Anderen

Fleischströme
REIBUNGEN
Reibereien, unsere Häute rutschen
Aneinander
TRANSFER
Aus Fluiden kommen Schreie
TRÄNEN
FREUDEN
RASEREIEN
AUSBRÜCHE
ERGÜSSE.

RHYTHMUS suchen
SINN
RHYTHMUS, der Sinn macht
SINN entrinnt uns oft
Sehenden Auges
Zwischen den Fingern
Und fällt uns am Ende auf den Kopf
TORNADO-ZYKLONE
Saugen alles auf
Durchziehen die Ebenen
Wälder und Hügel
Saugen STROMMASTEN auf
FISTULIERTE KÜHE
STALLHALTUNGEN DER MELKROBOTER
HÜHNERMASSENHALTUNGEN-WIDERLICHE-SCHWEINESTÄLLE.
Wir schmieren unsere Oberkörper mit zermalmten Ferkelhoden ein
Spritzen uns Sau-Östrogene in die Adern
Wir suhlen uns im Schlamm
Wir rollen uns in Zäune ein
Steigen auf Böschungen
Klettern auf Bäume
BÄUME und FLEISCH bersten
Blöken mit den Mutterschaf-Kusinen
Schnattern mit den Elstern-Schwesterlein
Waschen uns in Flüssen
Machen Maniküre
WICHSEN unsere Finger bis sie kommen
WICHSEN unsere Schultern und Schenkel bis zur Erschütterung
Komplett ANDERSRUM
Komplett NACKT UND HIGH
Total kaputt

WIR SPRITZEN Geldscheine mit
Unseren übererregten, manikürten Fingern
SPRITZEN Geldscheine für sie alle
Alle aalen sich lallend ins All
Alle Aale und Aalinnen
Im All aalt sich alles alle
Mitunter verknoten sich unsere Münder
Unsere Zungen
Und Ratten
Versager
Unsere Arme
Halten Maschinenpistolen
SCHROTFLINTEN
Ratten spazieren
Krakehlen und vegetieren
Sind
Werden sein
RATTEN
Wir sind auch
Werden poliert
Unsere Fressen demoliert
Verdroschen
Ist passiert
Passiert
Wird passieren
RATTEN
VERSAGER
VERDRESCHE.

Wilde Tiere werden auf unseren Zungen wachsen
Haufenweise
Wir werden sie nicht zähmen
Wir werden zulassen, dass sie sich Wege bahnen
Wir werden genauso wild sein wie die Tiere, die unseren Mündern entwischen
Werden unsere Wildheit unter unseren Kleidern verstecken
Unseren Frisuren
Höflichkeiten
Gehorsamkeiten
Bis die wilden Tiere auf unseren Zungen nicht mehr können
Bis die wilden Tiere auf unseren Zungen sich auf die Gesetze stürzen
Die Vorschriften
TEXTE ZERSTÜCKELN

ARTIKEL VERSCHLINGEN
VERTRÄGE UND NACHTRÄGE ZERFETZEN.

Die menschliche Spezies wird tollwütiger sein als TIGER und LÖWINNEN
Dieses Wissen wird uns aus der Haut fahren lassen
Alles Wissen wird uns aus der Haut fahren lassen.
Wir werden uns aus unseren Körpern zwingen
Wie Eiter
Nichts ist schlimmer als ein Körper, der sich verschließt
Infektionsrisiko
Wir werden gegen die Infektion kämpfen
Die Stagnation
Wir werden uns des-identifizieren
Unaufhörlich
Werden uns an den Rand unserer Haut setzen
Unserer Lippen
An den Rand unserer Finger
WERDEN UNS GESICHTER MALEN
RÜCKEN
OBERKÖRPER
WERDEN STURMHAUBEN TRAGEN
MASKEN
WERDEN WALE
AMEISEN WERDEN
WERDEN ERSCHEINEN
VERSCHWINDEN
AUFBLINKEN.

Unsere Körper werden Nährboden
Für den Umsturz sein.
Von dort, wo wir sind, brechen wir auf
Wir wissen, dass es nicht dasselbe ist, in der Gosse aufzuwachsen
Wie auf englischem Rasen
Vor der Haustür
Im Plattenbau
Am Tisch mit der Familie
Oder einsam in einem Bett.
Die meisten von uns werden Scheiße an der Backe haben
Die Nase am Fenster, bruchsicher.
Die meisten von uns werden in der letzten Reihe sein
In der Nullenwanne
Wir fühlen uns wohl mit den anderen Nullen
Wir lieben sie

Wir lieben uns unter Nullen
Wir merken, wir können uns organisieren
UNTER NULLEN WEG VOM FENSTER
ABHAUEN
UNTER NULLEN SCHUMMELN
UNTER NULLEN FUMMELN.

Unsere Schönheiten
SANFTMUT
Unsere Hässlichkeiten
Werden die Macht angreifen
Unsere Sprachen
WILDHEIT
Unsere Verwundbarkeiten
Werden die Macht angreifen.
Der Raum, den wir auf den Straßen einnehmen
In Genmaisfeldern
Im Tagebau
Wird die Macht angreifen.
Die Macht wird freie Subjekte nicht leiden können
Glückliche Subjekte
Fröhliche und erfinderische
Die Macht wird nicht leiden können, dass wir eine andere Sprache sprechen
als sie
Die Macht wird dominieren wollen
Spalten
Eifersüchtig machen
Beneidet werden.
WIR WERDEN NICHTS EROBERN WOLLEN
NICHTS UNTERWERFEN
WIR WERDEN AUCH NICHT PROSPERIEREN WOLLEN
PROSPERIEREN IST ZERSTÖREN
PROSPERIEREN IST REDUZIEREN
PROSPERIEREN IST SCHEISSE.

Unsere Geschwindigkeit wird die Langsamkeit sein
Langsame Metamorphose
WIR WERDEN QUELLEN
ANSCHWELLEN
Zahlreicher und zärtlicher
WIR WERDEN AUFMACHEN
Die Wände von Zeit und Raum maximal ausdehnen
DIE WÄNDE UNSERER KÖRPER

Werden in unseren Körpern expandieren
Im Körper der einen und der anderen.
KÖRPER und SÄTZE werden sich paaren
Fusionieren
Einander sprengen
Sich auslöschen
Sich neu erfinden.
Nicht immer die-der-die selben
Die das Wort ergreifen
Wir werden es einander borgen
Einander das Wort schenken
Es einander entreißen
Darum streiten
DAS WORT WIRD LEBENDIG SEIN.

Wir werden uns von unseren Rändern melden
Wir laufen an den Rändern wie auf einem Seil
UNSERE ANGESPANNTEN
UNERWARTETEN
FLINKEN KÖRPER
Weigern sich, Statistiken zu sein
Zahlen
Ströme
Unsere Begierden lassen sich nicht einfangen
Platt machen
Mit Füßen treten
Unsere Begierden stehen wieder auf
SCHREIEN
BRÜLLEN
Unsere Begierden verschaffen sich Gehör
Sichtbarkeit.

WIR WERDEN AUF DIE HAUSDÄCHER KLETTERN
Fern von Paaren, die sich zerreißen
Von Familien
Fern von Völkern, die sich zerreißen
Wir werden Abstand nehmen
Die Welt betrachten, die sich zerreißt
Mal werden wir springen wollen
Davonfliegen
Schluss machen wollen
Und schlussendlich werden wir pissen
Auf Risse und Zerrissenheit

Wir werden sagen, wir sind keine KRANKENBRÜDER
Aber dies ist unsere Art zu PFLEGINNEN
UND WIR WERDEN VOLLE KANNE AUF DIE WUNDEN
DER WELT PISSEN.

Die Schweine-Männer und Kraken-Männer werden unsere Körper schlagen
Mit Schlagstöcken bewaffnet
Mit Hartgummigeschossen
Mit Tasern
Wir werden nicht wissen, was sie wollen
DIE Schlagstöcke
Wir werden nicht wissen, was sie suchen
Unsere Lippen, unsere After zerteilend
DIE Schlagstöcke
Unsere Augen, Trommelfelle spaltend
Unsere Beine brechend
Unsere Rippen zerschmetternd
DIE Schlagstöcke
Wir werden lernen, keine Angst zu haben
Den Boden unter den Füßen nicht zu verlieren
Wir werden wissen, dass es nichts bringt, in Deckung zu bleiben
Zum Sofa zu werden, um Frieden zu haben
Wir werden wissen, dass es nichts nützt, unsere Augen, unsere Nase, unseren Mund
zu retten
Um sie für immer zu schließen.
WIR WERDEN ZU MONSTERN
Viele unter uns ähneln schon
Elefantinnen, haben verbrannte Haut
Gescheckt wie Leopardinnen
WIR WERDEN ZU MONSTERN
Und wir werden unsere Vorderhufe sehr hoch heben wir werden
Zu schnellen Stuten und wir werden
Schubser mit unseren Ärschen geben wir werden
Zu Stuten und überschreiten
Alle Türen, die Grenzen
Und wir werden zu weit gehen, überschreiten alle
Grenzen mit HUFEN und ÖLVERSEUCHTEN FLÜGELN.

Ein paar werden sagen: »So ist es halt, man muss sich ZUFRIEDEN GEBEN«
Ein paar werden sagen: »Es gibt SCHLIMMERES«
Ein paar werden sagen: »Ihr seid BOCKIG wie verwöhnte Kinder«

Ein paar werden sagen: »Ihr seid KÄLBER, RINDER, KÜHE IM WAHN«
Ein paar werden sagen: »Ihr seid nicht ORGANISIERT, ihr habt nicht über die FOLGEN nachgedacht«
Ein paar werden sagen: »Ihr habt keine VORSCHLÄGE, gar keine LÖSUNG.«
Wir wissen, die einzigen Vorschläge und die einzigen Lösungen sind WIR
ES WIRD KEINE ANDEREN LÖSUNGEN GEBEN ALS WIR.

WIR wird gegen die Apokalypse kämpfen
Gegen die Ausrottung
Den so greifbaren
Zerfall.
WIR wird mit der Apokalypse tanzen
Wird die Apokalypse umschlingen
Wird die Apokalypse lieben
Wird die Apokalypse ficken.
WIR wird sparen, um Spielzeug zu kaufen, um die Apokalypse besser zu ficken
Wird einen 3D-Drucker kaufen um Dildos, Harnesse, Geishakugeln, Plugs, Vibros herzustellen, um die Apokalypse zu erregen
WIR wird sogar Hasenohren herstellen mit ihrem 3D-Drucker
Die Hasenohren erregen die Apokalypse
Verkohlte Hasenohren erregen die Apokalypse noch mehr
WIR wird die Apokalypse mit ihren verkohlten Hasenohren erregen
WIR wird die Apokalypse zum Orgasmus bringen
Wird die Apokalypse masturbieren
WIR wird nach Tarif Geschlechtsverkehr mit der Apokalypse haben
Wird sich weigern, mit der Apokalypse Kinder zu kriegen
Wenn die Apokalypse zu weit geht
Wird WIR konsequent handeln.

Unser Fleisch wird den Platz nicht verlassen, die Insel, die Wiese, den Strand
Bevor die Vegetation die AUTOWRACKS zudeckt
Bevor Haare auf GEHSTEIGEN wachsen
Bevor Neugeborenen Dornensträucher auf der Schädeldecke wachsen
Kindern ROSENSTRÄUCHER am ganzen Körper wachsen
Erwachsenen OSTERGLOCKEN im Bauchnabel
Und Wasserlachen vom Himmel fallen.
Unser Fleisch wird den Platz verlassen, wenn es zu Algen werden kann
WÖLFINNEN
KORALLEN
BIENEN

Wenn es in die Senke der Dünen sinken und zu DISTELN werden kann
Wenn es nur noch
UMSIEDELN
ÜBERWUCHERUNG ist
Wenn es Gespenster in der Stimme und Schrunden in den Wörtern hat.
Unser Fleisch wird den Prügelhagel überleben
Die Brände
Die Bakterien
Das verschmutzte Wasser und die verpestete Luft.

Es wird keinen Anfang geben
Kein Ende
Wir wird Körper
Menge
Vegetation
Stadt
Es wird Nacht
Tag
Ruhe
WIR ist da
Weder Mann
Weder Frau
Weder Volk

ES WIRD KEIN VERSCHWINDEN
Kein Kollaps
Kein Aussterben
ES WIRD KEINE EVOLUTION
Keine Anpassung
Keine Akklimatisierung
ES WIRD KEIN WACHSTUM
Kein Fortschritt
Keine Entdeckung
ES WIRD KEINE NEUE SEITE
Kein reiner Tisch
Keine Revolution
ES WIRD EINE TRANSFORMATION
EINE NOTWENDIGE
EINE LEBENSWICHTIGE
ES WIRD.

Marcos Caramés-Blanco

Marcos Caramés-Blanco (geboren 1995) ist Dramatiker. Sein Studium in Szenischem Schreiben schloss er an der ENSATT (École Nationale Supérieure des Arts et Techniques du Théâtre) in Lyon ab. 2022 war er Stipendiat des Théâtre National de la Colline. Seine Stücke werden von Rémy Barché, Sarah Delaby-Rochette, Maëlle Dequiedt, Isis Fahmy, Jonathan Mallard und Karelle Prugnaud inszeniert. In der Spielzeit 2022–23 ist Marcos Caramés-Blanco Hausautor bei L'arc – Scène nationale in Le Creusot.

Texte (Auswahl)

GLORIA GLORIA
TRIGGER WARNING
CE QUI M'A PRIS
BOUCHE COUSUE
ALANN ET VALENTIN

Marthe Degaille

Marthe Degaille ist Schauspielerin, Autorin und Regisseurin. Nach einem Studium der Literatur, Geschichte, Philosophie und Sozialwissenschaften in Paris studiert sie an der ESACT (École Supérieure d'Acteurs et d'Actrices – Conservatoire royal de Liège) in Lüttich, wo sie 2020 ihren Abschluss macht. 2021 erwirbt sie an der Université de Franche Comté einen Master in Theaterwissenschaft und Darstellendem Spiel. Im Mai 2021 assistiert sie Isabelle Urbain bei einem Theaterprojekt über Frauenfußball an der ESACT. Für das Manx Cat Project der Brüsseler Écarlate Compagnie schreibt sie »Suzan.ne«, ein fiktionales Stück über das Leben von Suzan Daniel, der Gründerin der ersten belgischen LGBT-Vereinigung.

Texte (Auswahl)

SUZAN.NE
BETELGEUSE

Marie Henry

Marie Henry (1976 in Nancy geboren) ist Autorin, Performerin, Regisseurin und Dramaturgin. Sie hat ein Regiestudium an der Brüsseler Film- und Theaterschule INSAS (Institut National Supérieur des Arts du Spectacle) absolviert. Als Co-Autorin und Performerin arbeitet sie unter anderem mit der Compagnie Transquinquennal zusammen. Mit ihrer Schwester, der Videokünstlerin Isabelle Henry Wehrlin, entwirft sie seit 2011 als *Les sœurs h* Rauminstallationen, die regelmäßig in Frankreich, Deutschland und Belgien präsentiert werden. Außerdem arbeitet sie häufig für den Radiosender France Culture. Lisa Wegeners deutsche Übersetzung ihres Stücks »D'un côté le coq de bruyère pleure, de l'autre le canapé sombre« wurde in Scène 20 veröffentlicht.

Texte (Auswahl)

NORMAN C'EST COMME NORMAL, À UNE LETTRE PRÈS
PINK BOYS AND OLD LADIES
4 INFIRMIÈRES SUÉDOISES EN DÉPLACEMENT
D'UN CÔTE LE COQ DE BRUYERE PLEURE, DE L'AUTRE LE CANAPÉ SOMBRE
LA FONTAINE DU SACRIFICE
LES 24 HEURES DE TINA POOLS À LA RECHERCHE DE SON BONHEUR

MarDi (Marie Dilasser)

MarDi (Marie Dilasser) wird 1980 in Brest geboren. 2006 schließt MarDi ein Studium des Szenischen Schreibens unter der Leitung des Dramatikers Enzo Cormann an der ENSATT (École Nationale Supérieure des Arts et Techniques du Théâtre) in Lyon ab. MarDis Stücke werden von unterschiedlichen Regisseur*innen wie Laetitia Guédon (»Penthésilé·e·s«), Nicolas Ramond (»Crash Test«) oder Michel Raskine (»Me zo gwin ha te zo dour ou Quoi être maintenant?«) inszeniert. Zur Zeit lebt MarDi in Plouguernével in der Bretagne. Uli Menkes deutsche Übersetzung von MarDis Text »Crash Test« erschien in Scène 13.

Texte (Auswahl)

PEAU D'ÂNE, LA FÊTE EST FINIE
OCÉANISÉ·E·S
PENTHÉSILÉ·E·S
PAYSAGE INTÉRIEUR BRUT
LE CHAT DE SCHRÖDINGER EN TCHÉTCHÉNIE
ME ZO GWIN HA TE ZO DOUR OU QUOI ÊTRE MAINTENANT?
CRASH TEST

David Paquet

1978 in Montreal geboren. Seit seinem Studium des szenischen Schreibens an der École nationale de théâtre du Canada arbeitet David Paquet als Theaterautor, Dramaturg, Übersetzer und Coach für Nachwuchsautoren. Parallel zu diesen Tätigkeiten zeigt er regelmäßig sein Format Papiers Mâchés, eine Art Stand-Up-Show, in der er spoken word-Poesie, Stegreiferzählungen und theatralisch geformte Monologe kombiniert. David Paquets Texte werden erfolgreich an deutschen Stadt- und Staatstheatern gespielt, z.B. am Deutschen Theater Berlin, Düsseldorfer Schauspielhaus, Theater Heidelberg, Staatstheater Braunschweig, Hans Otto-Theater Potsdam. Sein Text »2 h 14« erschien in der Übersetzung von Frank Weigand in Scène 17.

Texte (Auswahl)

```
L'ÉVEIL DU PRINTEMPS
LE POIDS DES FOURMIS
APPELS ENTRANTS ILLIMITÉS
LE BRASIER
2 H 14
PORC-ÉPIC
```

Marina Skalova

1988 in Moskau geboren. Marina Skalova wächst zwischen Russland, Frankreich und Deutschland auf. Sie ist Autorin, Journalistin, Übersetzerin und Dramaturgin. Sie schließt ihr Studium mit einem Master in Lettres, Arts, Pensée Contemporaine der Université Paris VII und einem Master in Theaterwissenschaft an der Berner Kunsthochschule ab. Ihre Texte bewegen sich im Grenzbereich zwischen Lyrik, Theater und experimenteller Prosa. In der Spielzeit 2017-18 ist sie als Hausautorin und –dramaturgin am Genfer Théâtre POCHE/GVE tätig. Sie leitet regelmäßig Schreib-Workshops. Derzeit arbeitet sie an verschiedenen Projekten rund um die Geschichte der Frauen in der Sowjetunion. Ihr Text »La Chute des comètes et des cosmonautes« (übersetzt von der Autorin selbst und Frank Weigand) erschien in Scène 21.

Texte (Auswahl)

TU TE SOUVIENS DES PHRASES (THEATER)
TROUER LA BRUME DU PARADIS (ESSAY)
SILENCES D'EXIL (PROSA)
LA CHUTE DES COMÈTES ET DES COSMONAUTES (THEATER)
EXPLORATION DU FLUX (LYRIK)
AMARRES (PROSA)
ATEMNOT: SOUFFLE COURT (LYRIK)

Marie-Ève Milot und Marie-Claude St-Laurent

Marie-Ève Millot ist eine Quebecer Schauspielerin, Regisseurin, Autorin und Herausgeberin von Theaterstücken. Als Darstellerin hat sie in über zwanzig Theaterproduktionen mitgewirkt und zahlreiche Rollen in verschiedenen Fernsehserien übernommen. Gemeinsam mit Marie-Claude St-Laurent leitet sie in Montreal die Compagnie Théâtre de l'Affamée, bei der sie auch Regie führt. 2019 übernimmt sie gemeinsam mit Marie-Claude Garneau und Marie-Claude St-Laurent die Herausgeberschaft von La Nef, einer feministischen Theaterreihe bei den Éditions du remue-ménage.

Marie-Claude St-Laurent stammt aus Rimouski, Quebec. Sie ist Schauspielerin, Dramaturgin, Drehbuchautorin, feministische Aktivistin, literarische Co-Leiterin von La Nef bei den Éditions du remue-ménage und künstlerische Co-Leiterin des Théâtre de l'Affamée, einer Theaterkompagnie mit feministischem Ansatz. Als Schauspielerin in mehr als 15 Theaterproduktionen wurde sie im Fernsehen durch die beliebte Sendung »Vrak la vie« bekannt. Zuletzt gehörte sie zum Cast der Filme »Après le déluge«, »Désobéir« und »Audrey est revenue«.

Texte (Auswahl)

CLANDESTINES
GUÉRRILLA DE L'ORDINAIRE
CHIENNE(S)
DÉBRANCHÉE/UNPLUGGED

Rechtenachweise

Antoinette Rychner
Arlette
Originaltitel: *Arlette*
© Les Solitaires Intempestifs, 2017
Aufführungsrechte der deutschen Übersetzung von Franziska Baur bei der Übersetzerin.

Marie Henry
Norman ist (fast) normal
Originaltitel: *Norman c'est comme normal, à une lettre près*
© Lansman Jeunesse, 2022
Aufführungsrechte der deutschen Übersetzung von Ela zum Winkel bei der Übersetzerin.

Marie-Ève Milot und
Marie-Claude St-Laurent
Illegal
Originaltitel: *Clandestines*
© Somme Toute, 2023
Aufführungsrechte der deutschen Übersetzung von Sonja Finck und Frank Weigand bei den Übersetzer*innen.

Marina Skalova
Erinnerst du die Sätze
Originaltitel: *Tu te souviens des phrases*
© Marina Skalova
Aufführungsrechte der deutschen Übersetzung von Annina Haab bei der Übersetzerin.

Marcos Caramés-Blanco
Gloria Gloria
Originaltitel: *Gloria Gloria*
© Éditions Théâtrales, 2023
Aufführungsrechte der deutschen Übersetzung von Pauline Fois und Sula Textor bei den Übersetzerinnen.

Marthe Degaille
Beteigeuze
Originaltitel: *Betelgeuse*
© Marthe Degaille
Aufführungsrechte der deutschen Übersetzung von Yasmine Salimi bei der Übersetzerin.

David Paquet
Immer Frühlings Erwachen
Originaltitel: *L'éveil du printemps*
© Leméac, 2024
Aufführungsrechte der deutschen Übersetzung von Frank Weigand beim Bühnenverlag Felix Bloch Erben.

MarDi (Marie Dilasser)
Penthesile:a:s (Amazonenkampf)
Originaltitel: *Penthésilé·e·s (Amazonomachie)*
© Les Solitaires Intempestifs, 2021
Aufführungsrechte der deutschen Übersetzung von Dorothea Arnold und Fanny Bouquet bei den Übersetzerinnen.

SCÈNE 24 ist ein Kooperationsprojekt des Büros für Theater und Tanz / Institut français Deutschland mit der Vertretung der Regierung von Quebec, Pro Helvetia - Schweizer Kulturstiftung und Wallonie-Bruxelles International (WBI).

Mit freundlicher Unterstützung des Institut Français, des französischen Ministeriums für Kultur, des französischen Ministeriums für Europa und Äußeres, des Institut français d'Autriche, des Bureau des échanges artistiques / Institut français Deutschland, des Centre des auteurs dramatiques (CEAD), der Société des auteurs et compositeurs dramatiques (SACD) Belgique und von ARTCENA - Centre national des arts du cirque, de la rue et du théâtre.

Institut français Deutschland
Bureau du Théâtre et de la Danse
Wilhelmstr. 69
10117 Berlin
Tel. +49 (0)30 - 590 03 92 47/48
btd@institutfrancais.de
www.institutfrancais.de/btd
www.facebook.com/btdif
www.instagram.com/bureautheatreetdanse?igsh=MWJwenIzOGE5ZTBwbw==